后发大国战略性
新兴产业协同创新的
政策驱动机制研究

HOUFA DAGUO

ZHANLUEXING

XINXING CHANYE

XIETONG CHUANGXIN DE

ZHENGCE QUDONG

JIZHI YANJIU

汤长安 张丽家 吕殿青 著

中国财经出版传媒集团

经济科学出版社
Economic Science Press

图书在版编目（CIP）数据

后发大国战略性新兴产业协同创新的政策驱动机制研究/
汤长安，张丽家，吕殿青著 .—北京：经济科学出版社，2020.8
ISBN 978 - 7 - 5218 - 1847 - 5

Ⅰ.①后… Ⅱ.①汤…②张…③吕… Ⅲ.①新兴产业 - 协调
发展 - 研究 - Ⅳ.①F264

中国版本图书馆 CIP 数据核字（2020）第 167957 号

责任编辑：凌　健　杜　鹏
责任校对：王苗苗
责任印制：王世伟

后发大国战略性新兴产业协同创新的政策驱动机制研究

汤长安　张丽家　吕殿青　著

经济科学出版社出版、发行　新华书店经销

社址：北京市海淀区阜成路甲 28 号　邮编：100142

总编部电话：010 - 88191217　发行部电话：010 - 88191522

网址：www. esp. com. cn

电子邮箱：esp@ esp. com. cn

天猫网店：经济科学出版社旗舰店

网址：http://jjkxcbs. tmall. com

固安华明印业有限公司印装

710 × 1000　16 开　12.5 印张　230000 字

2020 年 11 月第 1 版　2020 年 11 月第 1 次印刷

ISBN 978 - 7 - 5218 - 1847 - 5　定价：66.00 元

（图书出现印装问题，本社负责调换。电话：010 - 88191510）

（版权所有　侵权必究　打击盗版　举报热线：010 - 88191661

QQ：2242791300　营销中心电话：010 - 88191537

电子邮箱：dbts@ esp. com. cn）

国家社会科学基金项目"后发大国战略性新兴产业协同创新的政策驱动机制研究"（13CJY056）

湖南省自然科学基金项目"要素流动视角下产业协同集聚与区域经济协调发展路径研究"（2018JJ2202）

湖南省社会科学基金项目"产业空间联动、要素协同集聚与区域经济协调发展研究"（18YBA273）

前言

    战略性新兴产业是内含当代科技前沿成果、引导产业结构升级、拉动经济增长、增强自主创新能力和竞争力的先导产业，发展战略性新兴产业已成为世界大国抢占新一轮经济科技制高点的战略选择。面对以新能源、新一代信息技术、新材料、大数据分析技术和数字化制造等为标志的第四次工业革命浪潮，后发大国越来越意识到大力发展战略性新兴产业对本国产业以及经济发展的带动辐射作用，纷纷积极采取相关措施推动战略性新兴产业快速发展，促进本国产业结构的调整与升级。

    战略性新兴产业代表着科技创新和产业发展的方向。与传统产业相比，战略性新兴产业具有技术与市场深度融合、跨领域高度交叉的独有特征。正是战略性新兴产业这些特征，迫切需要在战略性新兴产业中建立稳定、长期、高效的协同创新体系。该书是笔者在承担完成的国家社会科学基金项目"后发大国战略性新兴产业协同创新的政策驱动机制研究"基础上形成的。

    本书总结和概括了后发大国的定义及内涵，归纳出后发大国经济发展的内源性、多元性和规模性特征。将战略性新兴产业发展与国家规模和协同创新相结合，刻画出转型期后发大国战略性新兴产业发展的典型特征。分析后发大国战略性新兴产业发展的政策需求，探讨战略性新兴产业协同创新的机理与路径，剖析战略性新兴产业协同创新的政策着力点，探究战略性新兴产业协同创新的内在驱动机制。创造性地构建了后发大国战略性新兴产业协同创新的政策支持体系，并提出后发大国依托协同创新发展战略性新兴产业的对策建议。

    本书的特色和建树主要体现在：一是结合后发大国的"发展性""规模性"等特征，提出利用后发大国内需市场规模庞大的"虹吸效应"，吸收、汇聚全球高级创新要素，探讨后发大国战略性新兴产业协同创新的机理与路径，为后发大国加快产业转型升级提供了新思路。二是基于后发大国战略性新兴产业发展的现实特征，揭示政策驱动、创新要素协同与战略性新兴产业协同演进的内在逻辑，建立基于政策驱动的促进战略性新兴产业技术、市场、制度协同演进的结构模型，构建后发大国战略性新兴产业协同创新的政策支撑体系，为后发大国产业发展提供了决策参考，也进一步丰富了发展经济学、大国经济学理论。

本书的学术价值和应用价值主要体现在：一方面，本书综合运用发展经济学、区域经济学、空间经济学等学科理论，采用多种研究方法相结合，分析政策要素与技术、市场和制度等要素协同，促进战略性新兴产业协同创新的机理。构建基于政策驱动的"四轮驱动"模型，研究政策驱动下，技术、市场等要素在战略性新兴产业发展和演进过程中的作用机制，进而探索战略性新兴产业空间格局的时空演变和空间布局优化问题，为后发大国产业协同创新和经济协调发展提供新思路。另一方面，本书立足于后发大国战略性新兴产业发展的特征事实，借鉴发达国家战略性新兴产业发展的经验，构建战略性新兴产业协同创新的政策支持框架，为贯彻落实党的十九大精神，推进我国积极参与第二波经济全球化发展战略，开辟一条依托战略性新兴产业进行产业升级与经济发展之路提供政策建议。本书问题的提出、相关概念的界定，以及研究过程中的比较分析、统计分析、实证分析和对策建议，都是基于后发大国战略性新兴产业发展现实和经济发展典型特征提出的，具有较强的针对性，这些可望为国家积极应对新一轮科技革命和产业变革，推动产业升级与经济协调发展提供政策参考。

汤长安
2020 年 8 月

目 录

第1章 导　　言

　　战略性新兴产业是内含当代科技前沿成果、引导产业结构升级、拉动经济增长、增强自主创新能力和竞争力、具有重大战略性意义的产业。后金融危机时代，世界各国尤其是发达国家都加快了战略性新兴产业的发展步伐，将战略性新兴产业视为本国的主导产业，以培育新的经济增长点，在新一轮经济腾飞中抢占先机。高技术性是战略性新兴产业的特征之一，这一特征决定了产业发展必然要走技术创新和自主创新的道路，但技术更新换代不能仅仅依靠市场这双"无形的手"来调控，更需要配合政府引导与政策扶持，因此，各国都制定了促进战略性新兴产业发展及协同创新的政策举措。本书立足于后发大国战略性新兴产业发展的基本特征事实，在界定后发大国及其经济发展规律的基础上，总结后发大国战略性新兴产业演进的阶段性特征，从政策驱动内生要素演进的角度探讨政策促进内生要素协同创新的机理与路径以及战略性新兴产业发展的需求，并在借鉴发达国家战略性新兴产业发展经验的基础上，构建战略性新兴产业协同创新的政策支撑框架，进一步丰富了发展经济学和大国经济理论，也为后发大国开辟了一条依托协同创新促进战略性新兴产业发展、提升产业竞争力，推动产业结构升级和经济协调发展的可行之路，为引导后发大国积极参加到第二波经济全球化进程中提供了可供参考的方向与思路。

1.1　选题背景

　　科技创新与新旧产业更替在经济发展和社会进步中发挥着举足轻重的作用。著名演化经济学家卡萝塔·佩雷斯（Carlota Perez）认为，18 世纪以来，世界经济所经历的五次革命性的发展变革，无一不是以技术革命为先导，通过技术催生新兴产业，带领经济走出停滞，进而提升整体生产力水平。在这种变革的关键期，总有一些国家可以抓住机遇，顺势而上，实现跨越式经济增长，率先确立世界经济发展中的领先地位。例如，蒸汽机发明所带来的工业革命奠定了英国19世纪头号经济强国的地位；化学工业等技术的进步推动了近代重化工业的发展，实现德国20世纪初的崛起；半导体和网络技术的突破性发展推动信息技术革命的到来，确立了美国二战以来持续领先的优势地位。随着世界各国科学技术、产业和综合国力等竞争加剧，世界多极化、经济全球化发展不断加深，重大科技创新不断突破，与此同时，国际金融危机影响范围和影响程度也在逐渐扩大，全球变暖等环境问题日趋严重。以知识技术密集、绿色低碳增长为主要特征的战略性新兴产业快速发展，成为引领新一轮产业革命的主导力量和产业发展方向，后发大国也积极参与到这一浪潮之中。在以新能源、信息技术、数字化智能化制造等为代表的第四次工业革命浪潮来临之际，处于赶超型的后发大国面临着更多机遇与挑战。高技术性、高创新性的战略性新兴产业成为世界各国占领新一轮经济科技制高点的战略选择，也是后发大国能否在新工业革命浪潮中占领先机的关键。

溯源科技发展史，发达大国主要根据本国资源禀赋、发展阶段和技术积累的情况，在产业发展中有所侧重，产业格局呈现出差异化分布。美国拥有着强大的研发实力和产业基础，在信息、新材料、生物等战略领域上领先各国，其优势地位短期内难以撼动。福布斯评出的全球最具创新力企业100强中，有42家来自美国，分布在生物技术、信息、新材料、装备制造业等不同领域中，体现了其强大而均衡的产业技术实力。德国、日本、英国、法国也充分发挥各自优势，并根据现实需求有所侧重。例如，针对资源和能源的短缺，德国和日本长期投身于新能源与节能环保产业技术，重点扶持太阳能、风能等多样化替代能源发展，从而在这些方面取得了全球领先的优势。英国的生物技术产业位居全球第二，仅次于美国。目前，欧洲约1/3的生物技术公司位于英国。法国则在航空航天、交通运输等工业部门上具有优势，其航空工业领域技术非常全面而系统，高速铁路技术和基础设施建设也处于领先地位。在三星、LG等超大规模全球产业链企业的引领之下，韩国于半导体、平板显示、移动通信、网络等新一代信息技术产业领域率先实现突破，在国际上与美国等传统强国形成分庭抗礼之势。

相比于发达国家，后发大国的发展却受到资金缺乏、技术储备薄弱等方面的限制，产业发展主要聚焦少数关键领域，并取得了一定的进展。例如，巴西依靠自身丰富的生物资源和农业优势，长期致力于生物燃料技术研究和产业开发，目前乙醇燃料生产工艺已日趋成熟，其生物燃料乙醇产量位居世界第二，成为乙醇燃料替代石油最成功的国家之一，并且是当前世界上唯一不供应纯汽油的国家。

印度在信息、生物等产业领域继续保持快速发展势头，并且在这两个领域均采取承接研发外包合同的方式培育产业技术能力，取得了显著成效。俄罗斯曾经是工业强国，但受当前国力限制，在新兴产业发展上并未取得全面突破，而主要在宇航工业、船舶制造业、无线电工业、核能工业、动力机械工业等领域具有优势。后发大国技术创新主要走引进、吸收再创造的道路，但是这种发展轨迹往往会带来关键技术的缺乏，导致产业成本高、参与价值链分工低等问题，因此，后发大国提高科技水平、发展战略性新兴产业的重中之重在于提高自主创新能力。但随着技术不断地发展进步，企业技术创新风险和成本越来越高，因而，后发大国在发展战略性新兴产业过程中应该鼓励不同的组织聚集各方面力量进行协同创新，在各方通力合作的基础上实现资源整合，提高创新效率。

在国际金融危机和"欧债"危机影响不断深化的背景下，面对以新能源、新一代信息技术、新材料、数字化制造等为标志的第四次工业革命浪潮，对于处于追赶型的后发大国，特别是像中国这样的发展中大国，面临着诸多机遇和严峻挑战。战略性新兴产业已成为世界发达大国抢占新一轮经济科技制高点的战略选择，也成为我国能否在新的工业革命浪潮中占领先机的关键所在。从 2009 年 9 月中央就着手开始产业规划，到 2010 年 9 月国务院《关于加快培育战略性新兴产业的决定》聚焦七大重点产业；从 2011 年 3 月"十二五"规划进行专项战略部署，到 2012 年 5 月《"十二五"国家战略性新兴产业发展规划》实现对产业发展路线图、重大行动计划和主要政策措施的细化；从党的十八大报告提出的"推动战略性新兴产业健康发展"的重要部署，战略性新兴产业密集地出现在政府文件和政策研究报告中，已成为我国在新时期振兴经济并实现跨越式发展的核心命题，更是我国加快转变经济发展方式，促进科学发展与可持续发展的国家战略。但与此同时，由于相关理论研究严重滞后，对战略性新兴产业缺乏充分地理解，理论界出现了一些诸如"概念炒作""新瓶装旧酒"的质疑声，一些地方政府出现了误以为是权宜之计、政绩工程的问题，于是盲目跟风，推动新一轮竞争浪潮的展开，甚至过度热情，造成了"高度战略化，低度市场化"的尴尬局面。

协同创新这一创新模式通过分享知识和信息能够有效地整合创新资源、降低创新成本与风险，提高企业技术创新乃至国家整体创新能力，并且协同创新所具有的优势也得到了国际社会的认可。发达国家依托本国资源禀赋和竞争优势，在积极促进协同创新的过程中，实现了技术的突破性创新，推动了战略性新兴产业的飞速发展。后发大国也已经将创新发展战略作为实现经济跨越式发展的核心命题，并将其作为加快转变经济发展方式、实现科学发展与可持续发展的国家战略。目前来看，后发大国协同创新普遍存在着水平低、协同创新能力弱等问题，且政府对协同创新活动的指导和扶持也存在较多不足，没有形成完备的协同创新政策驱动体系，而战略性新兴产业发展中所遇到的诸如技术、市场、制度等方面的障碍亟须政府的积极引导。

本书正是基于上述理论与现实背景，立足于后发大国战略性新兴产业发展的特征事实，探究战略性新兴产业演进过程及协同创新机理，在学习、借鉴发达国家和后发大国战略性新兴产业发展经验基础上，构建战略性新兴产业协同创新的政策支持框架，为后发大国积极参与第二波经济全球化浪潮、依托战略性新兴产业实现产业升级与经济发展提供政策建议。

1.2　研究意义与研究综述

1.2.1　研究意义

经济全球化时代，世界各国在推进经济持续发展的同时也面临着资源枯竭、环境污染严重、经济发展后劲不足等问题，技术变革、知识创新日渐成为新时代背景下经济发展的关键，一场由知识和技术创新驱动的新型科技革命在全球范围内拉开序幕。战略性新兴产业作为知识经济、循环经济与低碳经济以及未来科学技术产业发展的新方向，业已成为各国产业发展的重点与焦点。因此，如何发展战略性新兴产业以应对变幻莫测的国际经济新形势、实现后发赶超，是后发大国面临的重要课题之一，也从根本上决定了"战略性新兴产业协同创新问题研究"的重要性。本书从后发大国经济发展的典型特征出发，分析战略性新兴产业演化机理，研究战略性新兴产业对技术、市场、金融、财税、人才、科技等方面政策的内在需求，探讨战略性新兴产业自主发展的政策要素内核，并基于政策驱动的战略性新兴产业协同创新的实证检验，构建战略性新兴产业协同创新发展的政策驱动框架，使得本书对战略性新兴产业协同创新机制问题的研究既具有重要的理论意义，又具有重要的实践价值。

1.2.1.1　理论意义

本书着眼于目前发展最快的战略性新兴产业，基于后发大国新兴技术产业化程度低、市场分割、政策效应滞后，以及创新协同度低、产业关联效应不明显、发展不均衡等问题，将战略性新兴产业发展与协同创新相结合。基于发展经济学、区域经济学、空间经济学等学科理论，采用归纳演绎方法、理论建模与实证分析方法（空间计量、空间自相关）、比较分析方法等多种研究方法，深入探究政策与技术、市场和制度等要素协同，促进战略性新兴产业协同创新的内在机理，构建基于政策驱动的技术创新推动力、市场需求拉动力和制度创新支撑力的"四轮驱动"模型，进而分析技术、资本、人才和市场等内生要素在战略性新兴产业发展不同阶段的作用机制；随后，本书以中国为例，运用空间统计方法、空间自相关和空间计量等方法，实证研究政策驱动下，技术、市场、政策等关键要素对战略性新兴产业发展的具体影响，并进一步从全国、区域、产业层面，探索战略性新兴产业空间格局的时空演变和空间布局优化等问题，进一步丰富产业空间布局理论和大国经济理论，也为后发大国产业协同创新和区域经济协调发展提供了新的理论阐释。

1.2.1.2　实践意义

一方面，本书问题的提出、后发大国的界定、战略性新兴产业协同创新的比较分析、统计分析和实证分析、对策建议的提出都是基于大国典型特征、后发大国经济发展事实和具体特点提出来的，具有较强的针对性，可为这些国家产业政策制定以及大国经济发展提供理论上的参考。例如，构建的后发大国评价指标体系和遴选方法，为后发大国的界定和划分提供了一定的参考；构建的战略性新兴产业内在驱动机制为战略新兴产业的发展、产业结构优化升级提供了思路。

另一方面，本书立足于后发大国战略性新兴产业发展的特征事实，在借鉴发达国家战略性新兴产业发展经验的基础上，构建了战略性新兴产业协同创新的政策支持框架，对我国贯彻落实党的十九大精神，以及国务院"关于加快培育和发展战略性新兴产业的决定"和"推动战略性新兴产业健康发展"的重要部署，积极参与第二波经济全球化发展战略，开辟一条依托战略性新兴产业进行产业升级与经济发展之路具有重要参考价值。

1.2.2　国内外研究述评

1.2.2.1　战略性新兴产业

目前，国内外学术界虽没有形成对战略性新兴产业概念的一致且权威的定论，但大多认为战略性新兴产业是指对本国、本地区有重大、长远影响，能够带动本国、本地区经济发展的新兴产业。本书通过在中国知网（CNKI）中检索发现，2009 年才开始出现以"战略性新兴产业"为研究主题的文献资料。时任国务院总理温家宝在战略性新兴产业发展座谈会上明确提出，中国要以国际视野和战略思维发展战略性新兴产业，自此以后战略性新兴产业成为中国政界、企业界、学术界关注的重点。培育和发展战略性新兴产业有利于实现产业结构优化升级、经济发展方式转变、自主创新能力和国际竞争力提升，最终实现后发大国经济长远发展。国内外学者主要从战略性新兴产业的内涵与特征、产业识别与选择、水平测度、影响因素、驱动机制等角度进行研究，这些都为本书研究奠定了坚实的理论基础。

（1）战略性新兴产业内涵。国外战略性新兴产业的提法主要有 4 种：①使用"新兴工业（emerging industries）"概念，表示新兴的产业或正显现的产业，具体涉及电动车、WEB 交通数据、数字电视技术、电信产业、制造领域、生物能源及生物技术等相关产业；②使用"新产业（new industries）"概念，表示新的产业，具体涉及硬软件、信息产业、电影产业、移动网络、医学等产业领域；③使用"新兴产业（new and emerging industries）"概念，表示新产业和新兴产业，具体涉及绿色产业、园艺产业、生物技术、信息技术、农业、生物能源与生物产品、化学领域、高技术及其产品等；④使用"新出现的产业（newly emerging industries）"概念，表示新出现的产业，具体涉及生物技术、计算机软件、轨道空间、缝纫机、收割机、自行车以及武器、绿色建筑、老年健康等产业。这 4 种提法中使"新兴工业（emerging industries）"和"新产业（new industries）"，相对占据主流地位，频次相对较高，且基本上作为同一概念使用。"新兴产业（emerging industries）"和"新产业（new industries）"相比，前者使用又相对更为主流，如国外还普遍使用"新兴（emerging）+ 某产业"这一衍生提法，如新兴汽车产业、新兴信息技术产业、新兴旅游产业、新兴动植物产业、新兴绿色产业、新兴生物芯片产业等。总的来看，国外新兴产业的概念主要侧重于市场、业务、技术以及新产业业态等方面，甚至包括了澳大利亚的甜柿、竹与本地的花等园艺产业、一些非洲地区兴起的旅游产业、老年健康产业、缝纫机、收割机、自行车等产业，可见国外新兴产业并不一定必然涉及产业的战略性地位。因此，国外关于战略性新兴产业的概念实际上只使用新兴产业的概念，但是不冠以"战略"一词。国外有关战略性新兴产业的研究最早源于艾伯特·赫希曼（Albort Hirchman，1959），他将处于投入产出关系中最密切的经济体系定义为"战略部门"。

蒂斯（Teece，1991）认为，战略性产业具有规模和范围经济、学习型经济和网络经济的特征，这些特征使它具有强大的竞争力。相较于战略性产业的研究，国外专家学者对新兴产业做了更为深入的探讨。换言之，新兴产业可能是现有的产业，也可能是那些在经过一段休眠或调整后重新出现的产业。关于新兴产业的界定，波特（Porter，1980）在《竞争战略》一书中认为，新兴产业是指通过一些因素新形成的或重新形成的产业，这类因素包括技术创新、相对成本关系变动、新的消费需求的出现或其他经济及社会方面的变化致使某种新产品或新服务得以市场化，后来他又提到"区域集群通常是成熟产业和新兴产业的混合体"。科塔比（Masaaki Kotabe，2007）等认为，新兴产业是处于发展初级阶段的产业，这个阶段包括从萌芽期到成长期的全部发展过程。麦加汉（Mc Gahan，2009）则坚持新兴产业是处于产业发展生命周期暂时阶段的产业形态。阿加瓦尔（Agarwal，2007）等认为，新兴产业由少数公司的先导活动所推动，这些公司通常面临着较大的不确定性和风险，主要获利于资源迅速获取的先动优势。布莱克（Blank，2008）认为新兴产业在发展初期会面临一系列诸如发展前景、市场需求和产业政策等风险，是在发展过程中没有成熟经验可以借鉴的、不确定性非常高的产业，没有原有的轨迹可循。凯斯廷（Stefan Kesting，2010）从产业环境的角度进一步定义战略性新兴产业，认为是由于经济主体所面临环境的变化而出现明显增长的新产业。

与国外情况不同的是，我国则从一开始就冠以"战略性"新兴产业的这一提法，然而有趣的现象是，统计系统统计新兴产业相关指标值与国外概念内涵相吻合。国内学者对此概念主要有两种译法：一种是使用"战略性新兴产业（strategic emerging industries）"，另一种是使用"具有战略重要性的新兴产业（emerging industries of strategic importance）"，但具体界定及内涵在理论界和实践环节尚存在诸多分歧。时任国务院总理温家宝于 2009 年正式提出"战略性新兴产业"这一概念，指出战略性新兴产业是以重大核心技术突破为基础，能够满足潜在市场需求、物质消耗节约并具有良好带动作用和综合效益的产业。国家"十二五"规划纲要及 2010 年国务院下发的《关于加快培育和发展战略性新兴产业的决定》，明确了战略性新兴产业的具体定义，认为战略性新兴产业是以重大技术突破和重大发展需求为基础，对经济社会全局和长远发展具有重大引领带动作用，知识技术密集、物质资源消耗少、成长潜力大、综合效益好的产业，具有导向性、全局性、动态性、可持续性特征，并确立了包括新一代信息技术、节能环保、高端装备制造等在内的七大产业。因此，国内学者从一开始就将"战略性"与"新兴性"两个含义相结合，将新兴产业提高到国家战略的高度。刘洪昌（2011）认为，战略性新兴产业是指在国民经济中具有重要战略地位，关系到国家或地区的经济命脉和产业安全，科技含量高、产业关联度高、市场空间大、节能减排效果较好的潜在朝阳产业，具有战略性、创新性、成长性、关联性、导向性、风险性等特征。刘玉忠（2011）认为，战略性新兴产业是涉及国家根本竞争力、国家安全、国家战略目标实现，影响国家政治地位的产业，具有战略性、创新性、先导性、市场不确定性等特征，包括新能源、新材料、信息网络、新医药、生物育种、节能环保、电动汽车七大产业。朱迎春和王新新等（2011）也分别从国家战略意图、产业结构升级、新兴科技和新兴产业深度融合等视角对战略性新兴产业进行了不同的界定，并给出了诸如准公共性、外部性、高风险性、全局性、长远性、导向性、动态性、高成长性、产业技术领先、前瞻性和引导性等特征。林学军（2012）从作用效果的角度出发，提出战略性新兴产业是指对本国、本地区有重大、长远影响，并且能够带动本国、本地区经济发展的新兴产业，在发展过程中主要呈现出指向性、外部性、创新性、风险性与区域性等特点。陈继勇（2012）从产业演进过程分析战略性新兴产业，认为该产业的演化要经历"技术突破""技术标准化"和"技术商业化"三个阶段。陈衍泰（2012）提出了影响战略性新兴产业演化的技术维度、市场维度、产业主体维度、制度维度的四维分析框架。董树功（2013）从对国民经济发展作用的角度，指出战略性新兴产业是指能够带动、支撑、调整国民经济发展、促进国民经济转型升级的产业群，对国家经济发展具有全局指导性、长远动态调整性的作用。吴宇晖和付淳宇（2014）两位学者通过研究发现，战略性新兴产业具有前瞻性和可持续发展性，是能够改变经济增长方式，形成新的经济增长点，并带动其他关联产业发展，促进经济均衡发展的新兴产业。孙国民（2014）从产业地位出发，认为战略性新兴产业是新兴性和战略性产业的结合体，不仅具有战略产业的多层次性，而且也是突破关键技术、影响企业核心竞争力、影响产业安全、国家安全和国家战略的新兴产业，兼具战略性、全局性、技术前瞻性、发展可持续性、区域竞争性等多种特征。综上所述，学者从不同的角度对战略性新兴产业的内涵和特征都进行了研究，且大都从市场需求和科学技术进步的角度阐释了战略性新兴产业发展的必然，以及对国家经济长远发展的重要作用，为本书的研究奠定了重要的理论基础。

基于以上学者的研究，本书从"战略性"和"新兴"两个方面对战略性新兴产业的概念和内涵进行了进一步阐释，前者强调主观性的发展重点，后者强调客观性的全新图景，这也是战略性新兴产业与一般产业的核心区别。具体来说，战略性体现该产业的战略重要性（strategic importance）或战略地位（strategic status），即关系国家安全、产业安全、关键技术突破以及产业制高点，乃至国家竞争优势获取和国家战略目标实现的具有全局性影响的产业。新兴则说明该产业是近期新出现和新兴起的、区别于由来已久的传统产业、旧产业或成熟产业。

（2）战略性新兴产业的基本特征。总的来说，战略性新兴产业是战略性和新兴性两者的结合体，并呈现战略地位的多层次性：第一层次是影响国家安全和国家战略层次的战略性新兴产业，特别是航空航天材料及发动机、量子通信技术、相控阵雷达技术、太空武器技术、预警机、舰载机技术等，这是战略性新兴产业的最高层次，经济、政治和军事意义深远；第二层次是影响产业安全层次的战略性新兴产业，如高端装备、芯片技术、动漫创意产业、高性能计算机、新能源汽车、轨道交通产业等，这是经济意义上中观层面的战略性新兴产业；第三层次是突破关键技术、对企业构建核心竞争力产生重要影响的战略性新兴产业，如新医药产业、节能环保新技术、新能源汽车、生物育种、云计算、物联网等，这是经济意义上微观层面的战略性新兴产业。上述三个层面的战略性新兴产业具有互动融合、相互促进的关系，特别是第一层次的战略性新兴产业对第二和第三层次的战略性新兴产业具有技术扩散和外溢效应。除了其层次性外，它还具有区域差异性，即由于区域资源要素禀赋的差异性和市场分割性，同一产业在不同国家或地区之间的战略重要性及地位有所差异，如稀土材料在美、日都属于战略性新兴产业，而在我国因资源禀赋的先天因素较好，其战略地位的重要性相比其他国家要低。战略性新兴产业还是个动态演进的概念，它遵从生命周期理论及组织演化规律，通常情况下按照产业形成、成长、成熟、衰退的生命周期理论进行演化；同时，由于战略性新兴产业在生命周期的第一阶段面临诸多风险，因此，其产业安全性关系到生命周期的完整性，即部分战略性新兴产业可能出现未老先衰或未老先亡的情况。

战略性新兴产业突出特征主要体现在以下七个方面：一是地位战略性。因其关系企业核心竞争力构建、区域产业安全甚至国家安全，因而地位突出，一般传统产业不能替代。二是影响全局性。产业战略地位突出，影响广、波及大，对整个经济社会发展能产生重要影响，即战略性新兴产业的带动效应相比一般产业要大。三是技术前瞻性。突出表现在技术创新和技术领先上，具体表现为技术发明及专利，如 LED 产业的封装、电源控制及芯片技术等，还包括科学界的重大科技发明及发现，代表了一国乃至全人类的科技进步，如量子通信技术、量子反常、霍尔效应等重大发明发现等都会催生新兴产业或高新技术产品的出现。四是市场风险性。由于新兴产业处在技术酝酿阶段和范式构造探索阶段，未来市场培育和拓展与市场现实需求的匹配具有不确定性，产业生命周期顺利延续的难度不可估量。五是发展可持续性。战略性新兴产业虽然具有市场风险性，但其发展具有不断成长性直至成为主导产业和支柱产业，它是后两种产业形态的萌芽，有望实现产业发展上的"星火燎原"之势。六是产业生态性。指的是战略性新兴产业一般是技术含量高、污染和能源消耗低的产业，通常表现为技术密集型产业，具有较好的亲生态性特质，是符合国家节能减排、产业转型升级以及绿色、低碳产业政策和要求的新产业，符合"两型社会"的发展要求。七是区域竞争性。指的是战略性新兴产业通常在技术先发地区形成，如大学和科研院所集聚区或产学研资源高效整合区域，专业化程度相对较高，极易引发激烈的竞争。

（3）战略性新兴产业的识别与选择。战略性新兴产业具有丰富的内涵，可以划分为不同类型的产业，而且不同国家和地区之间由于资源优势、技术水平、产业基础等现实状况的不同，战略性新兴产业成长的基础与条件也不同，为了更好地发挥战略性新兴产业对经济和社会发展的带动作用，需要在众多战略性新兴产业中进行选择。国外有关战略性新兴产业选择的研究比较少，但是其产业发展方向是主导产业，因此，对主导产业选择的研究可供国内学者参考。艾伯特·赫希曼（1991）从产业关联的角度出发，将关联度的大小作为主导产业选择的标准，并且认为主导产业通过这种关联效应可以将产业优势在上下游产业之间传递。筱原三代平（1991）提出了主导产业选择的"两基准理论"，即根据需求收入弹性和生产率基准在不同产业之间选择。克里斯托弗·卡斯克（Christopher Kask，2002）提出了美国制造业战略性主导产业选择基本准则。总体来看，国外学者根据本国企业发展的现实情况，有针对性地提出了产业发展的选择标准，尤其是艾伯特·赫希曼的主导产业选择准则对我国具有重要的借鉴意义。黄鲁成（2012）、霍国庆（2012）、柳卸林（2012）等借鉴国外关于主导产业、优势产业特征的研究，探讨我国战略性新兴产业自身的独特性，提出了战略性新兴产业的识别方法，构建了战略性新兴产业指标体系。郑江淮（2012）、黄鲁成（2012）认为，战略性新兴产业具有战略性、新兴性和带动性特征。吕铁（2012）、肖兴志（2011）通过研究发现技术和市场所具有的高不确定性以及研发和产业化的正外部性是战略性新兴产业的显著特性。尹艳冰（2014）考虑到区域战略性新兴产业遴选存在逐渐趋同的现实问题，结合战略性新兴产业自身的特点和区域的资源、技术等现实条件，构建了战略性新兴产业遴选模型（ANP），为区域产业选择提供了可靠的依据。施卓宏（2014）从生产要素、需求要素、相关产业、支撑产业、企业战略和竞争对手、发展机会等角度构建了战略性新兴产业评价体系。张凯（2017）从江苏省战略性新兴产业发展现状出发，构建了江苏省战略性新兴产业选择的指标体系，并在备选的 31 个与战略性新兴产业相对应的产业二级分类中进行选择，通过计算分析最终选择了电子器件制造业等 10 个战略性新兴产业。

从以上的研究可以看出，战略性新兴产业发展具有全局性、战略性意义，因此，在选择时一定要牢牢把握三个原则：一是产业选择要兼顾区域内外，确保区域内外均衡长远发展；二是经济效益生态效益平衡发展，确保经济可持续性增长；三是技术和商业模式协同创新，以技术发展带动经济发展。这三大原则缺一不可。

（4）战略性新兴产业驱动要素。战略性新兴产业作为兼具新兴产业和战略性产业双重特征的产业，是对国家经济社会发展具有重要作用的产业布局，其发展必然受到资源、技术水平和产业基础的影响（张和平，2010），而其战略性特征也决定了它的发展离不开政府的大力支持。波特（1998）在其产业集群理论中就政策对新兴产业的影响展开研究，认为政府在影响产业竞争力方面有非常重要的作用，因此，必须完善制度促进产业发展，推动市场需求和产出增长，进而促进产业竞争力的提升。李晓东（2015）提出在发展战略性新兴产业时必须正确处理好市场和政府之间的关系，合理运用政府补贴等政策，寻找政府和市场之间总供给和总需求的最佳均衡点，引导并支持战略性新兴产业发展。阮航（2017）构建了 PVAR 模型和四部门内生增长模型，对我国 285 家 A 股上市公司（其中 99 家为战略性新兴产业）进行对比研究，进一步明确了政府补贴对战略性新兴产业的研发投入和产出的巨大提升作用。孙志洁（2017）通过构建面板模型对浙江省战略性新兴产业发展的驱动因素进行分析，发现目前该省战略性新兴产业发展主要受到 R&D 人员、专利数量、税收和其他产业发展情况影响，且这些因素影响均属于正向促进作用。霍国庆等（2017）从产业技术供给和需求角度出发，分析了当前战略性新兴产业技术创新水平，提出了"引领""定制""外溢"和"联盟"四种产业技术创新模式，认为产业共性技术对于进一步提升战略性新兴产业创新能力至关重要。区域内产业发展基础也是影响战略性新兴产业发展速度的重要因素之一，杨英等（2012）以广东省为例进行研究，发现不同区域之间科技、市场和产业优势存在差异，提出广东发展战略性新兴产业应实事求是选择本省份相对有基础的产业，尽量缩短形成新的经济爆发点的时间。正如刘红玉（2013）所研究的，战略性新兴产业的形成与发展是内外因共同作用的结果，其发展既离不开市场需求、科技创新与社会的良性互动，又受到自身生命周期演化规律的影响，因此在促进产业发展时应综合发挥各要素的作用。

（5）战略性新兴产业政策支持体系。关于战略性新兴产业政策支持体系的研究，主要集中在财税政策、金融支持政策、产业支持政策等方面。

在财税政策方面，不少学者在对中国现行的战略性新兴产业相关财税政策梳理与分析的基础上，提出了促进战略性新兴产业发展的财税政策建议（胡剑波，2013；逄晓霞和方晓琳，2012；尹小平和苏扬，2012），以期为中国战略性新兴产业发展提供新思路。不少学者通过与发达国家相比，发现中国现行财税政策对战略性新兴产业发展的支持力度偏弱，提出应该加大对战略性新兴产业、企业以及产品的财政补贴力度，改革流转税、所得税、消费税等税种。另外，刘建民（2012）、刘志彪（2011）、顾海峰（2011）、刘家庆（2011）等分别从支持战略性新兴产业发展的财税政策出发，构建了扶持战略性新兴产业发展的政策框架。在金融支持政策方面，国内学者研究侧重于金融政策支持对战略性新兴产业发展的影响、现行金融支持政策不足以及金融扶持政策路径探索等方面（谢清河，2013；胡剑波和张平，2013；郭淑娟和惠宁，2013；马军伟，2013）。国内有针对性地研究战略性新兴产业政策方面的文献相对较少，大部分学者（费钟琳和魏巍，2013；贺正楚和吴艳，2011）的研究集中于促进战略性新兴产业发展的一整套宏观政策体系，这些都为本书的研究奠定了一定的基础。文骐等（2011）、王斌等（2011）集中精力分析国外发展战略性新兴产业的政策举措，并从中探寻中国政策驱动新模式。刘澄（2011）认为，市场培育、科技创新和合理的空间布局才是战略性新兴产业政策的重点所在，后发国家可以通过实施相应的产业扶持政策，消除制约产业发展的体制性障碍，引导和促进战略性新兴产业快速健康发展。

1.2.2.2 产业协同创新

"协同"一词产生于 20 世纪 60 年代，主要以赫尔曼·哈肯（Hermann Haken）所研究的激光理论为基础发展起来的"协同学"（Synergetics）为开端。1971 年，他与格拉汉姆（Graham）发表第一篇关于"协同学"的文章，1977 年正式创立"协同学"。产业协同是指在一定的区域内，通过协调两个或两个以上的产业主体，在产业政策、共同利益的指引下相互协作以实现共同发展、合作共赢的一种状态。在这一状态下，协作双方在综合实力提升的同时，也极大地带动了区域整体实力的增强。随着世界市场的扩大和开放，各国经济、产业之间的联系越来越密切，不同产业纷纷走上了协同发展的道路，产业协同创新研究也成为学者们关注的焦点。

（1）产业协同集聚。产业协同集聚是指在产业发展过程中，在特定区域内相互关联的企业或机构，由于生产共性或互补性而在地理区域形成的相互联系、相互支撑的产业群现象。这些产业基本上同处一条产业链，产业与产业之间存在竞争与合作的关系，通过彼此之间的溢出效应，技术、人才、资本等要素的共享，获得规模效应，提升区域整体竞争力。

集聚发展是目前产业发展的一种重要战略导向，最早提出产业协同集聚概念的是埃利斯（Ellison，1997），他对差异化产业之间的空间集聚现象进行了研究。科尔科（Kolko，2007）在研究生产性服务业和制造业的过程中发现，知识外溢和所建立的直接贸易关系是促进协同集聚的重要因素。随着社会分工的持续发展，相同产业间集聚以及不同产业之间的协同集聚现象越来越普遍，而其对产业发展以及社会经济发展发挥着越来越重要的作用。李捷等（2015）指出我国战略性新兴产业发展主要采取集群式发展模式，依靠的是产业内各部门所具备的创新能力和当地政府的大力支持，战略性新兴产业逐渐在地理空间上集聚，形成规模优势进入快速发展阶段。张宇（2016）在阐述战略性新兴产业集聚相关理论的基础上，分析了东北地区战略性新兴产业集聚的优劣势，通过区位熵和行业集中度两个指标测度了该产业在东北地区的集聚水平，发现影响产业集聚发展的因素依次为：要素禀赋、消费者购买力、产业情况、政策和创新能力。包琼雪（2017）在研究温州物流业集聚情况时发现，温州市的物流业集聚程度远远低于区域经济发展的现实需要，因此急需调整产业结构，通过不断地提高物流业的集聚程度，充分发挥物流产业对经济协调发展的带动作用。范晓莉等（2017）研究了我国29个省份战略性新兴产业集聚度、发展水平和影响因素，发现我国战略性新兴产业集聚水平存在显著的区域差别，信息基础设施和人力资本水平对提升我国东中西部战略性新兴产业集聚程度的作用非常明显。陆丽娜和胡峰（2019）构建了战略性新兴产业集聚能力评价指标体系，并采用主成分分析法分析了要素支撑、产业影响能力、产业发展潜力等要素，结果发现这些影响因素具有梯度递减的差异性特征。

（2）产业协同创新。随着经济全球化迅猛发展，产业在低成本动力的驱使下，都趋向于集聚分布，但随着环境和资源问题日益恶化，经济发展更加注重质量和效率，由原来的要素驱动、资源驱动向创新驱动转变，各经济体为了谋求进一步发展，纷纷寻求产业协同创新，以实现经济发展转型。

国外有关协同创新的研究早于国内，虽然协同创新定义尚未达成共识，但研究协同创新含义、构成要素的文献比较丰富。阿尔本（Abend，1997）认为，"创新观念（ideas）、过程（process）、人群（people）及组织（organization）"是协同创新管理的重要内容，协同创新主体也不再局限于企业，而是覆盖到了各种组织。莫里斯（Morris，2006）通过创新要素对科技水平影响的实证研究，证实了创新要素可以通过社会网络对高科技研发产生正向推进作用。贾达莎·达鲁格（Jadesadalug，2008）证实了"组织制度、市场、技术"三要素协同对创新发展的重要作用。此外，舒尔兹（Schulze，2012）也分析了协同创新过程中合作伙伴之间认知距离与创新绩效的关系。国外学者的研究大都认为，产业协同创新强调协同组织内或者协同组织间基于资源互补、信息共享和合作共赢等考虑，以实现技术、文化、制度等维度联动的协同互动行为。随着技术发展水平的提高，技术创新越来越复杂，单纯依靠自身力量进行创新变得越来越艰难，产业协同创新不仅可以尽可能多集结创新所需的资源和要素，也可以增强创新主体风险抵御能力。

20世纪90年代以来，国内有关协同创新的研究如火如荼，但主要以企业为载体展开研究。陈光（2005）在研究中指出，协同创新是以企业发展战略为导向，以提高协同度为核心，协同发挥技术和市场（核心要素）、文化、制度、资源（支撑要素）等要素的作用，以实现企业整体协同效应的过程。陈劲和王芳瑞（2005）根据"协同的基本定义和特征"进一步从市场和技术协同的角度重新界定了协同创新的内涵，并深入研究了创新系统从无序状态向有序状态转变的发展过程。程蓉（2008）认为，协同创新是指以提高协同度为核心，各项创新相关要素如技术、市场、战略、文化、制度、组织、管理等有机配合，通过复杂的非线性相互作用产生单独要素所无法实现的整体协同效应的过程。可见，这些观点主要属于协同创新"要素中心论"。金林（2007）从协同主体的角度进行研究，认为协同创新可以建立包括政府、创新主体、创新源及社会不同利益群体在内的网络组织，在这一组织内科学技术主要发挥桥梁、传递、纽带的作用，为中小企业提供技术扩散与评估、成果转化、创新资源配置、创新决策和管理咨询等服务，进而推动中小企业的技术创新和成果产业化。这一定义，一方面，扩大了协同创新主体的范围，突破了原有的协同创新概念只局限在单个主体内部的界限；另一方面，由关注要素协同转变为关注创新主体间的定位差异和互补协同，大大地拓宽了协同创新的内涵。

有的学者从"创新要素协同"与"创新主体协同"相结合的视角来分析协

同创新的内涵。杨育等（2008）认为，客户协同创新是指充分利用客户与专业设计人员在知识结构和创新技能方面的不对称性，借助各种网络化协同工作环境、创新设计工具和知识融合手段，通过客户和专业设计人员之间的协同工作，将两者的创新优势进行互补并激发群体创造力，从而开发出具有高度创新性和市场主导力的新产品。孙长青（2009）在此基础上将协同创新参与主体与要素概括化，指出协同创新是指不同创新主体以合作各方的共同利益为基础，以资源共享或优势互补为前提，通过创新要素有机配合，经过复杂的非线性相互作用，产生单独要素所无法实现的整体协同效应的过程。目前多数学者采用了孙长青对协同创新所下的定义，但同时对其定义的某些构成进行了完善和调整。万幼清（2014）在分析协同创新相关研究的基础上，从概念界定、指标选取、模型构建等对协同创新进行了进一步研究。马威（2014）借助复合系统协同模型将我国高技术产业协同创新系统划分为创新资源、创新成果和辅助手段三个子系统，通过高技术产业创新发展 2005～2011 年的相关数据进一步测度我国高技术产业内部五个子行业的协同创新程度，发现我国高技术产业协同创新程度总体上呈增长趋势，但协同创新处于较低水平，并且五个子行业协同创新程度存在较大的差异。马丽等（2014）认为，产业协同创新是以主导企业为核心的产学研协同创新模式，通过跨区域、跨组织产业创新要素集成可以节约研发成本、共担风险，有助于形成规模效应、产业集聚效应和区域辐射效应。程金龙（2015）从智慧旅游发展现实出发，研究信息产业和旅游产业的协同创新，进一步论证了协同创新是两类产业在融合过程中创新要素充分共享、深度协作的过程，是两个产业融合发展的内在要求和重要动力。姚瑶（2015）以山西煤炭业为研究对象，在分析该省煤炭产业协同创新现状的基础上，构建了包括资源层、网络关系层、宏观环境层和微观层在内的产业协同创新影响因素体系，为煤炭产业协同创新能力的进一步提升提供了依据。该定义一方面跳出了关注单个协同创新主体内部协同创新的范围，将注意力集中于参与主体间的协同上（科技中介与科技中小企业）；另一方面则从对要素协同的关注上转移至不同协同创新主体之间定位差异的互补协同上（科技中介与科技中小企业各自中心任务的差异性），极大拓宽了协同创新含义的包容性。

李小芬（2012）认为，就国家或地区的新兴产业发展而言，在新的全球化竞争条件下，完全的市场竞争不复存在。因此，政府参与和政策促进的作用极为重要。他通过理论和实证方面的研究，揭示了战略性新兴产业的发展表现为技术、市场和制度的协同演进，其相互作用决定了战略性新兴产业发展的轨迹、绩效与兴衰，而这样的协同演进在本质上表现为认知的变化，战略性新兴产业创新发展的过程最终表现为认知增进和扩展的过程。

本书认为，战略性新兴产业作为知识技术密集型产业，其发展以技术创新为核心。战略性新兴产业创新的重大创造性、突破性、交融性、创新主体多元化等特征决定了必须构建与之相适应的产学研协同创新体系。技术、市场和制度的协同演进关系随着战略性新兴产业的不断成长而演变发展，其发展过程中对技术的认知、对市场的认知以及对制度的认知处于不断地提高之中。战略性新兴产业的发展过程，也是技术认知、市场认知和制度认知不断增扩的过程，因而认知因素成为政府影响技术、市场和制度的中间变量。实际上，认知的变化贯穿着战略性新兴产业的每个阶段，而且呈现出技术认知、市场认知和制度认知协同演进特征。在战略性新兴产业发展的起步阶段，新技术冲击传统认知的变化，利基市场用户的认可促成了对新技术认知的推广。在成长阶段，技术认知经历了新技术、新产品并逐步衍生出新产业的发展历程；市场认知也经历了逐步扩大的过程，伴随着新技术、新产品的推广与普及，新技术和新产品被更大范围的消费者认可。技术主体和市场主体力量的逐步扩大迫使制度层面进行调整，使得新技术的范式体系逐步替代旧技术范式，促进新技术的制度逐渐取代旧技术范式下的制度体系。当战略性新兴产业步入快速发展期以及成熟期，技术和市场主体为了促进产业的发展，会逐步诱使制度的变迁和新规范体系的建立，如建立规范技术的各种标准体系、引导市场的各种定价规则、市场规则等，即随着产业的不断成熟，技术、市场和制度的协同作用会进一步显现。

1.2.2.3 战略性新兴产业协同创新

战略性新兴产业兼具战略性产业和新兴产业的双重性质，具备战略性、高成长性、高风险性和外部性等特征，这些从根本上决定了在经济发展滞后的后发大国发展战略性新兴产业就必须强化协同创新，坚持科技强国、创新发展的长期发展战略，加快实现产业发展由资本驱动、要素驱动向创新驱动转变的步伐。国内外学者对战略性新兴产业协同创新问题也进行较多的研究，主要包括以下两个方面。

（1）战略性新兴产业协同创新网络。创新网络的相关研究最早起源于20世纪中后期。罗利（Rowley，2000）通过研究发现网络结构主体之间联系有强弱之分，在对比弱关系占主导地位的网络关系和强关系占主导地位的网络关系的绩效、产业发展之后，发现不同网络结构会对企业绩效和产业类型产生影响。哥特·贝斯特和约翰·哈格多恩（Geert Duysters & John Hagedoorn，2002）认为，跨组织创新网络可以通过企业之间的知识溢出，从而提高创新绩效。卡帕尔多（Capaldo，2007）通过构建网络强弱联系和创新能力的关系框架模型，证明了网络成员多样性、分散能力、市场竞争、网络开放以及产业之间的强信任会对创新能力产生促进作用。牟绍波（2014）在其研究中指出战略性新兴产业要实现产业创新和竞争力提升要走集群式创新的道路，即要建立创新网络。创新网络会对产业创新效率产生影响。杨连盛（2015）发现如果区域创新效率比较低，创新网络的密集程度会对产业创新效率产业抑制作用；反之如果区域创新效率高，创新网络的密集程度会对产业创新效率产生促进作用，即创新网络密集程度对产业创新效率的影响呈倒"U"型。王明（2015）则认为，战略性新兴产业的发展需要多领域、多组织的协同，只有特定区域内能够持续进行创新活动的创新生态系统才能促进战略性新兴产业的长远发展。张敬文等（2019）通过理论及实证研究了集群创新网络、网络能力、知识协同与协同创新绩效模型，发现集聚创新网络结构、网络能力对战略性新兴产业协同创新绩效具有显著的影响，其中知识技术协同在战略性新兴产业集聚中发挥着重要的中介效应。

国内外有关战略新兴产业创新网络的研究比较零散，主要侧重于创新网络的概念、创新网络主体之间的联系以及创新网络与产业发展关系等方面。而有关创新网络如何影响产业协同创新以及影响因素的研究相对较少。

（2）战略性新兴产业协同创新驱动因素。战略性新兴产业协同创新是发生在两个或两个以上的产业或者企业之间，因此，协同主体自身的技术水平、产业基础等因素均会对协同创新绩效产生重要影响。亨利·埃兹科维茨（Henry Etzkowitz，2005）分析了三螺旋对于创新的重要作用，认为真正的三螺旋模式是三大主体相互交叉的模式，即政府、大学和产业之间相互关联、相互作用，共同促进协同创新能力不断提高。韩信宇（Han Woo Park，2010）基于三螺旋模型对韩国网络化关系中存在的纵向趋势进行了研究。李小芬等（2012）认为，全球化竞争环境下，国家或地区的新兴产业发展的完全竞争市场不复存在，因此，政府参与和政策支持显得极为重要。李小芬进一步指出，战略性新兴产业的发展是技术、市场和制度协同演进的结果，技术、市场、制度等要素的相互作用决定了战略性新兴产业发展的轨迹、绩效与发展前景。这样的协同演进在本质上主要表现为认知上的变化，因此，战略性新兴产业协同创新发展的过程也表现为认知提升和扩展的过程。李煜华（2014）提出了战略性新兴产业创新生态系统中企业和科研机构协同创新的 Logistic 模型，通过实证证明在协同创新所形成的共生系统内，企业的资源、信息水平和能量的生产和交换可以实现效率的最大化。庄涛等

（2015）通过测度我国高技术产业产学研效率，发现企业吸收能力、高校参与程度对协同创新效率的提高具有显著的作用。李俊强（2016）在战略性新兴产业影响因素的研究中发现，技术创新和金融支持是影响战略性新兴产业发展与壮大的重要因素，而且这种影响呈现出逐年上升的趋势，人才和产业集群对战略性新兴产业的影响为"U"型走势。同样的，战略性新兴产业与高技术产业的协同发展也为技术的协同创新提供了有效的产业组合，陈尊厚等（2016）用主成分分析的方法研究京津冀高校、企业、科研机构协同发展的过程，发现高校的科技创新水平低是限制京津冀战略性新兴产业自身创新水平发展的瓶颈。黄蕙萍等（2016）以全球价值链驱动机制为理论基础，发现研发是影响我国战略性新兴产业创新水平以及全球价值链升级的关键因素。张健等（2017）应用博弈理论，分析了三重螺旋协同创新系统下政府、企业、高校之间的博弈行为，发现政府的激励和监督，以及共性技术创新溢出效益等可以提高协同创新效率。赵玉林和王春珠（2017）基于目前战略性新兴产业发展过程中存在的"二重二轻"问题，分析了科技创新和市场需求的协同作用机制，并构建了两者协同创新的哈肯模型，研究发现我国战略性新兴产业各部门、各发展阶段中创新与需求均存在协同，但是两者的协同作用强度存在明显的阶段性、产业性差异。周泽炯和陆苗苗（2019）从内部与外部驱动因素的角度分析了市场需求、政府补贴以及其交互作用在战略性新兴产业自主创新能力提高中的不同作用。

1.2.2.4　研究述评

综上所述，学术界针对战略性新兴产业发展以及协同创新等问题进行研究并取得了较突出的成效，这是本书研究的重要基础，但仍存在以下问题：一是现有研究没有将战略性新兴产业发展与国家规模结合起来，而战略性新兴产业是大国发展的必然选择。因此，必须结合大国市场规模特征，研究利用内需市场规模庞大的"虹吸效应"，吸收、整合全球高级创新要素，厘清大国战略性新兴产业发展的机理与机制，最终促进战略性新兴产业自主发展。二是后发大国新兴技术产业化程度低、市场分割、政策效应的滞后性和非均衡性问题突出，因而创新协同度低，产业关联效应不明显。因此，需要将战略性新兴产业发展与协同创新相结合，研究战略性新兴产业发展各阶段政策和技术、市场、制度演进协同驱动战略性新兴产业发展问题。三是现有对战略性新兴产业发展的政策配置虽然有不少定性分析，但缺乏对政策作用机理分析和体系化的理论指导，因此，需要构建一个战略性新兴产业发展的政策支持框架进行系统研究。本书从后发大国视角出发，探讨政策驱动战略性新兴产业协同创新的内在机理，构建战略性新兴产业发展的政策支持框架，为推动后发大国战略性新兴产业协同创新发展提供可行性建议。

1.3　主要研究内容

1.3.1　研究思路

本书遵循"事实归纳→理论框架→经验验证→结论和对策"的基本研究思路。首先分析战略性新兴产业发展对技术、市场、政策的内在需求，阐述战略性新兴产业发展在技术、市场和制度多要素协同作用下的演进规律，以及政策强化认知，促进技术、市场和制度良性互动的内在机理，结合战略性新兴产业发展各阶段对政策的动态需求，构建基于政策驱动的增进战略性新兴产业协同创新发展的技术、市场和制度协同的"四轮驱动"模型，立足中国高技术产业的发展现实，实证检验战略性新兴产业协同创新与产业结构调整、经济协调发展的空间效应，为后发大国战略性新兴产业发展提供可靠依据。将英、美、德、日等发达国家和俄罗斯、印度、巴西等后发大国战略性新兴产业发展经验进行综合比较，为后发大国推动战略性新兴产业协同创新提供政策思路，进而构建包括技术、市场、人才、金融、财税、科技支持政策为核心的政策框架体系，为引导和促进后发大国的战略性新兴产业协同创新提出可行性的政策建议。本书研究框架如图 1 - 1 所示。

1.3.2　研究内容

本书基于转型期后发大国经济发展的典型特征，构建后发大国战略性新兴产业协同创新的政策支持框架，为后发大国创新发展和经济可持续发展提供新的理论依据。主要从以下七个方面进行了探讨。

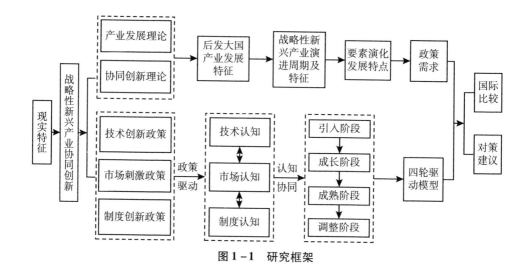

图 1－1　研究框架

1.3.2.1　后发大国战略性新兴产业协同创新相关研究综述

这一部分主要从选题背景、国内外相关文献述评、研究目的和意义、研究主要内容着手，根据后发大国产业发展过程中结构性失调的现实和经济驱动力转变的内在需求，提出政策驱动创新要素协同，进而推动后发大国战略性新兴产业协同创新的机理与路径。在分析国内外前沿文献的基础上，探寻政策对战略性新兴产业协同创新的作用机制，认为现有研究没有将战略性新兴产业发展与国家规模很好地结合起来，忽视了大国庞大内需市场对全球高级创新要素"虹吸效应"的重要特征，缺乏针对后发大国战略性新兴产业产业化程度低、市场分割、政策效应滞后、创新协同度低、产业关联效应不明显等问题的研究，也没有着重从产业发展演变和内生要素的视角研究政策作用于战略性新兴产业协同创新的机制和模式。因此，探讨战略性新兴产业对技术、市场、金融、财税、人才、科技等方面政策的内在需求，科学设计战略性新兴产业协同创新的政策支持框架尤为重要。

1.3.2.2　后发大国的界定及战略性新兴产业发展的政策需求分析

这一部分首先立足于国内外学者关于大国及大国经济特征的研究，进一步总结和概括了后发大国的内涵和典型特征，认为后发大国拥有"发展"和"规模"双重含义，是发展中国家特征和大规模国家内涵的叠加。构建了一个包括目标层、准则层和指标层在内的综合评价指标体系。一方面，从人口总量和国土规模对后发大国进行遴选；另一方面，从人口总量、国土规模、人均国民收入、人类发展指标对遴选出来的国家进行层次划分，进一步归纳出后发大国经济发展的内源性、多元性和规模性特征。其次，结合后发大国经济发展特征及后危机时代产业变革的战略背景，刻画出后发大国战略性新兴产业发展的典型特征及面临的技术、市场和制度等障碍。最后，在分析战略性新兴产业现行政策效果的基础上，总结归纳出后发大国战略性新兴产业协同创新的政策需求。

1.3.2.3　后发大国战略性新兴产业演进机理及协同创新的政策着力点

这一部分基于产业生命周期理论，首先，从技术范式转换的视角，以新能源汽车为例，从宏观视角将战略性新兴产业发展演进过程归纳为范式导入准备期（引入期）、范式导入期（成长期）和范式构建前期（调整期）三个阶段，并分析了战略性新兴产业演化不同阶段的特征；其次，从微观的角度分析战略性新兴产业内在演进机理，认为战略性新兴产业发展演化内含了技术知识、市场需求、企业制度等要素的演化，探讨不同阶段要素演化的差异性特征，总结出政策在推动各要素演进过程中的重要作用；最后，对战略性新兴产业不同发展阶段各要素演化特征进行分析，探讨战略性新兴产业发展协同创新的政策着力点。

1.3.2.4　后发大国战略性新兴产业协同创新的政策驱动机制

这一部分基于内生增长理论和协同创新理论，首先，从技术创新要素（主要包括技术、资本、人才）、市场、企业制度、政策等内生要素的角度探讨战略性新兴产业协同创新的内在驱动机制，研究发现政策可以通过支持技术创新、刺激市场需求、激发制度变迁等方式，推动战略性新兴产业内生要素协同发展；其次，结合后发大国战略性新兴产业发展中存在的内生要素积累不足、内生要素集聚水平和层次低、要素间协同度低的问题，分析战略性新兴产业协同创新驱动机制，构建基于政策驱动的技术、市场、制度的"四轮驱动"模型。

1.3.2.5　后发大国战略性新兴产业协同创新与区域经济协调发展的实证研究——基于中国高技术产业数据的近似分析

这一部分基于空间经济学理论和区域经济发展理论，并考虑到战略性新兴产业数据可得性与高技术产业的产业关联性等现实问题，实证研究采用高技术产业进行近似分析，运用空间统计及空间计量的方法探索政策驱动下各要素协同创新对区域经济发展的重要作用。首先，运用莫兰指数等空间自相关方法，分析中国全域和区域产业结构布局，全域和区域莫兰指数均显示后发大国产业结构水平存在着明显的空间自相关性。其次，以中国高技术产业为样本，从产业发展规模、产业创新能力和产业发展效应三个维度，运用熵权法测度高技术产业的发展水平；通过构建高技术产业发展水平、人力资本、基础设施建设等作用于产业结构升级的空间滞后模型（SLE）、空间误差模型（SEM）和空间杜宾模型（SDM）研究发现，高技术产业、技术水平、人力资本以及基础设施等要素对提高产业内、区域内协同创新具有重大意义，对产业结构升级和区域经济协调发展具有显著的正向推动作用。因此，后发大国发展战略性新兴产业，要积极引导各区域充分利用自身优势产业，综合考虑产业、技术、知识等要素的空间溢出效应，推动区域间产业空间联动，结合不同时期产业发展特征，着眼于各创新要素的协同，把握战略性新兴产业发展阶段政策驱动的着力点。

1.3.2.6 后发大国战略性新兴产业发展的空间布局优化分析

这一部分基于产业集聚理论和空间经济发展理论，以中国具有战略性新兴产业概念的上市公司对研究对象，从全国、区域和产业三个层面分析了中国战略性新兴产业成长的时空演变特征，发现中国战略性新兴产业发展规模不断扩大，发展效益增长日渐加快，但增长速度呈减缓趋势。战略性新兴产业在华北地区势头最佳，在西北地区发展受限，在华北地区和华东地区发展效益最好，西北地区发展效益欠佳。就产业分布来看，节能环保产业发展规模最大且效益最好，新材料产业处于发展初期，新一代信息技术产业发展势头强劲。运用空间自相关等方法对中国战略性新兴产业的空间集聚现象进行分析，发现战略性新兴产业分布具有显著的空间依赖性与集群性特征，集聚中心表现出与经济发展水平和技术水平分布相一致的、自东向西的分布特点。因此，后发大国发展战略性新兴产业，一方面，要结合战略性新兴产业发展的空间依赖性和聚集性特征，遵循战略性新兴产业发展的规律；另一方面，各区域要结合自身资源禀赋特征，分步促进绝对优势产业—相对优势产业—劣势产业发展，稳步推进产业转移，实现经济错位发展、协调发展。

1.3.2.7 战略性新兴产业发展的国际经验及政策建议

这一部分通过对以英、美、德、日为例的发达国家和以俄罗斯、印度、巴西为例的后发大国战略性新兴产业发展轨迹与发展举措的综合比较，分析发达国家和后发大国战略性新兴产业发展的规律，从中总结出推进后发大国战略性新兴产业协同创新的政策启示，为本书下面相关政策建议的提出准备现实依据。在案例分析的基础上，从升级内生要素供给（人才和技术）、财税政策、环境法制、创新网络平台、推动制度变革等角度，根据不同区域产业发展的资源禀赋和战略性新兴产业发展不同阶段的特征，制定科学合理的产业发展政策，构建后发大国战略性新兴产业协同创新的政策支持体系，进而引导和培育适合中国战略性新兴产业协同创新的政策机制。

1.3.3　基本观点

1.3.3.1　后发大国内需市场规模庞大的"虹吸效应"是战略性新兴产业发展的立足点

后发大国通过融入第二波经济全球化发展浪潮，利用本国市场的规模效应，能有效"吸取"和"汇聚"全球高级生产要素发展本国战略性新兴产业，走出世界经济下行趋势造成的产能过剩的困境，提高产业竞争力。

1.3.3.2　政策驱动是后发大国战略性新兴产业发展的重要动力之源

后发大国由于认知的滞后，容易遭遇发达国家技术封锁和市场控制的双重瓶颈。因此，政府的积极干预和政策引导是后发大国战略性新兴产业发展的现实需要。构建与战略性新兴产业发展阶段匹配的、驱动战略性新兴产业自主发展的政策支持体系，是提升后发大国战略性新兴产业质量与效益的重要动力。

1.3.3.3　协同创新是后发大国战略性新兴产业发展的重要着力点

后发大国新兴技术产业化水平低、市场分割严重、区域政策差异大、创新协同度低。但后发大国可以基于自身的产业特色和优势，通过设计与战略性新兴产业发展各阶段相匹配的政策支持系统，刺激或强化技术、市场和制度等内在要素协同，进而推进战略性新兴产业发展。

1.3.4　研究方法

1.3.4.1　归纳演绎方法

梳理后发大国的经济发展特征、战略性新兴产业发展典型特征和政策需求，归纳总结出后发大国战略性新兴产业发展中存在的内生增长要素积累不足、内生要素集聚水平和层次低、要素间协同度低等问题,并构建政策驱动战略性新兴产业协同创新的机理与框架。

1.3.4.2　系统研究方法

建立基于政策驱动的战略性新兴产业协同创新理论模型,构建后发大国战略性新兴产业发展的政策支持系统,分析战略性新兴产业发展不同阶段政策匹配度、认知协同度与战略性新兴产业发展绩效的内在关系。

1.3.4.3　实证研究方法

运用探索性空间数据分析方法(ESDA)、空间计量等方法,探讨内生要素与战略性新兴产业协同的内在关系。一方面,采用探索性空间数据分析方法(ES-DA),主要用全域、局域莫兰指数探讨要素与产业结构升级之间的空间相关性,分析战略性新兴产业空间格局的时空演变以及布局优化问题;另一方面,构建包括空间滞后模型(SLE)、空间误差模型(SEM)和空间杜宾模型(SDM)探索技术、人才等内生要素对产业结构调整、区域经济协调发展的作用,并以此为基础为后发大国战略性新兴产业发展对策建议的提出提供实证依据。

1.3.4.4　比较研究方法

以英国、美国、德国、日本等发达国家为例,横向比较发达大国战略性新兴产业发展历程,总结发达国家战略性新兴产业发展经验,以期为后发大国战略性新兴产业发展提供启示;以俄罗斯、印度、巴西等后发国家为例,综合比较战略性新兴产业发展轨迹、政策作用机制,为后发大国战略性新兴产业发展提供政策建议;以新能源汽车产业为例,具体分析战略性新兴产业演化过程及不同阶段的具体特征及相关发展需求,为后发大国推动战略性新兴产业发展提供政策制定思路。

1.3.5　创新之处

1.3.5.1　研究视角的独特性

现有对战略性新兴产业发展及协同创新问题的研究大都侧重于特定国家或者

特定区域，没有将战略性新兴产业发展与国家规模结合起来，致使现有的研究结果缺乏普遍规律。后发大国国土面积大，区域资源以及产业基础差异明显，经济发展程度不同，具有较强的代表性。本书结合后发大国的"发展性""规模性""内源性""多元性"等特征，提出利用内需市场规模庞大的"虹吸效应"，吸收、汇聚全球高级创新要素，通过协同创新提高对创新要素的配置能力，探索战略性新兴产业发展的内在机理、模式和路径，为后发大国战略性新兴产业发展，加快产业升级和结构优化提供思路。

1.3.5.2　理论研究的创新性

本书基于后发大国新兴技术产业化程度低、市场分割严重、政策效应滞后，以及创新协同度低、产业关联效应不明显、发展非均衡性等问题，将战略性新兴产业发展与协同创新相结合，从后发大国视角研究政策驱动战略性新兴产业协同创新问题，刻画出后发大国战略性新兴产业发展的典型特征，揭示政策驱动、创新要素协同与战略性新兴产业演进的内在逻辑，研究政策要素组合与战略性新兴产业发展各阶段要素演化的匹配关系，建立基于政策驱动的促进战略性新兴产业技术、市场、制度协同演进的结构模型，构建后发大国战略性新兴产业协同创新的政策框架体系，为后发大国战略性新兴产业发展提供了理论依据，也进一步丰富了发展经济学、大国经济学。

1.3.5.3　研究方法的创新性

一是归纳演绎法与系统研究方法相结合。运用归纳演绎法对后发大国的经济发展特征、战略性新兴产业发展的典型特征和政策需求进行梳理，归纳总结出后发大国战略性新兴产业发展中存在的内生增长要素积累不足、内生要素集聚水平和层次低、要素间协同度低等问题，构建政策驱动战略性新兴产业协同创新的理论框架。基于政策驱动的战略性新兴产业协同创新理论模型，构建后发大国战略性新兴产业发展的政策支持系统，探究战略性新兴产业发展不同阶段政策匹配度、要素协同度与战略性新兴产业发展绩效的内在关系。二是空间分析方法与空间计量模型相结合。运用空间计量方法，探索内生要素协同与战略性新兴产业发展的关系，通过采用全域、局域莫兰指数探讨要素与产业结构升级之间的空间相关性，分析战略性新兴产业空间格局的时空演变和空间布局优化问题，运用空间滞后模型、空间误差模型和空间杜宾模型探索技术、人才等内生要素对产业结构调整、区域经济协调发展的作用。三是对比分析法与案例研究法相结合。以新能源汽车产业为例，分析战略性新兴产业发展不同阶段的具体特征，深入分析后发大国战略性新兴产业协同创新的政策着力点。对发达大国和后发大国战略性新兴产业发展过程、政策举措进行纵向和横向比较，为后发大国战略性新兴产业协同创新提供经验启示。

1.4 本 章 小 结

本章主要从选题背景、国内外相关文献述评、研究内容着手进行分析。在梳理国内外关于新兴技术产业化、产业协同创新、新兴产业发展政策等文献的基础上，对本书的主要内容、章节安排以及研究思路、要实现的目标等内容进行具体描述与概括，是对本书总括，也是本书的基础。

第2章 后发大国的界定及战略性新兴产业发展的政策需求分析

二战以后，世界经济向多极化方向发展，尤其是进入 21 世纪以来，中国、印度、俄罗斯、巴西、南非等后发大国的迅速崛起，在世界范围内创造了众多的经济发展奇迹，越来越多的学者对后发大国经济发展问题充满兴趣，并且试图通过研究后发大国经济发展的基本特征，探究后发大国经济发展奥秘，从而继续深入对世界经济发展问题的基本认识。本章通过梳理大国经济、后发大国产业发展的典型特征，探讨后发大国战略性新兴产业发展的政策需求，为后文的研究奠定基础。

2.1 后发大国的界定及经济发展特征

2.1.1 国内外研究回顾

有关大国以及大国经济的发展一直以来都是学术界关注的焦点，并且也取得了一大批标志性的研究成果。对于大国这一概念的理解，不同的学者给出了不同的解释：亚当·斯密（Adam Smith，1972）最早开始对大国经济发展规律进行研究，其著作《国富论》就对市场规模与范围对国家贸易的影响进行了研究，指出国内市场的大小与经济发展存在一定的正相关关系，"简单天赋自由体制"是一种有利于国民财富增长的制度。西蒙·库兹涅茨（Simon Kuznets，1999）在界定大国概念的基础上，进一步就国家规模与经济发展水平展开研究，并揭示了大国经济发展的三个典型特征：一是明显的内部差异性；二是低水平的外贸依存性；三是大规模的国内市场及要素禀赋的差异性。库兹涅茨有关大国经济发展的典型特征以及由此产生的分工理论，国内市场为主、国外市场为辅的需求推动模式都是对大国经济发展的高度概括，为后人研究大国经济发展奠定了基础。霍利斯·钱纳里（Hollis B Chenery，1988）等从"大国模式"的角度对大国经济发展特征进行了进一步总结与概括，认为国内市场的主导性、高投入以及经济结构的复杂性是大国经济发展的基本特征。以往有关大国经济的研究一般都是基于宏观角度，而财政政策是宏观研究的核心。传统理论认为收入水平和转移支付之间的匹配能够让国家各部门之间共享利益和效率，从而推动大国经济的发展。金碚等（2005）认为，财政政策的执行要充分考虑大国内部所存在的国土面积大、区域间发展不均衡的现状，大国在经济发展过程中要充分考虑财政政策在收入和转移支付之间的桥梁作用，最大限度地促进经济长效发展。随着世界市场的快速拓展，各国之间的经济联系越来越频繁，因此，大国经济波动具有了很强的传导性，尤其是以美国为代表的发达国家的经济波动会极大地影响其他国家。阿提拉·奇坎（Attila Chikan，2005）通过对 OECD 数据库中库存投资数据的研究，得到了有关 14 个大国经济发展的基本情况，结果显示投资驱动和消费拉动是影响大国经济协调发展的主要方式。

国内有关大国及大国经济发展的研究最早始于经济学家张培刚教授，他提出"发展经济学应该突出重点，将研究重点放在对后发大国的研究上"，并对大国经济发展特征、发展难题以及发展道路进行了探讨。由胡鞍钢牵头成立的"国情研究中心"、朱文元带头的中国科学院现代化研究中心、何传启领衔的可持续发展战略研究组都成为研究中国及大国问题的中心组织。自此之后，我国对大国经济的研究开始进入系统化的阶段，大国经济由于区位、地理、资源条件、历史发展水平的差异，再加上地域辽阔、人口多且分布不均匀，因而各地区经济发展极不平衡（程极明，1997）。李由（2000）在对大国经济分工、产业发展、区域协调发展以及产业政策研究的过程中，归纳了国家约束下的经济发展规律，为国内大国经济研究打开了新的思路。不同于李由的研究，童有好（2000）在其研究中指出，不同于小国经济，大国经济发展有其独特性，大国所具有的广阔的领土、丰富的资源、巨大的国内市场、齐全的工业部门以及经济基础等决定了大国经济发展的特殊性，认为大国经济发展主要受到庞大内需市场的推动，且会对世界经济发展产生重要影响。郑捷（2007）提出确定一个国家是否是大国要从经济学的定价原理来考虑，认为是否能成为"国际市场"的价格决定者才是判定大国的基本标准。在这一标准下大国可以制定价格，而其他国家只能被动地接受价格。张李节（2007）认为，一个国家经济增长会受到国家规模的影响，而国家规模对国家经济发展作用是通过一个国家资源禀赋、人口数量、技术水平以及经济政策等发挥作用的。随着世界各国经济联系日益密切，大国经济的发展经验不仅是学者们研究世界经济发展的对象，更是其他国家发展本国经济借鉴和学习的范本。以欧阳峣为代表的"大国经济"研究课题组，在研究大国经济发展现实的基础上，系统归纳阐述了大国经济发展的内涵和基本特征，构建了以人口基础、自然基础、经济基础为评价指标的大国综合指标体系，提出国民经济体系的相对完整性和独立性、经济发展的非均衡性和相对稳定性是大国经济发展过程中表现出来的基本特征。

可以看出，与小国相比，大国具备如下特征：（1）大国人口众多，国内市场容量巨大。在经济发展水平相近的国家中，大国（比中小型国家）具有更大的生产能力与市场容量，这是大国经济最为引人注目的特点，也是支持大国经济发展最主要的基础。（2）大国幅员辽阔，自然资源丰富，抵御风险的能力较强。（3）在经济发展水平相近的国家中，大国（比中小型国家）经济规模大，能够对世界经济产生较大的影响。(4）在经济发展水平相近的国家中，大国的工业部门比较齐全，产业结构较为完整，这有利于大国实现生产的规模经济与范围经济。

综上所述，随着世界经济的发展，国内外已有较多的学者对大国及其经济发展的特征进行了一定程度的研究，但是现有的研究大多结合各自研究的视角出发界定了大国发展不同于小国发展的显著特征，但是尚未在学术界达成完全共识。再者由于后发大国是随着落后国家经济发展而逐渐兴起的一个概念，因此，学术界对这一概念的研究也存在不足。本书在借鉴以往学者研究基础上，进一步界定了后发大国的概念，并进一步归纳后发大国经济发展的典型特征。

2.1.2 后发大国的含义

张培刚（1992）在《新发展经济学》中提出了改造和革新发展经济学的途径，强调要"注重对发展中国家的研究"，并认为后发大国是指人口众多、幅员广阔、资源丰富、历史悠久、人均收入水平低的发展中国家。

然而，后来的经济学家却很少能沿着他的思路加强对"后发大国"的研究，也没有对"后发大国"的内涵和外延作出更加细致的分析。根据相关学者对后发大国的定义，在对现实发展情况归纳总结的基础上，我们可以得出，所谓"后发国家"，是指发展起步较迟，发展水平较低，发展阶段落后的一类国家。后发大国兼具"发展"和"大国"双重含义，也即后发大国既是"发展中国家"也是"大规模国家"，是两者的结合体。因此，本书主要从"发展中国家"和"大规模国家"两个角度对后发大国的内涵进行重新界定。

2.1.2.1 含义一：发展中国家

学术界对"发展中国家"的定义处于不断变化的过程中，经历了从"落后国家"到"欠发达国家"，再到"发展中国家"的发展演化过程。富有国和贫穷国的分类在古代社会就已经存在了，但那时世界各国都处于农业文明的社会形态下。随着工业革命的爆发，西方国家开始步入现代经济增长阶段，工业文明代替了农业文明，世界各国也被重新划分为工业国家和农业国家，由于生产率和国民收入存在的巨大差异，通常前者被称为"发达国家"（developed countries），后者被称为"落后国家"（backward countries）。第二次世界大战之后，大批摆脱了殖民主义统治而取得政治独立的新兴民族国家开始积极寻求发展的道路。考虑到这些国家虽然在经济上落后但仍存在尚未开发的潜在能力，因此，将其改称为"欠发达国家"（less-developed countries），在经济学文献中通常缩写为"LDCs"。20世纪60年代以来，世界上大多数民族独立国家纷纷开始实施工业化发展战略实现经济发展。鉴于此，吉利斯（1998）提出"考虑到持续变化的过程，应将国家分为发达国家和发展中国家"。20世纪60年代末，联合国将"发展中国家（developing countries）"的概念正式在文献中使用，与此同时，人们还在国家关系中运用到"第三世界国家"和"南方国家"这两个相似的概念。在20世纪50年代初，法国学者阿尔弗雷德·索维在其研究中提出了"三个世界"的概念并对国家进行了分类，北大西洋组织的成员国被列为"第一世界"，华沙条约成员国则被列为"第二世界"，其他非联盟国家则归为"第三世界"。20世纪70年代末期将处于地球南北之间的世界划分为"富国"和"穷国"，因此，人们也将工业发达的国家和工业正在发展中的国家分别称为"北方国家"和"南方国家"。然而，"第三世界"属于政治范畴，其中有的国家从经济发展程度上来看已经属于高收入国家；"南方国家"属于地理概念，其中有的国家是富有的石油输出国，因此，这一概念并不能准确地表达发展中国家的状况。

哈佛大学在编著的教科书中（吉利斯等，1998）对发展中国家的含义进行了规范性描述："较低的人均收入和缺乏现代经济增长是一切传统社会都存在的两个共同的特点。除了这些简单的共同点之外，各国的历史过程都存在着极大的差异性，很难将其一般化。"根据这种理解，以往国内的发展经济学教科书，有的认为"发展中国家一般是指原先的殖民地、半殖民地和附属国，而现在取得政治独立的新兴民族独立国家"（陶文达，1992），有的认为"第三世界"是"发展中国家"的同义词（马春文，1999），这些表述确实有些不够科学和准确。徐秀军（2011）将发展中国家进行重新定义，认为其应该包括两个方面：一是经济发展尚处于不发达状态，二是该类国家在不断探索新模式以加快本国的经济发展。综上所述，国内外学者从"发展程度"的角度对后发国家的概念进行了较多的研究，为本书的研究奠定了一定的基础，但是却未能涵盖"后发大国""大"的基本特点。

2.1.2.2　含义二：大规模国家

简单来说，所谓的"大国"就是规模较大的国家，根据具体表述存在差异，具体可以形成"人口大国""经济大国""工业大国""农业大国"等一系列的大国概念。所谓的大规模国家最初就应该具备人口规模大和国土规模大两个基本的初始条件，在此基础上我们可以推断出大规模国家应该具有市场规模大和经济规模大两个基本特征。在经济学史上，对于国家规模和经济增长的研究始于20世纪50年代末，1957年各国在海牙召开了以"国家规模的经济影响"为主题的国际经济学学术会议，会议就国家规模、大国和小国的优势进行了深入具体的探讨与研究，部分经济学家提出了大国具有稳定优势和创新优势的假设。后来，库兹涅茨（1971）和钱纳里（1975）对大国经济问题进行了较多的研究。他们主要从人口规模的角度对大国进行界定，先后将超过1000万人口、1500万人口、2000万人口和5000万人口的国家列为大国。珀金斯和瑟金（Perkins & Syrquin，1989）则从人口和幅员的角度来界定大国，认为"人口规模的不同或者是地理面积的不同往往会导致大国结构上的差异，将人口和地理的影响相分离是特别困难的，因为这两个变量本身就是相互关联的。"由此可见，幅员辽阔也是导致大国区域差异不可忽视的重要原因。本书认为在这两个初始条件的基础上，可以直接推演出后发大国市场规模大的基本特征，将大国进一步定义为具有人口众多、幅员辽阔以及由此形成的巨大国内市场潜力的国家。如中国、印度、俄罗斯和巴西等国，目前的人口规模都超过了1.5亿，国土规模都超过300万平方千米，经济总量都超过1.0万亿美元，因而属于超大规模国家。

2.1.2.3　后发大国的"发展"特征和"规模"特征

从"发展中国家"和"大规模国家"这两个角度来理解，不难看出后发大国的特征是发展中国家特征和大规模国家特征的叠加，研究后发大国经济发展问题应该将两者的特征有机地结合起来。

如果从"发展中国家"这一角度寻求具有普遍性的共同点，就可以概括为以下三个主要方面。第一，国民收入水平较低。发展中国家最直接特点就是经济总量少、国民收入水平低，以及相应的国民生活水平低。随着社会经济的进步，世界银行确定的各国人均收入的具体标准也是动态调整的。世界银行的数据按照人均 GNI 将各国分为低收入国家、中等收入国家和高收入国家，前两者属于发展中国家，后者属于发达国家。例如，2001 年世界银行将人均 GNI 低于 745 美元的国家界定为低收入国家，高于 745 美元但低于 2975 美元的国家界定为中等收入国家；在 2008 年将人均 GNI 低于 975 美元的国家界定为低收入国家，高于 975 美元但低于 11906 美元的国家界定为中等收入国家；在 2013 年将人均 GNI 低于 1045 美元的国家界定为低收入国家，高于 1045 美元但低于 12746 美元的国家界定为中等收入国家。第二，劳动生产率低。较高的劳动生产率是现代经济增长的基本特征，劳动生产率的高低对于国民收入的高低具有直接的影响，而技术、管理和资本投入水平是影响一个国家劳动生产率的重要指标。从 1992 年的数据看，属于发达国家的美国、德国、日本分别为 23240 美元、23030 美元、28190 美元，而属于发展中国家的墨西哥、印度尼西亚、印度分别为 3470 美元、1905 美元、310 美元，差距较为明显。2012 年发展中国家的劳动力人均 GDP 在 1870 美元～20526 美元，而发达国家的劳动力人均 GDP 平均数为 56710 美元，差距仍然较为悬殊。第三，经济二元结构。发展中国家处在从传统社会向现代社会过渡的阶段，工业化和城市化的任务没有完成，在这种转型的时期，形成了城乡二元结构以及相应的经济二元结构和技术二元结构，城市与乡村的人口分布和产业分布极不平衡，不同区域的经济技术水平相差较大，市场发育程度和基础设施建设也存在差异性。2004 年印度各地区人均 GDP 的差距在 5.6 倍左右；2005 年中国东部的上海市与西部的贵州省的劳动力人均 GDP 差距高达 11 倍；2015 年发布的中国家庭发展报告显示，收入最高的 20% 的家庭的收入是收入最低的 20% 的家庭收入的 19 倍。随着发展中国家向发达国家迈进，二元经济结构将向新的经济结构转换。

如果从"大的规模国家"这一角度寻求具有普遍性的共同点，也可以概括为三个主要方面。第一，庞大的人口规模。国家是由人构成的集合体，人口数量是大国最基本的特征。张培刚（1992）在《新发展经济学》中谈到，1988 年世界有 10 个国家人口超过了 1 亿，其中，中国、印度、印度尼西亚、巴西、尼日利亚、孟加拉国、巴基斯坦 7 个国家是发展中国家。"庞大的人口基数再加上高速的人口增长率使得发展中大国的特征更加明显。"到 2017 年，上述 7 个国家的人口数量分别达到 14 亿、13.39 亿、2.62 亿、2.09 亿、1.90 亿、1.56 亿和 1.82 亿。[①] 人口规模直接决定了人力资本和市场的规模，对经济增长有极为重要的影响。第二，庞大的国土规模。一般而言，土地面积庞大的国家、自然资源储量也较丰富；同时，国土规模还可以影响经济发展的空间布局和总体结构，导致产业发展的差异性和区域经济的差异性。世界上有一些国土面积很大的发展中国家，如中国（967.0 万平方千米）、俄罗斯（1709.8 万平方千米）、巴西（854.7 万平方千米）。[②] 也有一些国土面积很小的发展中国家，如斯威士兰（1.7 万平方千米）、东帝汶（1.5 万平方千米）。这些大国和小国的土地面积相差数百倍至上千倍，它们在自然资源的储量和种类以及区域差异等方面应该会有惊人的不同。第三，庞大的市场规模。从庞大的人口规模和国土规模，可以推演出庞大的市场规模，或者说是庞大的市场潜力。所谓市场规模包括潜在的市场规模和现实市场规模；如果一个国家拥有庞大的人口数量，遵循需求决定市场的规律，应该有较大的潜在市场规模，如果这个国家人均国民生产总值较高，它就有了现实的市场规模；如果一个国家拥有庞大的国土面积，遵循斯密提出的"市场范围"假说，它也应该有潜在的市场规模；如果这个国家交通便利而形成统一的国内市场，它就有了现实的市场规模。中国、巴西、印度等后发大国，虽然人均国民生产总值没有达到发达国家水平，但庞大的人口规模决定了其具有较大的市场规模。

综上所述，后发大国蕴含着"发展"和"规模"双重含义，需要把两者的特征结合起来，才能对其作出全面而准确的界定，见表 2-1。佟家栋（2005）曾经对"后发大国"的概念作出解释："通常是指那些具备形成工业化过程中所需要的市场规模，在一定程度上可以独立发展的发展中国家。"本书认为，"后发大国"可定义为：人口数量、国土面积和市场潜力很大，劳动生产率和国民人均收入较低，二元经济结构明显，目前和发达国家具有较大差距（经济规模上、政治实力上等），并仍在追赶发达大国的国家。简言之，就是拥有大国基本特征但是经济发展水平尚低，正在谋求发展和追赶发达国家的国家。

[①②] 资料来源：《国际统计年鉴》2018 年、EPS 数据库和联合国《统计月报》2018 年。

表 2 - 1 后发大国的主要特征

发展特征			规模特征		
人均国民收入低	劳动生产率低	二元经济结构	人口数量庞大	国土面积庞大	市场规模庞大
努力追赶发达国家					

2.1.3 后发大国的评价指标和遴选方案

21 世纪以来，随着后发大国经济快速发展以及国际地位的提高，其经济发展模式越来越受到世界瞩目，越来越多的学者对其进行了研究，但是后发大国如何评价？本部分基于上文分析，在构建后发大国评价指标体系的基础上对世界 214 个国家进行了基本的评价和分析。

2.1.3.1 后发大国的评价指标体系

要对后发大国进行科学遴选，首先要建立一个具体的指标体系，以便较好地反映"大国"和"发展"的含义。构建后发大国的评价指标体系，既要考虑它的基本内涵和特征，又要考虑数据的可得性和归类计算等因素。本书从后发大国的实际情况出发，构建了一个包括目标层、准则层和指标层的指标体系，见表 2 - 2，其中的高层次指标是低层次指标的综合，低层次指标是高层次指标的具体表现。

表 2 - 2 后发大国综合评价指标体系

目标层	准则层	基本指标	具体指标	指标判断具体标准
后发大国	基础指标	人口总量	人口数量	大于 5000 万人
		国土规模	陆地面积	大于 100 万平方千米
	发展指标	国民收入	人均国民收入	低于 12746 美元
		人类发展	人类发展指数	小于 0.85

（1）基础指标 I：人口总量。人口总量这一指标反映人口统计基本特征，包括人口数量、劳动者素质、劳动数量等，主要用人口数量指标来衡量。本书以世界银行发展指标数据库提供的 214 个国家或地区的人口数据进行描述性统计分析，结果见表 2 - 3，平均每个国家人口约 3300 万。大国的人口数量应大于平

值，按 8 分位法，75% 的百分位数为 2240.19 万人，87.5% 的百分位数为 4937.39 万人。因此，大国的人口应在 5000 万人以上，小国的人口应在 1000 万人以下，中等国家的人口应为 2000 万 ~ 5000 万人。

表 2 - 3   国家和地区的人口、国土描述统计量

指标	N	极小值	极大值	均值	百分位数75%	百分位数87.5%
人口总量	214	0.99	135738.00	3318.32	2240.19	4937.39
国土面积	214	0.0002	1709.82	62.74	46.60	109.93

注：人口总量单位为万人，国土面积单位为万平方千米。

（2）基础指标 Ⅱ：国土规模。国土面积指标反映国土统计特征，包括国土面积和自然资源的丰裕程度，主要用国土面积指标来衡量。本书以世界银行发展指标数据库提供的 214 个国家和地区相关数据进行描述性统计分析，见表 2 - 3，平均每个国家的国土面积为 62.74 万平方千米。大国的国土面积应大于平均值，按 8 分位数，75% 的百分位数为 46.60 万平方千米，87.5% 的百分位数为 109.93 万平方千米，因此，如果以 87.5% 的百分位数为大国的标准，大国的国土面积应该在 100 万平方千米以上。

（3）发展指标 Ⅰ：国民收入。国民收入指标反映国民收入特征，主要以人均国民总收入为主。世界银行制定的《世界发展指标》是现行的权威性指标，以人均国民总收入（GNI）为主要标准，将各经济体划分为低收入经济体、中等收入经济体和高收入经济体，其中的低收入经济体和中等收入经济体为后发大国。2013 年的数据显示，高收入经济体是指人均国民总收入为 12746 美元及以上的经济体，后发大国应是人均国民总收入在 12746 美元以下的国家。

（4）发展指标 Ⅱ：人类发展。人类发展指标反映的是国家经济社会发展综合特征，包括国民收入水平、教育水平、健康状况等。联合国开发计划署制定的人类发展指数是目前权威性指数，这个指标越是接近 1，经济社会发展水平越高。据 2014 年公布的 2013 年人类发展指数显示，发达国家的人类发展指数应该在 0.85 以上，因此，人类发展指数在 0.85 以下的国家为后发国家。

2.1.3.2 后发大国的遴选方法

本书采用人均国民收入和人类发展指数两个发展指标划分出了 149 个发展中国家。由于发展指标具有明确的划分标准，所以主要遵循基础指标（人口总量和

国土规模）从发展中国家中遴选后发大国。

（1）基于 k-means cluster（k－均值簇）聚类分析的人口总量遴选。为了进行人口规模的遴选，同时也为了进一步验证 0.5 亿人口的判断标准的客观性，本书利用 SPSS 软件在 149 个发展中国家的人口数据基础上进行了 k-means cluster 的聚类分析，聚类分析结果见表 2－4。

表 2－4　　　　　　　基于 k－均值簇聚类分析的人口总量遴选结果

类型	国家	人口总量区间（亿人）
第 1 类	印度、中国	12.76～13.75
第 2 类	巴基斯坦、巴西、孟加拉国、尼日利亚、印度尼西亚	1.60～2.55
第 3 类	埃及、埃塞俄比亚、俄罗斯、菲律宾、刚果（金）、墨西哥、南非、泰国、土耳其、伊朗、越南	0.55～1.44
第 4 类	缅甸、坦桑尼亚、哥伦比亚等 131 个发展中国家	0.0001～0.52

资料来源：《国际统计年鉴》2018 年、EPS 数据库和联合国《统计月报》2018 年。

表 2－4 中前三类发展中国家的人口总量区间维持在 0.55 亿～13.75 亿人，这与前面所确定的 5000 万人的判断标准是基本一致的。在前三类中，印度和中国是超级人口大国，巴基斯坦、巴西、孟加拉国、尼日利亚、印度尼西亚人口规模次之，随后是埃及、埃塞俄比亚、俄罗斯、菲律宾、刚果（金）、墨西哥、南非、泰国、土耳其、伊朗、越南这 11 个国家。在后续研究中，本书将在 0.5 亿人口以上的发展中国家的基础上，依据国土规模、人均国民收入、人类发展指数三个指标进行进一步的遴选。

（2）国土规模遴选。依据大国的国土面积应该在 100 万平方千米以上这一判断标准，本书剔除了孟加拉国（14.76 万平方千米）、菲律宾（29.97 万平方千米）、泰国（51.31 万平方千米）、土耳其（78.36 万平方千米）、越南（32.96 万平方千米）这 5 个国土面积没有达到标准的国家。[①] 值得注意的是，有的国家虽然人口规模特别大，但是国土面积略小，如尼日利亚的人口数量为 1.90 亿，超过标准 2 倍以上，国土面积为 92.4 万平方千米；巴基斯坦的人口数量为 1.82 亿，超过标准近 3 倍，国土面积为 88 万平方千米。经过综合衡量，本书将巴基斯坦和尼日利亚列为发展中大国。由于俄罗斯是属于经济转型时期的国家，在基

---

① 资料来源：《国际统计年鉴》2018 年、EPS 数据库和联合国《统计月报》2018 年。

础设施建设、资源配置效率、劳动生产率水平等方面同发达国家尚有差距，所以，仍将俄罗斯归为后发大国这一类。综合起来，最终确定 13 个国家为后发大国，具体包括中国、印度、俄罗斯、巴西、墨西哥、印度尼西亚、巴基斯坦、尼日利亚、埃及、埃塞俄比亚、伊朗、刚果（金）、南非。各国的主要指标见表 2-5。

表 2-5   2017 年后发大国主要经济发展指标

指标	人口数（亿）	国土面积（万平方千米）	人均 GNI（美元）	人类发展指数	GDP（亿美元）	GDP 增长率（%）
中国	14.00	967.0	10580	0.719	122377	6.1
印度	13.39	328.7	1570	0.586	25975	6.9
俄罗斯	1.46	1709.8	11289	0.824	16580	2.0
巴西	2.09	854.7	19821	0.744	20560	1.0
墨西哥	1.29	197.2	9990	0.756	13000	2.1
印度尼西亚	2.62	191.1	3894	0.684	10155	5.8
巴基斯坦	1.82	88.0	1548	0.514	3055	4.7
尼日利亚	1.90	92.4	2224	0.504	3758	2.1
埃及	1.00	100.1	2549	0.658	2509	5.3
埃塞俄比亚	1.05	110.4	768	0.363	764	9.7
伊朗	0.811	164.8	5415	0.749	4395	-5.8
刚果（金）	0.787	234.5	458	0.338	372	3.8
南非	0.565	121.9	6575	0.629	3794	1.3

注：鉴于数据的可获得性，本表所显示的为 2017 年各国的数据。
资料来源：《国际统计年鉴》2018 年、EPS 数据库和联合国《统计月报》2018 年。

（3）后发大国的层次划分。上述后发大国也具有差异性，可以依照人口规模和国土规模指标划分为三个层次；同样，也可以依照人均国民收入指标和人类发展指标划分为三个层次，见表 2-6。可见，后发大国在"规模"和"发展"程度上具有多样性，它本身也是一个复杂的群体。从规模上看，不同规模的国家在世界格局中的地位有所不同，中国、印度、俄罗斯、巴西属于超大规模国家，在世界格局中有着特别重要的影响力；其他国家的规模相对小些，在世界格局中的影响力也相对小些。从发展上看，不同发展程度的国家所面临的经济发展形势和任务有所不同，俄罗斯、巴西、中国、墨西哥和伊朗的发展程度和人均国民收入较高，属于向发达经济体迈进的第一梯队，面临的任务是努力跨越"中等收入陷阱"；尼日利亚、巴基斯坦、埃塞俄比亚和刚果（金）属于低收入国家，面临的任务是尽快走出贫困。

表 2 - 6   后发大国的层次划分

层次指标	人口规模	国土规模	人均国民收入	人类发展指标
第1层次	10 亿以上：中国、印度	300 万平方千米以上：俄罗斯、中国、巴西、印度	1 万美元以上：俄罗斯、巴西	0.7 以上：俄罗斯、中国、巴西、墨西哥、伊朗
第2层次	1 亿 ~ 10 亿：巴西、巴基斯坦、印度尼西亚、尼日利亚、俄罗斯、墨西哥	100 万 ~ 300 万平方千米：刚果（金）、墨西哥、印度尼西亚、伊朗、南非、埃塞俄比亚、埃及	0.3 万 ~ 1 万美元：墨西哥、南非、中国、伊朗、印度尼西亚、埃及	0.5 ~ 0.7：印度尼西亚、埃及、南非、印度、巴基斯坦、尼日利亚
第3层次	0.5 亿 ~ 10 亿：埃及、伊朗、刚果（金）、南非、埃塞俄比亚	100 万平方千米以下：尼日利亚、巴基斯坦	0.3 万美元以下：尼日利亚、印度、巴基斯坦、刚果（金）、埃塞俄比亚	0.5 以下：埃塞俄比亚、刚果（金）

资料来源：《国际统计年鉴》2018 年、EPS 数据库和联合国《统计月报》2018 年。

2.1.4　后发大国经济发展特征

根据上文对后发大国的基本界定，可知一个国家是不是后发大国，一方面要看这个国家拥有的人口数量，这一指标表现了一个国家的人本性、群体性。另一方面要看这个国家的国土面积，较大的国土面积也是后发大国的一个基本条件。因此，在后发大国内所进行的经济活动也必然会直接或间接地反映出后发大国的基本特征。经过研究与总结，本书将后发大国经济发展的基本特征归纳如下：

2.1.4.1　规模性

（1）国土面积广阔。国土面积作为一个国家综合国力的组成要素，也是大国经济研究中首要关注的内容，通常来说，国土面积越大，国力也就越强。领土面积也是很多学者研究大国经济的首要参数，如欧阳峣和罗会华（2010）指出，一个国家的大小与其拥有的国土面积密切相关，土地面积越多，国家就越大，并且国土面积与一个国家的人均收入存在着一定的正向关系。以国土面积作为标准来划分的话，共有中国、印度、美国、印度尼西亚、巴西、俄罗斯、墨西哥、埃塞俄比亚、埃及、刚果（金）、伊朗等 29 个国家的国土面积大于 100 万平方千米，因此，这 29 个国家应属于大国范畴。

（2）自然资源丰富。经济学家们很早就认识到了自然资源的重要作用，斯密在《国富论》中指出地域和自然条件的不同将形成商品成本的绝对差异，这种差异是区域间产业分工的重要原因，分工的形成主要基于有利的自然禀赋。马尔萨斯认为，自然资源是在经济增长中起决定作用的要素，丰富的自然资源储备是经济持续增长的必要条件。李嘉图基于自然资源对经济发展的重要作用提出了比较优势理论。在资源导向型的增长模式中，一国经济发展水平在很大程度上取决于自然资源禀赋。

俄罗斯国土面积为 1709.8 万平方千米，居世界第一。俄罗斯土地资源十分丰富，拥有全世界 10% 的耕地，耕地面积约 1.3 亿公顷，其中 50% 的可耕土地为肥沃的黑土地。人口约 1.5 亿，人均耕地面积为 0.84 公顷，排世界第一。俄罗斯的矿产资源在世界自然资源总储量中占有重要的地位。俄罗斯的煤、石油、天然气、泥炭、铁、锰、铜、铅、锌、镍、钴、钒、钛、铬等均名列世界前茅。丰富的能源储量为俄罗斯经济的复苏提供了强大的保障。

印度国土面积约 298 万平方千米，平原约占总面积的 40%，山地只占 25%，高原占 1/3，但这些山地、高原大部分海拔不超过 1000 米。低矮平缓的地形在全国占有绝对优势，不仅交通方便，而且在热带季风气候及适宜农业生产的冲积土和热带黑土等肥沃土壤条件的配合下，大部分土地可供农业利用，农作物一年四季均可生长，有着得天独厚的自然条件。印度矿产资源丰富，铝土储量和煤产量均占世界第 5 位，云母出口量占世界出口量的 60%。印度主要资源可采储量估计为：煤 463.89 亿吨（不含焦煤），铁矿石 97.54 亿吨，铝土 22.53 亿吨，铬铁矿 58.2 万吨，在世界上都占有举足轻重的地位。[①]

巴西也是资源大国，矿产资源丰富。已探明铁矿储量 333 亿吨，占世界 9.8%，居世界第五位，产量居世界第二位，铀矿、铝矾土、锰矿储量居世界第三位。此外还有较丰富的铬矿、镍矿和黄金矿。石油储量约 130 亿桶，另有相当于 15 亿桶石油的油页岩，天然气储量 1330 亿立方米。[②] 丰富的自然资源奠定了

① 《BP 世界能源统计年鉴（2020）》，2020 年 6 月 17 日。
② 《国际统计年鉴》2018 年。

— 39 —

巴西健全的工业体系，主要工业部门有钢铁、汽车、造船、石油、水泥、化工、冶金、电力、纺织、建筑等。核电、通讯、电子、飞机制造、军工等已跨入世界先进国家的行列。同时，巴西的咖啡、蔗糖、柑橘生产居世界第一位，可可、大豆稳居第二位，玉米居第三，巴西的畜牧业也非常发达，丰富的自然资源使巴西成为"世界经济的粮仓"①。

（3）人口众多。人口总量作为界定大国的主要标准之一受到了国内外诸多学者的关注。西蒙·库兹涅茨在分析国家大小对一国国内生产结构的影响时，就采用人口数量作为大国与小国的划分标准。霍利斯·钱纳里在其研究中则将人口2000万作为区分大国和小国的分界线。人口数量之所以成为学者们衡量国家大小的标准，主要是考虑到人口数量的多少体现了国家的人本性、群体性特征，一个人的社会或者几个人组成的社会是不需要国家这种载体的，人口数量越多，国家的存在就越有必要。人口总量的多少决定了一个国家产业发展的市场广阔程度，大量的人口意味着广阔的潜在市场和需求，对于产业发展甚至经济发展有着至关重要的作用。按国际惯例，人口大国一般指人口数量大于5000万人的国家，全世界共有23个国家的人口数量大于5000万，这23个国家的总人口约占全世界总人口的2/3以上。

（4）经济总量规模大，在世界经济中具有举足轻重的影响力。经济地位也是衡量一个国家是否是大国的重要标准，一般用国内生产总值来判别。一国经济发展规模的重要作用，不仅表现在带动实现国家发展壮大，也表现在对国外市场的重大影响力上。大国经济发展的内在规律和外部性特征是大国区别于小国经济的重点特征。大国效应是大国经济的外部体现，大国经济的特性决定了其具有不同于小国经济的内在规律和外部特征。

（5）市场的规模性。经济发展规模主要受到国内市场需求规模的影响，庞大的国内市场规模，也就意味着大量的国内潜在和现实消费者。按照传统经济学的解释，规模经济分为外部规模经济和内部规模经济。具体来说，外部规模经济是由于相关联的企业间的优势互补和资源共享，扩大了企业的边界和规模，实现了扩大生产规模才能实现的规模经济效应。内部规模经济就是随着单个企业生产规模的扩大，采用先进技术和设备，提高生产效率，降低能源和原材料的消耗及各种费用从而引起的产品成本下降和收益增加的情况。市场容量就是国内市场需求量，生产规模取决于国内市场需求规模。显然，对于国内市场容量较小的小国家

---

① 《国际统计年鉴》2018年。

来说，在国际市场存在贸易壁垒的情况下，由此产生的市场分割将严重妨碍小国企业生产规模的扩大以及国内分工的深化，因此，产业发展只能依赖于国际贸易，但是国际市场贸易中存在的贸易壁垒往往会阻碍企业规模的扩大和国内分工的深化，对于小国经济体而言，难以实现内部规模经济和外部规模经济。

2.1.4.2 内源性

（1）依托国内资源的内源性。首先，土地是后发大国经济发展的基本要素。随着经济和人口增长，城市化进程发展，土地资源越来越稀缺，土地溢价越来越高，土地日渐成为经济发展的关键影响要素。改革开放以来，中国就依靠丰富的土地资源实现了经济的高速增长，特别是 1998 年以来，房地产市场销售额以年均 33.2% 的速度增长，为中国经济增长提供了强劲动力。其次，自然资源是后发大国经济发展的基本条件。自然资源是一种潜在财富，丰裕的资源可以为经济腾飞提供源源不断的支持（罗斯托，1960）。哈巴谷（Habakkuk，1962）认为，美国 19 世纪的繁荣局面主要来自丰裕的自然资源所带来的高生产率。良好的自然资源条件为中国等后发大国经济增长提供基础，为产业形成、布局与发展提供了宽松的初始条件。最后，"人口红利"也是大国发展的重要条件。"人口红利"指的一国处于劳动年龄的人口在总人口中所占比例较大，意味着较高比例的劳动人口共同抚养社会中的老人、小孩等非劳动人口。"人口红利"可为经济发展提供良好的人口条件，进而促使国家经济高储蓄、高投资和高增长"三高"局面的形成。国际经验表明，无论是发达大国还是后发大国，都曾经或多或少地得益于"人口红利"。改革开放 40 余年，中国经济保持傲人的高速增长，"人口红利"的贡献功不可没。

（2）依托国内市场的内生性。后发大国经济发展的市场规模主要体现在国内市场规模大上，市场是所有交换关系的总和，其外在形态表现为消费、投资和出口等行为，本国经济通过消费、投资和出口形成增长，这无论对于大国还是小国都具有内在一致性。然而，市场一旦与"大国"相联系，其又表现出与小国市场完全不同的内生特性。具体而言，后发大国的国内市场具有以下特征：一是广阔的市场及其内生性。后发大国国土面积大、人口多，国内消费和投资市场规模庞大。20 世纪以来，美国、中国、俄罗斯、印度和巴西等大国都相继建立了以重工业为核心的独立完备的产品市场体系，其中化工、冶金、重型机械、钢铁、煤炭、飞机、汽车、造船、发电、军工、原子能、通信卫星等产品部门均已达到较高水平，有些甚至跻身世界先进列。庞大的国内市场为后发大国产业体系的完备性奠定了良好的市场需求基础，也为产业的发展提供了持续动力，这种经济发展的内生性是小规模国家所无法具备的。二是后发大国开放的市场及其联动性。目前，世界大国基本上都是 WTO 成员，WTO 规则要求国内市场与国际市场对等开放，且在具体实践中，大国市场的开放程度更高。由于高开放程度市场的存在，后发大国市场会与其他经济体市场产生广泛的双向联动效应，尤其是在经济全球化背景下，大国市场的波动也必然影响其他经济体市场的稳定。后发大国可以依托其强大的市场联动能力实现经济的内生性发展。三是后发大国市场的差异性及其非均衡性。后发大国国内市场存在的区域性差异决定了经济发展程度的区域性差异。正是通过这些非均衡的发展战略和思路，使后发大国逐步建立起适应区域、适应要素禀赋、适应市场差异性的内生性发展战略，保证在国际市场上的不同产业的差异化地位。

2.1.4.3 多元性

多元结构比较贴近大国的现实。像中国、印度、巴西和俄罗斯等"金砖国家"，国土面积较大、资源丰富、人口众多，在经济、制度、技术、机制等方面更多地表现为一种"多元结构"。

（1）经济的多元性。一是后发大国的区域具有多元性。多元结构是后发大国区域经济发展中的一个基本特征，其原因在于各地区经济发展的差异性。例如，中国由于市场化水平、经济发展程度和资源禀赋的差异，使东部地区和中西部地区的经济发展出现了巨大差异，形成了区域经济的多元结构。再比如，印度北部、中部和南部也表现出典型的多元结构，这种经济的多元结构形成了区域经济发展的梯度，是区域经济发展过程中变现出空间梯度转移特征的重要原因之一。二是后发大国的技术具有多元性。刘易斯（1989）提出的"二元经济论"实际上也是"二元技术论"，他认为后发大国的经济结构可分为两个部门经济，即现代经济和传统经济（现代产业部门和传统产业部门）。现代经济以先进科学技术为基础，具有技术密集型的特征；传统经济以传统的手工技术作为基础，具有劳动密集型的特征。三是后发大国的工业化道路具有多元化特征。后发大国走的是"城市为主"的工业化发展道路，在这一制度下形成了农村只发展农业、城市只发展工业、城乡各自为政的二元化发展格局。随着后发大国工业化和城市化发展的需要，农村工业化也逐渐推进，进而加快了后发大国工业化发展的"多元结构"格局，即大城市的工业化、中小城市的工业化以及农村工业化三个层次持续加深。

（2）城乡的多元性。一是公共服务供给多元化。由于农民生活和农业生产较为分散，因此很多公共物品的供给很难形成像城市公共物品供给所具有的规模效益，尤其是在经济发展初期，"城市主导优先发展重工业"经济发展战略的实行进一步加剧了公共物品供给在农村与城市的多元化特征。随着经济社会的发展，后发大国逐渐过渡到现代市场经济体制，农村经济进一步发展，进一步释放了农村潜在经济活力，但由于政策设计的局限性以及农村先天的脆弱性，基层政府公共服务供给反而日渐退化，加之农村生活与生产的自给自足特性，反而进一步强化了城乡公共服务供给多元化。二是行政管理制度多元化，主要表现为城市农村多元化行政管理体制。农村和城市的基本管理体制存在着较大差距，并且在基本管理制度上，农村处于劣势。三是土地管理制度多元化，主要体现在土地所用权的区别上。城市土地实行国家所有制，可以在国家所有的前提下进行自由地转让，资产价值较高；农村土地实行集体所有制，从根本意义上讲，土地仍归国家所有，这就造成了农民土地权利的缺失，大大制约了土地资产的价值，农业生产活动难以取得规模效益。

本书通过人均国民收入和人类发展指数对全球国家进行具体划分，并对后发大国经济发展特征所表现出的规模性、内源性以及多元性特征进行归纳与总结，这是本书研究后发大国战略性新兴产业发展的基础。

2.2 后发大国战略性新兴产业发展的典型特征及主要障碍

相比于发达国家，后发大国发展战略性新兴产业存在着产业基础薄弱、技术水平落后等现实问题，本书在总结归纳后发大国经济发展典型特征的基础上，进一步分析后发大国战略性新兴产业发展的典型特征和主要障碍，探讨后发大国战略性新兴产业发展的政策需求，以期为战略性新兴产业发展提供可行性的建议与意见。

2.2.1 战略性新兴产业发展的一般特征

2.2.1.1 技术的融合化

在当前经济发展中，技术交叉与融合进而推动产业融合，已成为实现世界经济发展的大趋势。高技术的推广与应用促进传统产业快速发展，随着新技术与传统技术不断融合，产业结构合理化和高级化水平日渐提高，并且新产品与新服务的出现也进一步提升了人们收入和生活水平，进而激发更高层次的市场需求，反过来拉动新兴产业的发展壮大。随着全球新技术革命浪潮的来临，新一轮科技革命、产业革命逐渐摆脱了以往单纯地依赖于单一学科或技术的局面，实现了多学科、多领域技术高度交叉和深度融合，其中，信息技术起到基础和支撑的作用，生物技术、纳米技术和新材料技术等将更广泛地渗透、交叉与融合，催生了更多新兴技术以及新兴产业，引发新技术和产业变革。技术融合发展意味着技术发展既要推动传统产业改革，又要引导未来产业快速崛起，集合各方力量推进协同创新快速发展。例如，纳米技术已经拓展到信息、生物、医药、能源、资源、环境、空间等诸多领域，成为各国创新投资的重点领域。俄罗斯在 2009 年 6 月宣布将投资 2000 亿卢布发展纳米技术，使其成为国家 "科技战略的火车头"。技术融合趋势决定了战略性新兴产业不可能也不应该孤立地发展，而是既要有利于推动传统产业的创新，又要有利于未来新兴产业崛起。今后，战略性新兴产业与其他产业之间、战略性新兴产业内部之间的融合也是大势所趋，作为一种相互补充和衔接的产业发展方式，将使得行业间的界线越来越模糊，综合竞争越来越强。

2.2.1.2 产业的高端化

不论是美国以高技术重新打造统制造业，还是日本斥巨资全力培育、开发智能机器人等高技术产业，抑或是欧盟在大力发展物联网的基础上推动制造业优化升级，都表明了战略性新兴产业高端化的发展路线是各国产业发展的重要选择。在这一过程中，战略性新兴产业发展都表现出科技含量高、附加值高、投资额度大、投入产出比高、拉动性强、土地资源占用少的特点，都体现了产业结构高端化、技术高端化、产品功能高端化的发展趋势。

2.2.1.3 区域的集聚化

产业集聚可以共享信息、基础设施、技术等要素，通过实现规模效应节约生产成本。因此，越来越多的企业趋向于在一定的区域内集聚抱团发展。例如，随着 20 世纪 60 年代微电子技术的迅猛发展，硅谷因为大批信息业、高新技术企业和科研院所机构集聚，云集了大量高科技人员、优秀管理者人才，迅速名声大噪、享誉全球，并且至今仍享有世界新兴产业 "发动机" 的称号。因此，战略性新兴产业要在共享信息、资源、共担风险和降低成本等导向下，在一定的区域内集聚形成规模效应。

2.2.1.4 发展的低碳化和国际化

随着全球气候变暖、空气污染、海平面上升等环境问题的日益恶化，绿色、低碳、节能环保成为这个时代最亮眼的词汇，绿色低碳增长越来越成为全球经济发展的战略导向。例如，欧盟就将"绿色"创新和投资写入经济复苏计划中，提出要不断加速低碳经济转型与发展。英国在"绿色振兴计划"中提出要大力发展电动车、混合燃料车等产业，以"低碳经济模式"刺激经济复苏。日本更是大幅提升新能源研发预算，将 2011 年的预算从 2010 年的 882 亿日元增加到 1156 亿日元。韩国也于 2009 年 7 月公布了《绿色增长国家战略及五年行动计划》，提出"绿色增长"的经济振兴战略，强调发展绿色环保技术和可再生能源技术。

战略性新兴产业所表现出的技术融合化、产业高端化、区域集聚化以及低碳化和国际化发展趋势，为后发大国产业发展指明了道路。同时战略性新兴产业的蓬勃发展也必然要在全球科技前沿领域的重大创新成果推动下方可形成。这是因为：（1）当前科技突破催生的新兴产业发展呈现出在产业链高端共同投资、联合开发、通力合作等新的特点和趋势；（2）国内市场总归有限，会制约战略性新兴产业发展。没有国际大市场的依托，要发展技术领先的大企业、大产业，是难以实现的。由此可见，正如推动科技创新既要自力更生，又要引进吸收一样，国际合作也是加快培育发展战略性新兴产业的大势所趋。

2.2.2 发达大国战略性新兴产业发展的主要特征

发达国家瞄准世界经济发展趋势，在综合考虑本国资源、科技发展水平、现有产业基础以及现实需求的基础上，采取措施大力推进战略性新兴产业发展，呈现出以下主要特点与趋势。

2.2.2.1 以振兴和提升传统制造业为基础

随着世界性市场的形成，世界各国的经济联系日益密切，具有"牵一发而动全身"的特点。而金融危机的爆发进一步证明了制造业在维持经济稳定中发挥的重要作用，因此，各国也提升了有关传统产业对经济持久稳健发展的巨大支撑作用的认识，开始实施旨在振兴制造业的"再工业化"战略，夯实战略性新兴产业发展基础。以美国为例，金融危机后充分认识到，越是新的事物越要建立在坚实的传统基础上，先进的制造业所提供的生产加工、研发设计、工艺设备、营销服务和经营管理等是战略性新兴产业发展与进步的坚实产业基础，如果缺乏这些基础性产业，战略性新兴产业发展就势必成为无源之水、无本之木。正是基于这样的正确认识，2009 年 4 月 14 日，奥巴马在华盛顿乔治敦大学的一次演讲中引述《圣经》中的比喻，"建在沙上的房子会倒掉，建在岩石上的房屋依然屹立"，第一次在公开场合确立了美国重建经济基础的"岩上之屋"的全新理念。

2.2.2.2　以推进积极的宏观财政政策与投融资服务为支撑

发达大国为了发挥战略性新兴产业竞争优势，实施积极的财政政策，通过直接财政投入等方式大力支持重点领域和重大项目，推动技术研发和产业化发展。政策对战略性新兴产业投融资方面的支持主要表现为大幅提高投资总额、进一步集中投资领域、明确资金数额等。例如，美国大幅度提升研发投入的 GDP 占比，GDP 的 3% 都用于研发与创新投入，并且这一比例还在不断提升中，除此之外，美国还成倍地增加对国家科学基金会、能源科学办公室等国家科研机构的经费投入。再如，德国政府批准了总额为 5 亿欧元的电动汽车研发计划预算，支持包括奔驰公司在内的 3 家研发伙伴，实现锂电池的产业化生产，推动电动汽车产业的发展。

2.2.2.3　以新能源产业作为战略性新兴产业的重要抓手

在能源缺乏和环境污染严重双重压力的影响下，世界各国都重点发展核能、风电、太阳能、生物能等新能源技术产业，并且智能电网、大规模储能电池等配套技术的进步，也进一步拉动了新能源产业发展，大大提高其在世界能源结构中的份额。例如，英国利用优良的地理位置大力发展海上风能发电，已经成为世界上最大的风能发电国，拥有数量最多的风力发电站。据《英国皇家财产局 2019 年海上风电运营报告》，2019 年，英国风力发电总量突破 629 兆瓦，海上风电场总发电量达 32TWh，其产量几乎占全球风电市场一半以上。[①] 芬兰作为一个能源小国，煤炭、石油以及天然气等化石燃料储量几乎为零，但是基础产业却是以木材加工业、化工业以及造纸业等高耗能产业为主。因此，为了支持基础工业发展，芬兰必须充分利用好国内丰富的森林资源，提高森林废弃物、人造能源林、

---

① 《英国皇家财产局 2019 年海上风电运营报告》，2020 年。

木材造纸加工业的副产品以及残余废物等的利用效率，经济效益与社会效益同步提升，走出一条生物能源利用的成功示范之路。

2.2.2.4　以市场需求为依托引导产业发展方向

以政策引导技术创新进而驱动产业内生增长是发达国家引导战略性新兴产业发展所采取的主要路径，但是这种产业发展路径可能导致供给与需求之间的失衡。因此，在新一轮战略性新兴产业发展浪潮中，发达大国在产业发展初期就非常重视社会需求对生产的引导作用，采取政策引导消费的方式，在启动国内市场的基础上引导产业发展。在这一思想的引导下，政府除采用传统的政府采购、消费补贴、鼓励外部市场开拓等举措之外，还将战略性新兴产业纳入国家基础设施建设体系之中，通过扩大国内需求扶持战略性新兴产业发展。日本强调将经济增长模式转向"需求引导型增长"模式，主要从利用国内要素和扩大对外开放两个方面寻求经济增长动力。2009 年 12 月 30 日，日本政府公布了到 2020 年的"新增长战略"，提出应着重拓展有望带来额外增长的七大领域：能源环境、医疗健康、亚洲市场开拓、旅游、科技信息通信、就业、金融（刘红，2010）。而且，计划创造价值逾 100 万亿日元的新需求，其措施包括：鼓励医疗企业开展更多海外业务，推动技术创新以遏制温室气体排放以及吸引更多游客赴日旅游等。

2.2.3　后发大国战略性新兴产业发展的主要特征

在激烈的国际竞争形势下，后发大国积极采取经济发展举措，正在深刻影响和改变全球经济发展格局。尽管后发大国战略性新兴产业发展依然基础薄弱，但得益于国家政策的大力支持和引导，战略性新兴产业发展也取得了一定的进展，表现出不同于发达国家的一些特征。主要表现在以下五个方面。

2.2.3.1　重点发展实体经济，重振制造业

金融危机后，世界各国都意识到了实体经济尤其是高端制造业在经济危机中表现出强大的抗跌性，"回归实体经济"不仅是发达国家产业发展的重要方向，也是后发大国技术创新和产业发展的新趋势。后发大国一方面继续发展以制造业为主的实体经济，稳固本国经济基础，提高应对经济危机的能力，另一方面又不断推进实体经济结构优化升级，推进制造业向现代化、高端化发展。

2.2.3.2 积极发挥政策主导作用

战略性新兴产业发展关系到产业结构优化升级、经济协调发展水平和层次，具有全局性、战略性、长远性、导向性的重要特征，政府政策创新以及政策支持在战略性新兴产业发展中发挥着举足轻重的作用。后发大国大多依托积极的政策举措，通过优化资源配置、强化制度保障、提高政策补贴、推动技术创新等手段加快战略性新兴产业的发展。

2.2.3.3 产业层级低，国际竞争力弱

近年来，后发大国采取措施致力于战略性新兴产业发展，并在新能源、新材料等关键领域取得了显著成绩，涌现出一大批龙头企业和中小型产业集群。例如，中国近年来积极推进新能源汽车、太阳能电池等产业，建立了大批具有国际竞争力和巨大发展潜力的产业集群。但是与发达国家相比，后发大国战略性新兴产业发展仍存在产业层级低、国际竞争力弱的问题。例如，在太阳能光伏领域，多晶硅和单晶硅提纯技术是中国太阳能产业发展的瓶颈，目前主要依靠德国和日本的技术引进，而技术引进需要缴纳高额的专利费，加之发达国家的技术封锁，导致中国太阳能产业存在成本高、产能过剩等问题。因此，后发大国战略性新兴产业发展亟须大力提升自主创新能力和国际竞争力。

2.2.3.4 核心和关键技术严重缺乏

虽然后发大国在部分技术领域取得了重大突破，推动了本国部分领域战略性新兴产业的发展，但主要采取的是技术引进和再加工发展策略，由于核心和关键技术的缺乏，许多产业并未真正走上自主创新的高端之路，以致在全球价值链分工中处于不利地位。例如，中国虽然在风电产业发展上取得了长足的进展，但需要支付高额的专利费来引进关键技术、进口主要生产装备，因而大大提高了风电设备的成本，降低了我国风电产业的国际竞争力。后发大国对发达国家的科学技术创新和产业培育依赖度依然较高，难以在产业发展中发挥主导作用，长期处于被动地位，亟须加大基础研究和技术创新，突破核心和关键技术发展瓶颈。

2.2.3.5 重复建设问题突出，资源浪费严重

战略性新兴产业是抢占经济科技制高点、转变经济发展方式的引擎，后发大国紧握时代的脉搏，积极推动战略性新兴产业发展。但是由于规划不合理，存在

扎堆建设、重复建设的现象，造成了资源的浪费和错配，甚至影响了其他产业的发展。例如，中国战略性新兴产业发展规划提出至今，已有 30 多个省市出台促进战略性新兴产业发展的政策和规划，这些省市为了争抢国家资金和项目盲目投资建设，20 多省市都提出进行新能源基地建设，10 多个省市要将光伏产业作为重点建设产业，甚至一些县级城市也提出要打造物联网产业。因此，政府还需根据各地资源禀赋、技术基础和产业特征做好宏观调控。

2.2.4 后发大国战略性新兴产业发展面临的主要障碍

近年来，虽然后发大国在以物联网为代表的先进科技方面取得了重大突破。但是后发大国产业基础薄弱、自主创新水平低，战略性新兴产业发展过程中面临"两头在外"的现实困境，在参与全球价值链分工中仍然处于低端水平，在世界市场中仍然处于不利地位，面临诸多发展障碍。

以我国为例，在物联网的研发上，我国已经有将近十年的历史，现在已经在标准定制、应用示范等方面进入世界前列，已经建成现今全球范围内规模最大的互联网，基本完成了产业链的初级阶段。并且，在全球范围内，我国已经开始建设自有技术标准的示范网络，国内的一些著名厂商都开始积极参与进来，很快将进入使用阶段。但是，战略性新兴产业在我国逐渐发展的过程中也出现了诸多问题。与新能源发展所取得的数量成果相比，其实际应用占比很小。2019 年底，非化石能源占全部能源消耗总量的比例是 15.3%，但除去水能和核能，风电、太阳能、生物质能等新能源只占 2% 左右。从世界范围看战略性新兴产业的发展，可以看出生物技术，起步于 19 世纪 80 年代，自 2000 年之后进入成长阶段，可能要 2035 年前后才能进入成熟期。总之，我国战略性新兴产业尚处在初期萌芽阶段。

总的来说，后发大国在战略性新兴产业的发展过程中仍旧存在一些有待解决的问题。总结起来主要有：核心技术与关键技术薄弱、资源分散与资源浪费并存、市场调节作用不足、研究投入有待加强、技术创新人才缺乏等。

2.2.4.1 技术创新不足

在当今激烈的国际竞争中，科技水平和创新能力是影响经济增长的关键因素。谁掌握先进技术谁就能在国际价值链分工中占据有利地位，因此，科技创新已经成为引领后发大国经济发展的关键力量。技术与创新是战略性新兴产业发展不可或缺的条件，但是后发大国基本都面临技术水平落后、关键核心技术突破缓慢的现状。核心技术和关键技术发展瓶颈极大地限制了战略性新兴产业的发展，技术创新障碍也成为后发大国战略性新兴产业发展要克服的首要障碍。就我国而言，近年来，战略性新兴产业在我国的发展尤为迅速，在一些领域已经进入了世界的前列。不过，虽然在组装加工能力上，我国具有一定的优势，但是在技术集成能力上仍然存在很多缺陷，需要从国外引进大量的核心技术和装备。例如，在新能源方面，风电装机、光伏电池产量都已经占据了世界首位，然而在核心技术上却存在着很大的障碍，需要从国外进口风机变频、控制系统等技术，并且，一部分的风机制造企业只能够依靠从国外进口图纸和简单的组装来实现生产，很多企业在科研创新上都存在很大的不足。其中，多晶硅面板或薄膜太阳能发电的转化率只有 16.5%，某些技术无法达到世界先进水平，这导致了生产成本的增加，而且容易造成对环境的污染。攻克核心关键技术，整体提升原始技术创新能力与二次技术创新，是我国也是后发大国战略性新兴产业发展亟须解决，也是应该集中精力解决的核心问题。

2.2.4.2 市场作用发挥不足

后发大国战略性新兴产业发展及协同创新所面临的市场方面障碍主要表现在以下两个方面：一方面，市场需求是战略性新兴产业发展的外部驱动力。目前战略性新兴产业具有资金投入大、回收周期长、风险高等特点，其发展主要由政府主导，而忽略了市场作为资源调节以及产业发展的外部驱动力的重要作用，因此，市场在发挥对战略性新兴产业的引导作用时具有明显的不足。以我国为例，由于受传统的计划经济观念的影响，政府大力发展战略性新兴产业，甚至深入到了企业内部的微观经济活动，指导干预核心技术的研发与成果应用的一些情况经常发生，忽视了市场的作用，也在一定程度上抑制了市场机制充分发挥作用，短期内可能会产生促进作用，但从长期来看，阻碍了战略性新兴产业的健康成长。另一方面，后发大国大多新技术产业化程度低、进展缓慢，而一个新产业进入市场时间的早晚对于产业发展是否成功非常关键。战略性新兴产业作为高技术性和重复性非常明显的产业，其起步越早，成长速度越快，市场占有率越高；如果起步晚，又不能实现"后来者居上"，那么占据市场就会大大受阻，被淘汰的可能性也就越大，而且后发大国大多市场机制不健全，难以为战略性新兴产业前期发展提供良好的市场推动机制。同时，后发大国战略性新兴产业发展萌芽期及成长期，中小型企业居多、竞争机制没有充分发挥、市场发展不成熟，产品价格高，加之消费者对新型产品不熟悉，购买欲望低，市场需求受到极大地抑制，产品成果化进展缓慢。

2.2.4.3 产业链发展不足

一般来说，战略性新兴产业发展要依托的上下游企业较多，产业链比较长，极易形成产业链或产业集群，实现规模效应。但后发大国战略性新兴产业发展时间短，还未形成健全的产业链，产业发展面临着较大的上下游产业阻碍。因此，后发大国战略性新兴产业发展一方面要积极掌握关键技术，不断延长上下游产业价值链，构建完整的产业发展体系，促进产业间的协同发展；另一方面要依托现有技术水平和产业基础，不断完善价值链分工，拓展产业链，通过模块化创新发挥产业优势，提升产业竞争力。

2.2.4.4 政策制定不合理

战略性新兴产业具有国家战略意义，其发展离不开政府政策的大力支持。后发大国政策扶持战略性新兴产业发展中仍存在诸多问题。一是管理体制方面存在着部门冗余和管理无序的问题，多个产业发展管理部门各自为政，仅是从本部门的职能出发进行政策的制定，相互之间缺乏有效沟通，无法发挥政策对于产业发展的扶持和引导作用；二是财政税收政策制定不合理。财税政策制定时没有考虑产业特点、地区差异，导致有些真正需要财税支持的产业得不到扶持，反而背负过重的纳税负担（如生物技术等产业），不利于形成和培育产业竞争力，不利于国际品牌的打造。因此，后发大国应该破除现有政策障碍，结合自身产业发展基础和比较优势，在充分考虑产业发展特点以及现实情况的基础上构建合理有效的产业发展引导和支持政策。

2.2.4.5 产能过剩，重复建设

后发大国战略性新兴产业发展过程中存在政府主导、市场作用发挥不足、相关产业政策制定不合理等问题的同时，还存在着严重的产能过剩、同类型产业重复建设等问题，造成严重的资源浪费以及较低的生产效率，限制了战略性新兴产业的发展。以我国为例，随着我国"十二五"发展规划的推进，国内各省市开始实行新的经济政策和方案，致力于吸引各方的投资来发展战略性新兴产业，从而达到促进地方经济发展的目的。然而，这种政府行为在一定程度上存在着很大的弊端。在宏观方面，缺乏统一的规划和指导，导致各省市在发展上出现很多相似

之处，造成产业结构单一化，非常不利于整体经济的协调发展。在微观方面，某些地区因为将注意力过度关注在项目开发的招商引资上，把战略性新兴产业当作发展的契机，重点关注新型园区的建设和现有园区的规模扩大，这使得土地资源的使用率和消耗率不断提升。这种强有力的执行力伴随而来的并不完全是经济的发展，更多的是由于对增长的盲目跟随，导致产能过剩、重复建设、资源浪费和无用竞争等结果。

2.2.4.6 创新资金严重短缺

战略性新兴产业属于高技术密集型产业，其发展不仅需要投入大量的资金进行新技术研发、人才引进，还需要投入资金进行市场拓展，因此，资金是战略性新兴产业发展的重要支撑，但是后发大国在发展产业的过程中普遍存在着资金严重不足的问题。《中国企业创新能力评价报告》[①] 中提出，一方面，从创新资金角度来看，2019 年新能源、生物产业、装备制造业、电子信息业、节能环保业等产业的科研投入约为 1.4 万亿元，占 GDP 比重为 2.19%，比同期的国际水平低一些，居发展中国家前列；另一方面，从战略性新兴产业的高创新和高风险的角度来看，国内的发展水平大大低于国际平均水平，这在一定程度上表明，我国的战略性新兴产业缺乏一定的资金储备和支持。上述事实表明，国内的战略性新兴产业在科研资金上匮乏，缺少支持，大大低于国际水平。除此之外，缺乏一定数量的科技研发型人才仍然是制约我国战略性新兴产业创新发展的重要因素。

综上所述，影响后发大国战略性新兴产业发展的突出障碍主要可以概括为：内部驱动力不足，特别是核心技术不强、创新研发投入不足；政府公共政策与市场机制作用发挥不协调，尤其是地方政策在制定过程中未能充分考虑当地市场情况而盲目制定政策所带来的产能过剩、市场驱动力不足等问题。

2.3 后发大国战略性新兴产业发展的政策需求

后发大国战略性新兴产业一般存在发展成本高、融资难、风险大等问题。本节分析后发大国战略性新兴产业发展的政策效应，探讨战略性新兴产业发展的战

---

① 中国科学技术发展战略研究院，中央财经大学经济学院. 中国企业创新能力评价报告［M］. 北京：科学技术文献出版社，2020.

略导向与政策需求。

2.3.1 后发大国战略性新兴产业发展的政策作用分析

政府政策对后发大国战略性新兴产业发展的引导和扶持作用主要体现在以下三个方面。

2.3.1.1 建立和完善认知体系，促进技术、市场和制度的良性互动

后发大国战略性新兴产业发展滞后的根本原因在于认知的障碍，认知的滞后导致后发大国产业发展主要采取跟随或追赶的发展路径，如果没有政府的干预和政策的引导，后发大国可能陷入发达国家的技术锁定和认知锁定中。因此，政府需要通过实施有力的政策举措，主动出击，强化政府干预，打破这种技术创新惯有的路线，重新建立后发大国的认知体系，制定认知强化政策并贯穿产业发展全过程，进而打破认知滞后对技术、市场和制度的制约，构建战略性新兴产业发展的认知传导机制。在政策的引导下，在产业发展过程中通过刺激和强化认知进而促进技术、市场和制度的良性互动，为战略性新兴产业发展奠定坚实的认知基础。

2.3.1.2 保护和扶持优势产业，夯实产业发展基础

正如汉密尔顿所说，当一个国家的战略性新兴产业处于初创期时，应该采取适当的政策，提高其竞争能力，保护其不会因外国竞争而夭折。政府应该采用积极的过渡性引导和扶持政策，并随着产业的成熟发展及时调整政策引导的方式与内容，促进市场、技术和制度的协同互动。一是技术方面。战略性新兴产业是新兴技术的代表，其发展会受到现有技术轨道的排斥和挤压，基础设施的滞后也直接影响新兴技术的推广与产业化，需要政府采取积极政策举措引导技术创新与产业化发展。二是市场方面。技术成功与否依赖于市场的检验，但战略性新兴产业发展初期，只有少数领先用户形成市场，市场规模较小，需要政府为其提供保护性的支持空间。三是制度方面。新技术形成之时面临着旧技术范式制度的阻碍和新制度尚不健全等问题，需要政府在完善市场秩序、建立技术标准体系等方面提供政策支持。

2.3.1.3 构建和健全知识创新体系，拓展产品开发平台

后发大国产业发展还需在政策干预与支持下突破跨国公司的市场控制和技术锁定。与发达国家相比，后发大国战略性新兴产业技术认知不是自发产生的，而是在外部技术市场刺激下产生的发展需求。正如路风（2006）所说，构建产品开发平台，生产满足国内市场需求的产品是后发大国推动技术赶超的前提。而这一平台的构建既需要有形系统、无形系统，也需要外部支持系统，而这些系统的建立都离不开政策的引导与扶持。其中有形技术系统主要包括基础设施、工具、工程试验与检测设备等，无形的技术系统主要包括产品与工艺设计、原型制造等环节，外部支持系统主要包括大学、科研机构、专利制度等外部知识来源。

2.3.2 后发大国战略性新兴产业发展现行政策效果分析

2.3.2.1 政策扶持种类

后发大国战略性新兴产业协同创新的推动政策，是指那些能够促进战略性新兴产业协同创新活动顺利进行的、创新要素能够充分发挥作用的一系列政策的总和。例如，中国改革开放以来协同创新政策演进主要经历了试点试验、体制改革、改革深化和自主创新四个阶段，每个阶段国家都出台了相应的具体政策来推进产业协同创新。经过多年的努力，中国科技政策和创新政策渐趋完善，且对科技进步和协同创新发挥了重要作用，为构建战略性新兴产业协同创新政策体系奠定了基础。

后发大国战略性新兴产业发展政策主要包括以下三大类：一是宏观规划类政策，主要针对全国科技创新发展的整体性和全局性规划。例如，我国从改革开放起就出台了《全国科学技术发展规划纲要》，随后各种规划纲要陆续出台，为我国协同创新发展提供总体上的指导。党的十九大报告中，再次提出将科技创新摆在国家发展全局的核心位置，提出要加强协同创新战略部署。国家还出台了许多如"国家重点科技成果推广计划""产学研联合开发工程计划""863 计划"等科技创新计划，这些都为我国战略性新兴产业协同创新提供了全局意义的指导。二是制度机制类政策，主要为协同创新提供制度保障。例如，国家先后出台了《中华人民共和国技术合同法》《专利法》等，各地方政府也针对当地实际情况制定了相应的保障战略性新兴产业协同创新的管理条例。三是发展支持类政策，

主要为产业协同创新提供支持，帮助缓解战略性新兴产业协同创新发展所面临的人才、技术、资金等问题，这些政策具有较强的针对性，主要包括人才引进与培养政策、税收优惠与减免政策、金融融资政策、科技研发投入政策、协同平台建设政策等。

2.3.2.2 政策支持效果

（1）科技创新投入稳步增长，为创新活动提供资金保障。加大政策资金投入是保障科技创新顺利进行的重要保障。在政府相关政策的指导下，政府、企业、高校和科研机构不断加大科技创新活动的资金投入，为协同创新活动的开展提供充足的资金支持。据国家统计局、科学技术部公开数据显示，2016 年中国共投入研究与发展（R&D）经费 15676.7 亿元，比上年增加 1506.9 亿元，增长10.6%，增速较上年上涨 1.7%。而各类企业经费支出 12144 亿元，比上年增长11.6%；研究机构经费支出 1160.2 亿元，增长 5%；高等院校经费支出 1072.2亿元，增长 7.4%。

（2）科技人员数量持续增加，为战略性新兴产业发展提供智力支撑。实行协同创新政策的目的在于推动战略性新兴产业协同创新，提高科研人员数量，掌握产业发展的关键和核心技术，提高在价值链分工中的地位，推动战略性新兴产业的发展，提升国际竞争力。从 2000～2016 年，我国科技人员总量一直稳步增长，2016 年我国科技人员数量持续增加，总量达到了 8327 万人，比上年增长 5.2%。其中，大学本科及以上学历的科技人员总量达 3687 万人，比上年增长 7.8%。这些科技人员是战略性新兴产业发展的主力，在经济建设中发挥着重要的作用。

（3）新兴产业不断涌现，创造了大量就业机会。在国家政策的支持下，大量战略性新兴产业如雨后春笋般涌现。战略性新兴产业的高技术性决定了大部分产业都处于价值链高端，拓宽了产业链，带来了众多的上下游的供应商和经销商，并且随着企业数量和规模的扩大带来了大量的工作岗位。

2.3.3 后发大国战略性新兴产业发展的战略导向

战略性新兴产业强调技术的前瞻性和先导性、产业的辐射性和渗透性，从而在创造新的市场需求、提升技术实力和生产效率、引领产业结构发展方向等方面具有不可替代的作用。对于后发国家而言，应该结合自身条件和需求，从资源、技术、市场等角度出发，确定战略性新兴产业的发展策略，培育战略性新兴产业竞争力。

2.3.3.1 以技术赶超和产业升级为目标，把握战略性新兴产业发展契机

新技术和新产业的大量涌现是当前经济发展的基本特征，也为后发大国实现经济赶超提供了良好的机会。纵观发达国家产业发展轨迹，产业发展主要经历了"导入期""成熟期""标准化"等阶段。发达国家凭借其高技术以及丰厚资金的优势，通过先发优势率先研发新产品进入新产品的"导入期"；随着技术的不断改进，规模的不断扩大，新产品进入"成熟期"；随着国内市场饱和，积极拓展国际市场的战略成为引导生产活动的主要战略，生产进入"标准化期"。从产业发展的生命周期来看，技术创新在战略性新兴产业发展不同阶段都扮演着不可替代的重要作用。正是依靠技术创新及新兴产业的技术垄断，发达国家迅速确立了产业优势地位，实现了产业结构优化升级。因此，对于后发大国来说，技术革命以及新兴产业可以为其实现技术赶超和产业升级提供重要的机会窗口。后发大国可以利用技术发展轨迹中的机会窗口，强化学习能力和吸收能力，集中资源从事优势领域的技术研发并形成比较优势，继而进行二次创新，并强化关键和共性技术研发，以实现技术追赶。同时，技术革命会促进新技术和新工艺的出现。后发国家可以充分利用这一机会，在不断提升知识和技术能力的同时，集中精力投入到优势领域的技术研发中，发挥自身的技术优势，充分利用萌芽期，加大新兴产业领域技术研发的扶持力度，加快技术积累和产业培育，不断缩小与发达国家的技术、产业发展差距，实现经济跨越式发展。

2.3.3.2 实施技术标准战略，掌握战略性新兴产业发展的主动权和话语权

随着国际技术竞争越来越激烈，技术标准不仅成为行业准入壁垒，也是各国保护本土产业实施贸易保护的重要手段。相比于发达大国在技术标准和技术规范中的绝对主导地位，后发大国因技术水平低，在技术标准、技术规范的制定中，尤其国际性标准的制定上处于被动接受的不利地位。因此，后发大国要把技术标准制定提升到战略性新兴产业发展的核心地位，把技术标准战略作为自主创新的着力点，加快构建战略性新兴产业技术标准体系，结合自身资源条件和市场需求开创新的技术发展路径。虽然实现这一目标需要投入大量的资金，并且也伴随着很高的风险，但是一旦形成技术上的突破就能构建起自身的竞争优势，就会迅速扭转国际竞争的不利地位，占据产品开发链条中高附加值领域，从而在国际竞争

中赢得话语权，成为国际竞争规则的制定者。

2.3.3.3　优化要素配置、拓展国际市场，提升战略性新兴产业竞争力

战略性新兴产业的技术先进性以创新活动的前瞻性作为前提和基础，其经济性则是以创新活动的高效率为保障，而创新投入强度和水平取决于创新要素的动员能力和配置能力。后发大国战略性新兴产业发展过程中往往会面临资源短缺等问题，而通过市场调节、政策引导、资源要素配置等方式可以实现资源优化配置，有效地解决资源短缺的问题，为产业发展提供持续稳定的资金和高素质的人力资源。同时，战略性新兴产业所具备的先进性和经济性致使其往往发生于高端市场，因而国际市场开拓对于后发国家战略性新兴产业的成长与成熟至关重要。另外，国际市场的开拓能力也是影响产业盈利能力的重要因素。战略性新兴产业处于产业发展的投入期，产业技术还不成熟，发展面临多种不确定因素，高盈利能力也是战略性新兴产业用以抵御高风险的重要保障，也是实现产业高成长的保证。例如，韩国汽车工业发展初期，政府在扶植汽车行业发展的同时，特别把外销绩效作为汽车工业的检验标准，借此推动国内汽车企业以国际市场为目标，积极开拓国际市场，培育企业的国际竞争力。而我国光伏产业能够成功实现对发达国家的赶超，在很大程度上源于深度的全球化发展战略，包括领军人才全球化、市场全球化、融资全球化、产业合作全球化等。

2.4　本章小结

本章立足于国内外学者关于大国及大国经济的典型特征研究，进一步总结和概括了后发大国的内涵及典型特征，并基于后发大国经济发展的内源性、多元性和规模性以及后危机时代各国产业变革的战略背景，刻画出后发大国战略性新兴产业发展的典型特征，分析战略性新兴产业对技术、市场、人才、资金等方面政策的内在需求，探讨战略性新兴产业自主发展的政策要素内核，为下文有关战略性新兴产业协同创新的研究提供基础。

第3章 后发大国战略性新兴产业演进机理及协同创新政策着力点

根据产业生命周期理论可知，每个产业都要经历一个从成长到衰退的演变过程，即产业从出现到完全退出社会经济活动所要经历的时间。学术界一般按照产业发展过程中的基本特点将这一过程细分为不同的阶段，具体包括初创期、成长期、成熟期和衰退期四个阶段。战略性新兴产业以其"战略性"和"高技术性"区别于其他产业，其产业发展在遵循一般产业发展基本规律的基础上，具有其自身的独特性。本书以战略性新兴产业的典型代表——新能源汽车产业为例探究战略性新兴产业发展的一般演化路径，并在此基础上探究新能源汽车在协同演进过程中所遇到的政策着力点。

3.1 产业生命周期理论

3.1.1 产业生命周期理论及研究综述

产业生命周期理论来源于产品生命周期理论，大致开始于波兹（Booz，1957），其在《新产品管理》中提出产品生命周期的概念，并将其进一步划分为投入期、成长期、成熟期和衰退期四个阶段。英国学者西蒙·库兹涅茨将生物进化论引入产品生命周期，提出了产品生命周期的定量分析——库兹涅茨曲线，随后有关产品生命周期的研究进入了定量分析的阶段。随后美国大学教授雷蒙德·弗农（Raymond Vernon，1966）将产品生命周期进一步发展，在了解产业转移轨迹的基础上，发现了工业制成品的数量、规模与利润和人的发展一样的生命周期，产业转移一般遵循着由发达国家转移到欠发达国家这一现象，并根据这一现象将产品生产划分为导入期、成长期、标准化期三个阶段，标准化期一般可以进一步划分为成熟期和衰退期。弗农认为创新引导生产活动，即产品的生产最早来自创新国，随后逐渐进入生产创新国的市场，此时产品的生产和消费都是在创新国，产品生产处于引起期；随着技术的不断进步，国内外市场存在巨大的利润，对创新国的产品需求快速上升，创新国在国际上处于技术垄断地位，产品生产进入成熟期阶段；随着生产活动进行寻求更廉价的生产资本成为产品成熟期的主要目的，具体表现为开始进行技术输入与跨国投资，产品模仿国开始进行自主生产来满足本国的市场需求；在衰退期，产品模仿国凭借低廉的劳动力成本，在产品价格方面占据优势从而在世界其他国家进行产品销售，导致创新国产品生产的数量逐渐下降，国内市场的需求缺口需要通过国际进口来弥补。弗农的产品生命周期理论的形成基于"技术创新国与模仿国之间存在巨大差距"的假设，为产品生命阶段划分与产业生命周期理论奠定了坚实的基础。

不同于弗农的三阶段产品生命周期理论，阿伯纳西和厄特巴克（Abernathy & Utterback，1975）在 20 世纪 70 年代，将创新要素引入了产品生命周期的研究中，并建立了产品生命周期理论的 A－U 模型。A－U 模型根据产品创新和工艺创新的不同作用将产品生命周期进一步划分为流动、过渡和稳定三个具体阶段，而在不同的阶段产品创新和工艺创新的作用是不同的，创新类型的具体选择要根据产业成长的不同阶段而定。流动阶段是产品创新发生的高频阶段，创新产品的产业化程度较高，但是技术比较粗糙而且耗费的成本比较高，产出增长也比较缓慢；在过渡阶段，工艺创新速度加快，主导产业开始占据主要的市场份额，产业差异化水平逐渐降低，这时期工艺创新开始取代产品创新，产品成本降低、产出规模扩大，边缘性厂商开始退出市场，最终形成垄断企业瓜分市场的局面；在稳定阶段，也即专业化阶段，产品和工艺创新发生频率都比较低，在市场日渐成熟的情况下，同质性产品的价格竞争愈加激烈，自动化、集约化、系统化以及专业化的生产流程也愈加成熟。

虽然 A－U 模型将创新引入产品生命周期，揭示了技术以及技术创新对产业演进的重要推动力，但是这一模型也具有技术主体不明确等局限性。因此，戈顿（Gort，1982）等知名学者进一步发展了产业生命周期理论，他们通过对市场中46 个产品多达 73 年的实证分析，发现了厂商数量随着产业成长而变化的现象，并建立产业生命周期 G－K 模型。在 G－K 模型中，产业发展可以分为五个阶段，主要包括引入期、大量引入期、稳定期、大量退出期和成熟期。这一模型是经济学意义上的第一个产业生命周期模型，这主要是因为相比于 A－U 模型只关注技术，G－K模型则侧重于产业组织分析，这也是两者的本质区别。在此之后，克莱珀和格拉迪（Klepper & Graddy，1990）又从技术内生的角度对产业生命周期进行分析，将生命周期划分为成长期、淘汰期和稳定期三个阶段。希尔和乔恩（Hill & Jones，1998）的研究则将产业生命周期更精细地划分为导入期、成长期、动荡期、成熟期和衰退期五个阶段，并在此基础上对每一阶段产品的价格、市场总厂商的数量、进入障碍和竞争激烈程度都进行了详细的说明。以上的生命周期理论也得到了相应产业的验证，随着市场经济的发展与逐渐成熟，金斯利（Kingsley，2000）在其研究中发现，处在不同生命周期的企业，其最优投资回报率和融资结构之间的关系是不同的。汉森（Hansen，2006）通过胶合板和刨花板两大产业处于不同生命周期阶段的发展验证了这一结论，通过相关数据分析，发现由于缺乏相应的技术创新和管理创新，胶合板产业正处于衰退阶段，同时因为技术的引进与创新，刨花板产业正处于蓬勃发展的成长阶段，这一实验也验证了创新对于产业发展的重要作用。塔瓦莱利（Tavassoli，2015）将产业生命周期理论与企业创新影响因素结合，在生命周期理论的基础上，对创新影响因素在处于产业不同阶段的企业的重要性进行实证研究，将中观经济环境与微观企业创新相结合，从全新的角度对企业技术创新的影响进行具体分析。纳夫克（2011）等根据市场份额的变化区分技术产业的成熟度，并在此基础上将产业化分为年轻、中间和成熟三个阶段。而且产业生命周期不同阶段竞争模式、创新强度和学习机会，它们随着时间的推移而变化，因而对外部性集聚产生不同的需求。

国外有关产业生命周期理论的研究不断深化，也为国内相关研究奠定了基础。学者高强（1987）开启了国内有关产业生命周期的研究，他指出："产业生命周期指的是一个产业从最开始出现到最后衰落退出市场的全过程，这一过程类似人的生命过程，因此称为产业生命周期。"他认为一个产业的生命周期可以分为新兴时期、朝阳时期、支柱时期、夕阳时期和衰落时期五个阶段。自此以后，不同学者就此问题展开了自己的研究。黎志成等（2003）从产业成长速度和产业周期的关系角度进行研究，认为产业周期可以用来衡量和比较产业成长的速度。刘戒娇（2003）通过对产业生命周期和竞争力的组合分析总结出产业生命周期对企业竞争力的四点启示。不同于以上学者的研究，马尚平等（2004）以实证的方式研究生命周期与技术创新之间的关系，他将关注的焦点转移到技术创新对产业生命周期变化的影响，认为技术创新对产业生命周期的影响不可忽视。如果技术没有发生创新，产业成长便显出形成期、成长期、成熟期和衰退期四个阶段；而技术创新的发生会在产业成熟后积极进行产业调整,实现产业的再一次振兴,产业生命周期也表现出形成期、成长期、成熟期、调整期和振兴期五个阶段,可见技术创新对于产业发展来说具有非常重要的作用。按照这样的思路,郑声安(2006)证实,产业生命周期是影响企业战略制定和战略结果的重要影响因素。胡晓娣和胡君辰(2009)根据生命周期阶段性研究提出了技术创新发展的模式选择和聚集经济影响的不同,张丽华和陈伟忠(2013)的研究同样也证明了这一结论。在实证方面,王文翌等(2015)主张企业所处的生命周期阶段不同,那么企业 R&D 投入和 R&D 强度也表现出不同的特征。张子余等(2017)以上市公司数据为样本,对公司生命周期阶段进行具体划分与分析,并对处于不同阶段股权结构、董事会结构与技术创新之间的关系进行具体分析。刘凤朝等(2017)运用增长率产业分类法对高技术产业生命周期阶段进行具体划分,进而研究知识储量不同的企业在产业生命周期不同阶段研发投入存在的差异性,得出重要结论:在产业成长期阶段,为了在激烈的市场竞争中获得胜利,创新追随者比创新领导者更愿意增加 R&D 投入;在产业成熟期阶段,创新领导者却更容易追加 R&D 投入。

综上所述,不论是国内还是国外对产业生命周期都进行了多方面深入的研究,并在产业生命周期的不同阶段,企业对创新的态度以及所采取的创新措施是不同的,因此,研究产业发展所处的阶段对分析产业创新发展以及制定创新政策具有非常重要作用。

3.1.2 产业成长轨迹及阶段性特征

虽然不同学者对产业生命周期阶段有不同的理解,但是总体上都承认产业发展表现出相似的成长轨迹,一般我们将产业生命周期划分为引入期、成长期、成熟期、衰退期(调整期)四个阶段,每一个阶段产业各要素都表现出相应的特点以及不同产业发展需求。如图 3 - 1 所示就是产业生命周期的 S 曲线。但是由于产业特性和其他差异的存在,不同的产业在演变的过程中总会表现出不同的具体特点,如图 3 - 1 所示,曲线描述的是产业演变的一般过程,根据其也可以总结出产业演进过程中要素投入、市场等一般性特征,详见表 3 - 1。

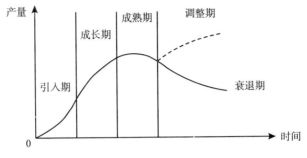

图 3 - 1　产业生命周期曲线

表 3 - 1　　　　　　　　　　　　产业生命周期特征

产业生命周期阶段	产业生命周期曲线	产业生命周期特征
引入期	S 曲线上升、凸向时间轴，即产业产值不断增长，增长率为正且越来越高	行业内企业数量比较少，技术水平等条件低，生产成本高，需要大量的资金投入和技术人才引进，因此产业成本较高，产量较少，价格高。但是，由于产品刚进入市场，市场制度不完善，消费者因缺乏了解需求量不足，需要投入大量广告，并且进入该行业的风险无法预知，因此存在着企业融资难等问题
成长期	S 曲线上升、凹向时间轴，即产业产值不断增加，增长率为正但越来越低	一方面技术、人才、资金、市场制度都步入正轨，开始进行规模化生产，上下游产业群形成并且规模效应形成，生产成本降低，利润增长较快；另一方面产业利润形成，越来越多的企业进入行业，市场中总产值增多，平均利润开始下降
成熟期	S 曲线下降、凹向时间轴，即产业产值增加但增长率呈下降趋势	一方面技术水平、产业市场制度以及产业组织基本成熟，因此总产值下降，企业进入数量明显减少；另一方面市场趋于饱和，销量相对稳定，这时候企业的竞争更加激烈，应该通过创新扭转局面
衰退期（调整期）	S 曲线有两种变化趋势：一是下降、凸向时间轴，即产值下降且增长率下降甚至为负；二是曲线上升、凹向时间轴，即产值增加、增长率逐渐增大的正增长	产业在经历了成熟期后，随着技术的不断进步，价格低质量高的新兴替代品不断出现，消费者的需求结构和消费偏好也发生巨大的变化，因此产品大量滞销，同时行业内部也出现了生产过剩、利润下降、恶性竞争等，如果这个时候企业不进行改革和创新产业就会进入衰退期，退出市场；但是如果企业积极进行技术的创新和引进，开发符合市场需求的新产品，那么，产业就会进入调整期，以技术更新换代为信号，开始新一轮的生命周期

根据产业生命周期理论以及产业发展在各阶段表现出来的特点可知，在不同

的产业发展阶段，技术、人才、资金、企业制度、市场制度等要素都表现出不同的特点以及具体要求，而且在产业发展过程中包括技术创新、制度创新、营销手段创新在内的创新，对于企业发展以及利润增长都发挥着重要的作用。因此，为了推动产业顺利发展就要采取措施有针对性地进行要素投入、市场制度完善、技术创新以及相应的政策支持。

3.2　战略性新兴产业发展阶段识别

战略性新兴产业以重大技术突破和发展需求为基础，代表着未来科技和产业发展的方向，对经济社会具有全局带动和重大的引领作用。从技术经济范式转换的视角，分析战略性新兴产业演化生命周期及阶段性特征，考察技术和市场生态位在新兴产业发展不同时期的作用，探究有利于战略性新兴产业市场生态位培育的机制，对后发大国战略性新兴产业发展具有重要的战略意义。

3.2.1　范式转换与战略性新兴产业的演化过程

库恩（Kuhn，1962）最早提出了"范式"的概念，认为"范式是指那些公认的科学成就，在一段时间里为实践共同体提供典型的问题和解答"。多西（Dosi，1982）将"范式"引入技术创新的研究中，对技术范式进行了界定，即"解决所选择技术经济问题的一种模式，而这些解决问题的办法立足于自然科学的原理"，开创性地将技术范式与技术的经济功能联系起来，肯定了技术范式在经济发展中的重要作用。弗里曼和佩雷斯（Freeman & Perez，1986）深化了多西的思想，根据对经济发展的影响程度，把技术创新分为增量创新、基本创新、新技术体系的变革和技术经济模式的变革四种类型，技术经济范式转换属于最后一种类型。与其他三种模式相比，它导致了一系列的产品创新、工艺创新、组织创新和管理创新，给大部分经济个体带来生产率的显著跃升，创造了非同寻常的投资和盈利机会。

技术经济范式的转换来源于技术变革，也与市场需求密切相关。一方面，新的技术范式出现有赖于科技产业革命，历史上的蒸汽、电气和电子三次技术革命分别把人类带入蒸汽时代、电气时代和信息时代，在特定时期都极大地改变了生产、生活和经济发展方式；另一方面，在传统技术主导的情况下，新的技术范式想要在激烈的市场竞争中生存发展，必须满足消费者需求，获得消费者的认知和认可，逐步占据一定的市场份额，进而成为企业生产遵循的模式。从这个意义上讲，最终成为技术范式的新技术是一个基于技术革新和市场需要的统一体，不仅要在技术的某些维度上优于传统技术，还要改变消费者偏好和购买使用的路径依赖。

由于战略性新兴产业和传统产业分别代表着新旧技术经济范式，因此，按照技术经济范式转换的框架，依据技术演变，可以将新兴产业的发展分为引入期、成长期和成熟期三个阶段。在引入期，旧技术仍然是市场的主导，但已经无法适应技术变革和经济长期发展的需要，此时新的技术经济范式开始导入，突破式激进创新频繁，限于消费者认知的渐进过程，新兴产业的市场份额与利润水平较低，新兴产品只是比较适合市场中某些特定领域的需要，为了探求新的市场空间，企业以试验方式估计新技术的市场反应，从而出现不同技术结构的产品。在成长期，旧技术的潜力达到极限，经济主体逐渐意识到新技术经济范式的优势，新兴产业的关键技术有所突破，适应市场需要的技术结构即主导设计开始出现，使得紊乱的市场竞争有了稳定的技术结构标准，制造商将注意力转移到提高产品生产效率和增量性创新上，差异化的产品和日趋合理的价格使消费者开始接受新产品，新兴产业也赢得了更大的市场份额。进入成熟期，新的技术经济范式被社会普遍认可，新兴产业的市场逐渐饱和，基本完成了对传统产业的替代，成为市场主导力量，但在顾客需求不断提高的情况下，新技术范式的缺陷也会暴露，技术经济效益开始下降，激烈的产业技术竞争激励部分厂商寻找新的能够满足顾客多种需要的技术范式。

3.2.2 发达国家新能源汽车产业的演化路径

新能源汽车是指采用非常规车用燃料作为动力来源，或者使用常规车用燃料但采用新型车载动力装置、综合动力控制和驱动方面的先进技术，形成具有新技术和新结构的汽车。与传统燃油车相比，新能源汽车应用了更为先进的技术工作原理，能够有效缓解环境污染和能源短缺的问题，代表着新的技术经济范式。基于新旧技术经济范式转换的角度，大国新能源汽车的发展大致经历了范式导入准备期（引入期）、范式导入期（成长期）和范式构建前期（调整期）三个阶段。

3.2.2.1 引入期（2006 年之前）

当战略性新兴产业处于范式导入准备期时，由于缺乏关键核心技术，此时面临两个问题：一是技术选择，新技术具有很高的不确定性，在什么方向突破，谁先突破，事关新兴产业未来发展的主动权；二是技术实现，在明确技术主攻方向之后，要重点形成主导设计和标准，只有形成了主导设计，产业链实现整合，才能规模化生产并参与到市场竞争中。从技术的生态空间角度来看，每一种技术形态都应以其存在的特质在技术圈中拥有生态位。传统产业的旧技术相对成熟，被多数企业所使用，在技术生态空间中占据主导。对于新兴技术而言，暂时无法与传统技术相抗衡，生态空间非常狭小，在一个完全不明朗的市场环境下，如果将新技术置身于开放的市场中，可能尚未成熟就已经退出竞争，技术生态位此时则为新生技术的孕育和形成扮演着"最原始市场"的角色，在这个受保护的空间内，所有的技术发明只要不进入主流市场，都可以大胆地尝试并得到发展，直到新技术相对成熟，新产品的市场供求关系明朗为止。

自 20 世纪 90 年代开始，发达大国开始积极从事新能源汽车的研发工作，欧洲、美国和日本等发达国家主要是以替代燃料为主，如欧盟把重心放在生物燃料与氢燃料上，美国大力提倡发展生物质燃料替代燃油，日本也以氢动力投入为主。中国则处于摸索和定义阶段，2001 年新能源汽车研究项目被列入国家"十五"期间的"863"重大科技课题，并规划了以汽油车为起点，向氢动力车目标挺进的战略。在范式导入准备期，新能源车的技术路线尚未明确，一系列技术瓶颈有待突破，产业化进程十分缓慢。

3.2.2.2 成长期（2007～2011 年）

当战略性新兴产业处于范式导入期时，技术变迁不是盲目的，而是指向某个特定范围的。技术创新主体不仅会预测战略性新兴产业未来的技术选择，也能够通过特殊程序建立技术的自我选择过程。新技术虽然代表未来产业发展的方向，但由于尚未被公众所认识和接受，所以不能从开始形成就与传统产业的主流技术正面竞争，需要在技术生态位所创造的特定保护空间内，不断得到改良和优化，直到性能趋于稳定，才能逐渐显现出一定的产业化前景和商业价值。在战略性新兴产业持续创新和政府有效引导的条件下，消费者对新产品的认知得以提升，新技术会逐渐在传统市场上找到对新产品有需求的消费者和适宜的生存空间，迈出市场化的第一步并步入范式构建期。

在这一时期，随着石油资源紧缺、石油价格上涨和全球金融危机爆发，新能源汽车成为美国、德国、日本等发达大国政府产业发展战略布局的重点。在经过不同技术发展路线选择之后，主要发达国家都将电动车作为新能源汽车发展的方向，产品类型主要包括混合动力汽车、纯电动汽车、燃料电池电动汽车和氢发动机汽车等。在该阶段，各发达大国都继续加大研发投入，突破式技术创新十分频繁，部分国家形成了一定的市场规模。截至 2009 年底，全球混合动力汽车使用已经超过 200 万辆，主要分布在美国和日本，且基本实现了商业化发展。自 2008 年起，中国新能源汽车也开始呈现良好的发展势头，尤其在 2010 年国家实施"十城千辆"节能与新能源汽车示范推广试点城市的政策背景下，新能源商用车领域的增长潜力开始释放，但新能源车在整个国内汽车市场中的比重依然微乎其微。

3.2.2.3 调整期（2012 年至今）

当战略性新兴产业进入范式构建期，新技术产品逐步融入市场。由于消费者对新产品的认同度低，新兴市场的培育形成需要较长时间，该时期的重点在于将新技术推广到市场生态位。然而，创新技术在进入没有特定保护措施的市场时，往往会遇到技术与需求连接障碍、消费者认知障碍、基础设施障碍、制度性障碍等。因此，即便战略性新兴产业在技术层面已经显现出一定的优势，但要想在市场中与传统产业竞争，避免新技术夭折于新技术经济范式的构建期，需要通过企业、政府、中介服务等机构的全方位支撑，提高消费者的购买意愿，引导社会偏好和需求，从而搭建起市场平台。

在这一时期，发达大国进一步加大关键技术的研发投入，电池、电机和电控技术有所完善，车速、续航里程和充电速度等性能有了一定提升。主导设计开始显现，形成了短期内以混合动力汽车为主、燃料电池车等新能源汽车为辅，在纯电动汽车技术成熟的基础上，纯电动汽车逐步替代混合动力及燃料电池汽车的发展方向。然而，由于采购和使用成本均要明显高于以汽油或柴油为燃料的传统汽车，加上续航能力仍然受到电池技术和配套设施建设的制约，美国、日本等发达国家的市场规模增长速度放缓，消费者对新能源汽车的接受程度有限。来自中汽协公布的数据显示，2012 年和 2013 年，中国新能源汽车分别只销售了 12791 辆和 17642 辆，不足汽车总销量的 0.2%，与《节能与新能源汽车产业发展规划（2012~2020 年）》提出的 2015 年累计实现 50 万辆的产销目标差距明显。

总体来看，经过 20 多年的发展，新能源汽车行业由最初的引入，到新技术经济范式导入，再到目前的范式构建前期。在每个时期，技术、资金、人才、市场、创新等要素都是决定产业演进的关键要素，也是战略性新兴产业能够在市场竞争中得以生存，并且不断发展壮大，进而完成新旧技术经济范式转换必不可少的条件。而战略性新兴产业是具有国家战略意义的产业，因此，战略性新兴产业的发展需要国家政策的大力支持，以促进各要素协同发展、协同创新的顺利进行，实现产业的发展壮大，为后发国家赶超发达国家奠定基础。

3.2.3 战略性新兴产业演化过程及政策着力点

根据产业生命周期理论和技术范式转换可知，具有国家战略意义和未来产业引导意义的战略性新兴产业在产业发展的每个阶段，技术、人才、资金、市场、创新等要素都表现出不同的特点。基于上面对新能源汽车产业发展阶段的研究，本部分进一步对每一阶段要素特点以及政策需求进行进一步分析，为国家战略性新兴产业政策扶持提供思路。

3.2.3.1 战略性新兴产业演化过程

技术、人才、资金等要素投入是战略性新兴产业发展的基础，市场制度等要素是产业发展的前提与保障，因此，这些要素对战略性新兴产业发展具有不可或缺的重要作用，并且在战略性新兴产业发展的不同阶段，对要素的需求是不一样的，如图 3-2 所示。

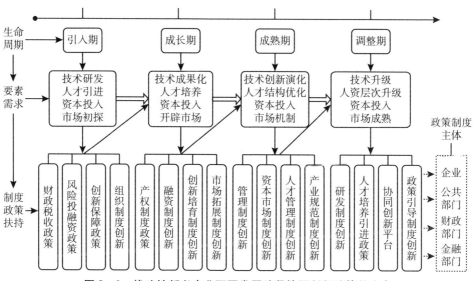

图 3-2 战略性新兴产业不同发展阶段协同创新政策着力点

（1）战略性新兴产业发展的引入期。科学新发现、新的市场需求，以及出于国家安全、军事方面的战略考虑都将引发新兴产业技术的出现或原有产业技术的融合，它们是促发战略性新兴产业形成的推动力。在产业引入期，充满创造性探索，但是促进战略性新兴产业发展的内生因素严重不足，技术的经济价值和市场价值不确定性明显，风险巨大，导致企业、科研机构等技术研发主体所能投入或获取的研发启动资金远小于预期增长率所需的资金水平，现有企业是否转入该产业领域，是否有新企业创建等都处于不确定状态。战略性新兴产业引入期，技术的经济价值和市场价值不确定性明显，企业及其他市场主体对投资研发十分谨慎。在这一时期，虽然战略性新兴产业发展是未来经济发展总趋势，但是由于正处于产业萌芽时期，市场容量较小且不成熟。基于以上情况，战略性新兴产业的健康发展就需要政府这只"看得见的手"发挥主要作用，对企业、金融、公共部门等组织制度创新、风险投资制度创新、保障制度创新提出了新的要求。

推进战略性新兴产业的发展需要大量的资金进行技术研发、人才引进、市场调研等，政府应制定相应推动战略性新兴产业发展的财税制度，出台相应的财税政策。促进战略性新兴产业发展的财税政策主要包括加大财政补贴与完善税收政策。一方面，在引入期，战略性新兴产业面临的最大制约因素是资金短缺与较大的经营风险。因此，应加强对战略性新兴产业、企业、产品的财政补贴力度，同时要根据战略性新兴产业的不同发展阶段与行业特点，设置各种各样有针对性的财政政策支持方式，加强基础公共技术平台的建设，促进基础理论和知识技术的研究。另一方面，应该制定较合理的税收政策，政府应该根据战略性新兴产业发展的具体特点制定相应的税收优惠政策，如对战略性新兴企业发展初期提供税收减免等。除了政府的财政支持，战略性新兴产业企业内部应该创新组织制度，建立扁平化、网格化的组织架构，不断提高研发人员的工作效率、缩短技术研发周期，为战略性新兴产业发展提供基本的技术支持。企业资金的来源不仅有政府财政，金融部门也是企业资金重要的来源渠道，因此，金融部门应该引导风险资本进入初创企业，完善投资进退机制，为企业提供前期发展资金。公共部门应该加大研发投入，完善税收减免制度和政策，打造优质政务环境，加大基础研究投入，培养拔尖科研人才等措施以保障技术研发的高效率进行。其次，政府要出台相关政策，改革战略性新兴产业企业市场准入体制，降低新企业进入门槛，鼓励引导中小型企业、外企等进入战略性新兴产业，极大地发挥市场资源分配的作用。因此，要基于战略性新兴产业发展引入期发展的特点，制定相应制度与政策促进战略性新兴产业各要素、各部门协同创新，获得创新成果引导战略性新兴产业度过引入期顺利进入成长期。例如，美国联邦政府 2005 年的研发预算较 2004 年增加了 3.6%，主要投向了生命科学与生物技术相关需要产业化的领域。冷战后斯坦福大学和麻省理工学院的科研人员在雷达、固态电子学和计算机方面的开拓性研究，促使技术和供货商在当地集中，导致加利福尼亚北部和马萨诸塞州东部成为美国发展信息产业的先驱。因此，在战略性新兴产业引入期，政府各部门和企业要注意改革相关制度、制定相关政策，促进技术研发、人才引进、资本投入以及新市场的开拓。

（2）战略性新兴产业发展的成长期。这一阶段是战略性新兴产业技术成果化的重要阶段，引入期存在的技术不确定性和市场风险有所下降，因此，战略性新兴产业知识密集、人才密集、技术密集和资金密集等特点导致两类企业数量增加。一类是资金实力雄厚的大型企业，通过技术转让、并购等方式迅速进入新兴产业领域；另一类则是高科技中小企业，如有充足资金保障，可凭借其自身技术优势迅速占领市场。但是，一方面，该阶段对资金的需求进一步加大，许多有市场前景的成果往往因资金不足而夭折在实验室，无法进入产业化；另一方面，产业化过程中存在的技术可操作性、稳定性和市场性均存在。因此，该阶段产业主体对产业发展环境，尤其是投融资环境、技术中介服务环境的要求逐渐提高，促进企业、金融、公共部门通过产权制度创新、融资制度创新和培育制度创新来实现技术创新成果产业化。

成长阶段是战略性新兴产业快速发展阶段，中小企业迅速成长，但是中小企业规模较小，信誉度较低，风险抵御能力较弱，较难得到银行的贷款支持，风险投资多关注已较为成型的应用型研究成果。因此，中小企业存在较大融资困难，需政府协调企业与金融机构的关系，甚至为企业提供担保，吸引风险投资。同时，政府可采用间接财政手段，如通过税收优惠、补贴等形式影响企业研发、生产新产品的成本和收益。金融部门需要引导银行体系调整投资方向，创新信贷管理办法，为中小企业信贷融资提供更多的方便。在市场开拓方面，政府可采用自主创新产品首购机制直接对新兴产业实施扶持。再者，企业内部应该提高产权保护意识，完善人力资本产权激励和员工持股制度，促使生产人员参与成果产业化劳动。公共部门可采取完善知识产权保护的法律体系，建设技术成果孵化器，推进"官产学研联盟"成果转化合作机制，开展职业教育，提供专业技术人才等培育措施，加快技术成果产业化，促使战略性新兴产业顺利进入成熟期。例如，二战后，美国硅谷和 128 公路地区的创业企业都或多或少地获得过国防和联邦政府军品订单的支持。瑞森公司以其同国家签订的大量国防合同而一举成为当时全球、全州最大的雇主,在 128 公路地区创建了 150 个新兴企业。直到 20 世纪 70 年代两地才开始逐渐摆脱对军费的依赖,实现自我维持。在战略性新兴产业成长期,企业、大学、科研机构之间的合作网络尚未完善,在成果转化、技术转让、合作研发等方面需要政府介入协调。日本在 20 世纪 70 年代以后,通过国家创新体系建设,协调政府、企业、研究机构的行为和资源,政府积极与产业界研发人员、大学科技专家进行对话,引导企业执行政府的产业政策。创新主体的有机配合一方面能为新兴产业发展提供合格人才,尤其是知识员工;另一方面能加速技术成果产业化进程,刺激更多新企业产生,扩大新兴产业整体规模;更重要的是,能最大限度地提高产业整体创新能力,为新兴产业发展提供持久动力。因此,政府主要通过间接财政支持、建立政府首购机制等手段推进产业发展。

(3)战略性新兴产业发展的成熟期。当战略性新兴产业发展日趋成熟时,战略性新兴产业发展初期的创新活动以相对低的创新成本以及强"先发优势"为特征,企业对"搭便车"和"伺机而动策略"不是很敏感,降低了专利保护,技术风险、市场风险基本消除,战略性新兴产业发展进行到市场竞争阶段。但是企业为了扩大市场份额,仍需要大量的资金、高水平的企业管理人才。因此,要求企业、金融和公共部门要从管理制度、资本市场制度和产业规范制度方面着手,采取相应措施保障战略性新兴产业的持续发展。

对于企业来说,应该加强应用管理,加大生产投入,形成规模经济,同时降低生产成本,注重工艺创新,重视管理人才培养和引进,维持竞争优势。对于金融部门来说,需要积极支持符合条件的企业上市,扩大资本市场服务战略性新兴产业的覆盖面,完善股权债权融资制度,拓宽企业融资渠道。公共部门要注意产业规划和政策引导,优化产业布局,规范市场秩序,避免产能过剩和恶性竞争。例如,发达大国的经验表明,对于那些由多种技术融合形成的新兴产业,宽松的专利体制有助于其初期的发展。产业发展进入到成熟阶段,对专利的高度保护可进一步激励新技术的发明和投资。1994 年以前,日本知识产权政策偏向保护相对宽松,为其通过"反求工程"快速掌握西方国家的先进技术提供可能。而进入 21 世纪后,因在基础领域的技术创新获得全球领先地位,日本转而采取高标准的知识产权保护和严厉的专利制度,以激励自主创新能力,保护本国企业在全球的利益。当战略性新兴产业发展到成熟阶段,在政府推动和协调下的技术及产业标准制定对一国或地区产业竞争力保持与提升有重要作用,而且该过程也进一步推进了企业间的合作,有利于产业联盟的形成。20 世纪 80 年代初,欧盟及各成员国政府积极支持和协调各成员国电信运营商和设备制造商之间的研发合作,大力推进 USM 系统标准，最终成功地使 USM 成为全欧洲的移动通信标准，并成为全世界第二代移动通信系统的主流标准。20 世纪末，美国的相关企业和研发机构在政府的统一组织下，以全数字化高清晰度电视系统为基础，共同合作设计出新的 ATSC 系统，并确定为美国数字电视技术标准，该标准不仅取代了日本对该技术 20 年的领先地位，而且迫使欧洲也放弃了该制式的研究计划。因此，在战略性新兴产业发展的成熟期，政府需通过知识产权保护、反垄断、标准设定等产业规制手段规范市场环境。

（4）战略性新兴产业发展的调整期。战略性新兴产业与传统产业不同，其"战略"意义还体现在它们对所在国或地区的其他相关配套产业有带动和调整作用，甚至影响该国或地区的经济发展。因此，区别于一般产业，战略性新兴产业生命周期是一个长期的产业结构优化升级过程。在成熟期后，不会很快转向衰退期，而是进入较长时间的调整期，在这一阶段战略性新兴产业内生增长要素表现出技术升级、人力资本层次升级、市场机制成熟等特点。因此，在调整期对资本和高素质人才的需求进一步增加，并对企业、金融和公共部门分别在研发制度创新、融资制度创新、政策引导制度创新等方面提出了转型升级要求。

在该阶段，战略性新兴产业对整个产业结构调整的带动作用日益凸显。一方面，通过高新技术的渗透融合改变传统产业生产特点、市场竞争状况以及价值创造过程，从而推动产业转型升级；另一方面，通过技术跨界融合，使新兴产业融入其他产业中，提升该产业的附加值，催生新的产业创新，带动整个经济的发展。在这一时期，随着战略性新兴产业的不断成熟，企业逐渐实现自我维持，政府直接投入对于产业发展的作用与私人部门相比不再具有优势。但这并不意味着政府角色"真空"，而仅仅是转变其"划桨者"角色为"掌舵者"。政府产业管理重点不再是简单地提供公共服务，而转为通过"穿针引线式"的工作来向公营、私营和志愿服务各类机构提供"催化剂"，使之行动起来解决区域内的问题，如协助企业整合产业资源，延伸产业链，结成企业间的学习型网络，促进新一轮的产业创新活动。

因此，在企业方面，技术升级意味着创新难度的增加，资金、人才投入的增加。企业应该进一步加大研发投入，增加对于研发人员、生产人员的教育培训支出，升级人力资本层次，避免在新一轮的生命周期中被淘汰。对于金融部门来说，通过前期金融创新经验的积累，建立多层次、多渠道的金融体系，为产业转型升级提供更多渠道的资金保障。公共部门出台新的产业政策和发展规划，扶持产业技术改造和升级，运用各种调控手段保障企业的退出和转型，引导战略性新兴产业升级。高新技术对传统产业的渗透融合要通过企业间的相互合作得以实现。不同产业间的跨界融合需要商务、财政、科技、工业等不同政府职能部门的协调，此时需要政府出面建立一些跨职能组织。例如，2000 年，英国政府为适应英国信息产业融合发展趋势，组建跨产业管制机构（OFCOM），将原来贸工部、文化媒体体育部下辖的 5 个职能机构归口到 OFCOM，统一监管商用电信业与广电业。有效解决了不同管制机构之间的协调难题，加快了政策融合，推动了英国新兴产业的发展。因此，在战略性新兴产业调整期，政府通过支持集群网络创建、扶持中介机构发展、建立跨职能组织等手段，发挥其他类型机构促进产业渗透融合和跨界融合的作用。

从新旧技术范式转换的视角将战略性新兴产业发展过程分为引入期、成长期、成熟期和调整期，通过对每一阶段战略性新兴产业发展特点的分析，可以看出，在不同的发展阶段，技术、资金、人才、市场、制度、政府政策都是影响战略性新兴产业发展的关键因素，而且在不同的发展阶段各要素发挥着不同的作用，因此，要促进战略性新兴产业协同创新就要充分考虑到这些要素的重要影响。

3.2.3.2 战略性新兴产业发展协同创新政着力点

通过对战略性新兴产业生命周期演化过程阶段性特点的分析可知，从微观角度来看，战略性新兴产业发展演化的过程其实也就是技术、人才、制度、市场需求等要素的协同创新的结果。需求增长提供了创新机遇，企业家发现了这种新机遇，积极开展技术创新，这就增加了新产业技术知识。基础研究发现了新知识、应用研究发明了新技术、工程师应用了新技术和开发了新产品，新兴产业技术知识通过技术创新满足了新需求。制度内生增长提供了技术增长的制度安排，制度创新需求强烈与否，制度创新快慢，应看现有制度对知识增长的适应性。如果制度适应性越来越差、效率越来越低、阻碍知识增长的情形越来越突出，制度创新就越来越迫切。知识生产率或技术创新是推动制度创新的最终力量。新需求体现了人的经济价值，因而新需求要求制度创新和新制度因素增长。成功制度创新或新制度因素的增长更能满足新需求增长的要求，激励发现新需求。可见，产业发展演化实际上就是需求、技术创新要素和制度政策等产业内生变量及其相互关系的增长机制，而在这一过程中创新发挥了重要的作用。

（1）技术创新要素演进。后发大国战略性新兴产业增长中的技术创新演进包括两个方面：一是产业知识技术的形成。后发大国经过传统资源投入式的增长，一些规模较大的企业具备了一定的知识和技术创新能力。从创新来源看，产业知识技术创新首先表现为产业内部单个企业的局部创新，这些企业往往是行业内的领先企业。战略性新兴产业中的领先企业一般集聚了较多的创新资源，本质特征是对产业内核心技术和产品的占有，创新驱动力来源于市场的高额回报预期。由于战略性新兴产业技术风险大、技术分工细，随着更多企业受到领先企业高回报的鼓舞，知识技术创新必然呈现出多个创新源的特征。从创新方式来看，产业知识技术的形成经历了由单一主体创新走向多主体创新、网络协同创新的过程；从创新内容来看，则表现为由产品工艺创新、产品功能创新走向核心产品和核心技术创新等阶段。二是产业知识技术的传播方式。在战略性新兴产业发展初期阶段，其创新主要由产业内领先企业完成，产业知识技术传播呈现线性特征，即由领先企业向其供应链前后端传播。随着创新主体的多元化发展，产业知识技术传播逐渐演变为单核心传播、多中心传播和网络传播。单核心传播是指以产业内单个领先企业为中心的知识技术传播体系，此时产业内尚未形成多家龙头企业竞争的局面。多中心传播是指在产业内相同或近似领域出现了多个核心企业（或研究单位），并形成以各核心企业（或研究单位）为中心的知识技术传播形态。随着技术分工的不断深化，以及产业内企业间合作范围和程度的不断加深，产业内的知识技术传播形式演化为网络传播。

（2）市场需求演进。后发大国战略性新兴产业市场需求从区域上可以分为国内市场需求和国际市场需求两种，其中国内市场需求又可分为：国家战略性需求、产业工业品需求和国内消费者需求。后发大国由于经济持续增长，国内居民收入水平不断提高，客观上形成了基于升级换代的国内潜在市场需求。另外，由于后发大国行政力相对强大，国家出于对经济安全、国防安全和经济可持续发展的战略考虑，形成了国家战略需求，它是公共需求的一部分，不同于刺激经济增长和充分考虑就业的普通公共需求。在公共需求和私人需求两类终端消费需求的拉动下，进一步引发了战略性新兴产业的工业品需求市场。由于后发大国有一定的产业基础，经济开放程度相对较高，这使得发达国家企业在构建全球产业价值链时，出于降低成本和控制风险的考虑，往往愿意与后发大国企业进行技术和产品的开发、生产与合作，从而形成基于全球价值链的国际市场需求。后发大国战略性新兴产业内生增长需求演化过程可描述为：第一，在战略性新兴产业发展初期阶段，产业面临的需求主要是国家战略需求和国际市场需求。原因在于：一方面，后发大国通过国家产业战略的制定和实施，促进战略性新兴产业发展；另一方面，传统的以资源投入为主的外向依附型经济发展模式，使得后发大国的战略性新兴产业发展仍然离不开全球分工体系。此阶段的市场需求演化动力来源于后发大国的战略性新兴产业政策和跨国公司的战略性新兴产业全球布局。第二,随着国内居民可支配收入水平的提高,战略性新兴产业国内市场需求规模不断扩大,发展成为激励企业进行产品和技术自主创新的主要驱动力,这一阶段的市场需求演化动力主要来源于国内消费偏好。第三,随着后发大国战略性新兴产业走向成熟,国家战略需求的重要性逐渐降低,国际市场需求也因为后发大国的产业技术进步而向价值链高端转移,国际市场需求成为战略性新兴产业发展的重要市场驱动力,后发大国战略性新兴产业最终占据国际分工体系中的有利地位。

(3)制度要素演进。作为战略性新兴产业内生增长的重要因素,新产业组织制度和企业组织制度有利于提高产业及产业内企业的产出效率,降低产业及产业内企业面临的各种风险。其中,产业组织制度包括产业组织结构制度、各类产业组织联盟、产业集群形成和运行制度等;企业组织制度则包括企业技术、市场、人力资源等管理制度。后发大国战略性新兴产业内生增长的组织制度演进路径可描述为:第一,在战略性新兴产业发展初期阶段,产业以单个企业的研发、生产和销售活动为主,率先进入战略性新兴产业内的领先企业拥有创新资源优势。在这一阶段,产业内的组织制度主要表现为领先进入战略性新兴产业的创新企业及其内部管理制度。第二,随着新进入企业数量的不断增加,一些领先企业开始形成以自我为中心的企业联盟,发挥各自技术所长,共同承担产品和技术研发风险,共享创新收益。在这一阶段,企业联盟成为迅速增长的产业组织形式,相比于前期单个企业的经营活动,企业联盟在战略性新兴产业发展中具有组织上的效率优势。相应地,促进企业联盟形成、维持企业联盟稳定、保障企业联盟高效运行的制度成为战略性新兴产业制度演化的主要内容。第三,随着战略性新兴产业研发、生产、销售等活动的深化,产业主要组织形式演进为产业集群。相比于前一阶段的企业联盟,产业集群表现为更大的产业创新生产网络和主体间更紧密的竞合关系,特别是科研院所、社会各类服务机构的加入。在这一阶段,创新资源在空间上不断集聚,产业分工与合作效率不断提高,其制度变迁表现为促进产业集群形成、保证产业集群高效运行、推动产业集群升级等相关制度的演进。在整个演化过程中,产业交易成本降低、产业技术风险和市场风险的有效控制成为产业组织演化的主要驱动力。

(4)政策驱动下各要素协同演进。知识、需求、政府制度既是构成产业发展演进的因子或要素,又是产业发展演进的子系统。在市场作用的调节下,各要素各自演进促进自身不断创新发展的同时，各要素之间又存在着协同演进的关系，共同促进产业的不同发展，提高产业整体创新能力和竞争能力。但是市场调节所不可避免的盲目性和滞后性以及战略性新兴产业的国家战略性、发展时所要面临的风险共同决定了后发大国战略性新兴产业发展，内部要素演进的过程中必须政府政策的引导与扶持，即各要素演进以及要素之间演进必须坚持走政策驱动下的协同演进之路。

3.3 战略性新兴产业集群化演化

3.3.1 战略性新兴产业集群发展的载体

创新集群的形成实际上是产业集群内部各行为主体互动并结网，置于一定区域社会、文化、制度、经济环境之中，营造良好的创新环境和建立健全创新网络，在全球经济价值链上表现为不断由低端向高度攀升的过程。经济、制度、资源、人口、科技和文化等多方面的因素相互作用促进了战略性新兴产业集群的形成及发展。科技因素和经济因素的影响是最为突出的。战略性新兴产业集群的实质是将某一区域内的科技资源同经济资源相融合，其形成的最可能的载体就是运行良好的高新技术产业园区。

近年来，以硅谷为代表的科技园区发展的集群化特征表现越来越突出，成为知识经济发展和创新的领头羊。早在 20 世纪 90 年代，硅谷就拥有 200 多家核心的创业型高新技术企业，支持型企业 4000 多家，其他服务型企业 3000 多家。而且，除了拥有大量生产服务商之外，硅谷还聚集了大量律师事务所、咨询公司、风险投资公司、公共关系公司等非生产性服务企业。硅谷内的各类企业通过校企合作、银企合作等合作活动，形成了"联动"的集体学习机制。自诞生以来，硅谷所经历的四次发展浪潮都是伴随着新技术革命的产生而实现的，随着硅谷从微电子技术创新到计算机软硬件以及网络技术创新的过渡，信息产业获得迅猛发展，进入了发展的成熟阶段，随后生物技术又开始发展起来。目前，硅谷已经成为世界上一流的生物技术产业中心。

自硅谷之后，科技园载体模式得到了非常大的发展，并取得了长足的进步，很多科技园已经成长为世界著名的创新产业集群，如英国的剑桥研究院、中国台湾的新竹科学工业园、印度的班加罗尔软件园等。我国在 20 世纪 80 年代后期建立了国家级高新区和经济技术开发区后，也涌现出像北京中关村、上海张江、武汉光谷等一些具有相当知名度的产业园区，这些园区基本上具备了战略性新兴产业集群发展的创新要素集聚、企业集聚、政策集聚等特征。

3.3.2　后发大国战略性新兴产业集群化发展的路径

目前，后发大国已初步具备了发展和壮大战略性新兴产业的必要条件，部分产业基础扎实、市场前景好的产业为战略性新兴产业的发展开辟了新的突破口，但在政策、技术、创新等方面还存在短板制约了战略性新兴产业的发展，且战略性新兴产业自身发展具有需要政府政策扶持的特点。因此，现阶段的首要任务是积极制定有效措施大力扶持战略性新兴产业的发展壮大，将战略性新兴产业集群化发展作为重中之重。

3.3.2.1　科学规划，统筹协调

战略性新兴产业的提档升级是一项长期而且复杂的系统工程，它不仅要求各国政府从全局的高度统筹规划和选择发展途径，而且还需要各个地方政府、各相关职能部门积极广泛而高效地配合。指导发展战略性新兴产业不能总停留在理论上，更应当接受实践的检验。面对后发大国社会与经济环境恶化、资源稀缺、经济发展不平衡等尖锐问题，积极发展战略性新兴产业将是一条有效的解决途径。但是在发展战略性新兴产业时要充分考虑各国各区域间经济、交通、资源、气候等各个方面的因素，要充分利用区域的优势，制定出适合本区域的发展规划，务求做到因地制宜，明确重点，产业选择适宜，大力培育新增长极，促进产业结构优化升级，推动区域相关产业提档升级，努力发挥关键领域的推动作用，推进经济社会又快又好发展。

3.3.2.2　分阶段制定助推战略性新兴产业发展的支持政策

后发国家不仅要善于吸收西方发达国家现成的先进经验，而且要鼓励优秀企业及研发部门独立自主地开展创新研发活动。因此，制定和实施相关鼓励战略性新兴产业发展的政策重点要注意以下两个方面：一是产业自身发展要求相关政策须保持持续性和长期性；二是各项政策的有效性、创新性及针对性在落实中得到贯彻。在传统产业发展的过程中，每个阶段能容纳的市场规模、企业总数、总体

利润、产品品种及产业对经济社会的发展贡献力有所不同。而战略性新兴产业的不同发展阶段，萌芽期首先需要建立健全适应相关产业发展的准入政策和行业标准，优化战略性新兴产业准入门槛和行政审批程序；其次要在资金上给予有关产业倾斜，提供强有力的融资、财税政策支持。对于发展相对稳定的战略性新兴产业政策须把稳定性放在首要进行考虑的位置，使产业平稳的走向成熟。当有关产业步入调整期时，要引导企业加大研发创新力度，研发更多样化、更符合不同消费方式需求的产品来延缓整个市场的萎缩速度。

3.3.2.3 依托国际合作撬动战略性新兴产业快速发展

后发国家快速发展战略性新兴产业，一方面要把自主创新能力建设提高到国家战略层面，研发具有自主知识产权，掌握相关核心技术的产品；另一方面，在国际合作中要进行开放式、全方位的合作，坚持引进、消化、吸收、再创新的方式，逐步提高自主创新能力。后发大国要借鉴吸收发达大国在产业实践、创新能力、技术研发上较为成熟的模式和方式方法，同时，还应顺势而上借助国际平台开展国家、科研机构、企业间的交流合作。前沿科技创新成果的转化是战略性新兴产业发展的基础，在相关产业中呈现出分工明确、共同投资、联合开发等发展模式，加强国家间的战略性新兴产业合作，努力寻求资本、市场和智力的全面合作是战略性新兴产业发展壮大的重要途径。

3.3.2.4 加速成果转化，扩大市场需求

战略性新兴产业的发展要依托市场在资源配置中的基础作用，重视市场需求。与此同时，在促进战略性新兴产业发展过程中也应全面激发出企业自身的活力和主观能动性。后发国家在战略性新兴产业发展过程中，要为企业的发展服好务，支持有发展潜力的企业做大做强，做专做精，开展企业与企业间的交流合作，形成产业联盟，兼顾发挥大、中、小企业的主观能动性。也要结合好产学研，形成理论成果向实践和市场快速转化的机制。要充分发挥政府、市场的共同作用，一方面政府要积极参与出台相关政策，规划相关蓝图，为产业的快速发展营造良好的环境；另一方面，要做到有所不为，不要越位，充分发挥市场在资源配置中的主导作用，保障资源的最优配置。

3.3.3 政策租金与战略性新兴产业集群演化

3.3.3.1 政策租金效应与战略性新兴产业集群演化

政策租金是指政府出于某种战略目的而实施的特定阶段的制度，让特殊群体获得制度性安排的额外收益。战略性新兴产业政策租金是指为了大力支持战略性新兴产业，培育新的经济增长点而制定、实施相应的制度政策安排。这些政府公共政策及其手段组合会作用于战略性新兴产业集群，使集群企业的初始租金进而最终使集群租金发生变化，由此形成政策租金。以公共政策影响着力点为划分标准，可以将公共政策分为以下三个方面：一是战略规划政策。制定加快产业发展的规划布局。二是资金投入政策。制定科技计划，激励关键技术、设备的研发，形成多种技术路径；利用资本市场，促进新兴产业相关的风险投资；利用金融市场，解决新兴产业从研发到产业化过程中的资金瓶颈问题。三是创新激励政策。加大财税激励，对重大研发项目给予财政补贴，降低研发的财务成本；创新平台建设，加强资源共享的平台建设；制定标准体系，加强知识产权保护，培养主导设计；加强市场管制，维护新兴产业发展过程中的市场竞争秩序。

战略性新兴产业集群形成与演化的动力机制分为内部动力机制和外部动力机制两种。推动集群演化的根本力量源自集群及其企业本身的集群租金构成的内部动力。外部动力主要来源于集群生存与发展的外部环境，政府政策推动、市场激励都属于外部动力机制的重要组成部分。内部动力机制和外部动力机制相辅相成共同作用，促使新兴产业集群的形成与演进。作为一种重要的外部影响力量，政府通过制定公共政策及其选择政策手段组合，作用于战略性新兴产业及其集群，对基于企业个体行为的租金与基于企业群体行为的租金产生增进作用，并最终影响集群内在租金数量与结构，从而形成政策租金效应，进而对新兴产业集群形成与演化产生重要影响。

3.3.3.2 战略性新兴产业演化路径：路径锁定与路径创造

在公共政策推动下，企业在新兴产业集群发展中的获利能力是因政策租金的支持而形成的，企业往往不具备自主发展能力。在集群演化的过程中会有两种路径走向：一是伴随政策租金的逐渐减少甚至恶化，不具备基于比较优势的自生能力的问题暴露无遗，企业获利能力日益衰弱，甚至消耗殆尽，集群发展路径锁定；二是不完备自生能力产生了变异，自生能力不断提升，实现路径创造，集群租金不断增加。后发大国在战略性新兴产业集群发展方面面临着升级困境：要素禀赋构成中高级要素的相对稀缺是一个重要原因。一方面，技术能力是技术创新得以实现的基础，技术能力影响着技术创新的方式、自主创新效率及其市场实现。但后发国家企业普遍规模偏小，创新能力较弱，因此，企业往往热衷于技术引进，轻视技术消化与创新能力的培养。另一方面，国际创新者通过技术封锁和知识产权垄断着核心技术。在新兴产业发展方面，如果满足于技术引进，而不是掌握核心技术和自主知识产权，往往只能围绕发达国家的创新产品形成较大的生产规模，获取制造、加工环节的微薄收益，并形成对国外的技术依赖。

新兴产业集群发展政策等事件影响下的演化路径一旦形成，会在路径依赖的作用下很长时间内难以改变。沉没成本、学习效应、协调成本是其重要的影响因素。如果重视的是战略性新兴产业集群及其企业规模扩张，忽视基于自主创新的核心技术获取，就会重走依赖于发达国家的旧路。新兴产业集群发展就会呈"引进技术—扩张规模—整体落后"的路径锁定。在这样的演化路径中，国内产业不具有自主创新与掌控市场方向的内生能力，只能是"悲惨"的依附性增长。我国风电、光伏、新能源汽车等产业集群的发展就遭遇这样的问题。因此，后发大国战略性新兴产业发展要打破路径锁定，必须实施集群创新。路径创新是集群及其主体能力积累和转型升级的动态过程，是突破原有能力边界的约束，依靠创新使新兴产业形成自生能力的动态过程。

实际上，路径创造不仅仅是技术创新，而是技术和产业两方面集群创新综合作用的结果。集群是通过综合创新推进资源要素积累、高效运转而实现集群整体功能性上的提升。战略性新兴产业集群企业通过动态的要素积累，在形成自身比较优势的基础上，不断吸纳、组合和创造新知识，形成具有自主知识产权的核心技术；积极创新生产技术组织方式，开发新市场，推进创新成果的产业化发展，形成优势产业，进而在技术和产业两方面实现对发达国家的赶超。

发挥政策租金效应，建立动态比较优势，进而形成路径创造的目标，要处理好以下关系：一是在公共政策制定、实施与调整方面，不仅要注重发挥战略性新兴产业政策租金增进所形成的动力作用，也要重视租金消散所产生的阻力，采取措施减轻、消除租金消散及其阻力影响；二是在公共政策作用着力点上，既要注重基于政策激励的战略性新兴产业推进速度与规模扩张，也要重视产业升级能力与国际竞争力的培养与提升；三是在集群发展过程管理方面，既要认清、发挥初始要素的作用，更要重视积极培养基于集群组织高级化的动态比较优势，避免可能出现的路径锁定；四是在集群扩展过程方面，既要重视扩展机制的作用，更要强化提升机制，建立起新的产业优势，推进路径创造；五是在推进模式方面，除了要重视公共政策租金的推动外，还必须充分发挥市场激励的作用，因为从新兴产业集群发展租金形成的外部因素来看，并不是由公共政策单方面决定的，而是公共政策激励和市场竞争激励共同影响集群企业发展与收益分配，并通过集群租金影响集群演化的方向。

3.4 后发大国战略性新兴产业集群化发展的演化过程

3.4.1 萌芽期

在整个区域经济发展的过程中，当区域内有若干个具有龙头带动作用的新兴产业出现时，产业集群的基核，也就是凝聚源就形成了，这标志着产业集群开始进入萌芽阶段。在这一萌芽时期，产业集群内的成员仅仅是由单一的企业主体构成，是一种由创新企业带头，其他企业围绕着创新企业提供一些配套设施和服务的自发性企业群落。此时，集群内还没有政府、科研单位、高等院校和专业的中介机构等，整个集群的网络还只是一条较为简单的产业链，还没有形成与之相对应的知识链和价值链。处于萌芽阶段的新兴产业集群，其内部结构主要有三个比较明显的特征：（1）集群内部结构较为单一；（2）企业之间的合作关系，尤其是创新合作，表现还不明显；（3）出现了一个或一个以上的具有明显创新行为的企业。产业集群的外显功能也表现出三个显著的特点：（1）集群内龙头企业的创新辐射功能能够促使其他相关联的企业呈现集聚式发展；（2）模仿创新的出现，企业以模仿创新为主的活动逐渐频繁；（3）各企业间的竞争由降低成本转向增强创新力的竞争。

3.4.2 成长期

伴随着产业集群发展的进程，产业集群内部的创新活动日益频繁，相关联的企业不断衍生，大量企业开始涌入集群，其他组织如政府、专业中介、科研单位及高等院校加入产业集群的创新体系之中，并开始形成集群专属的创新文化，创新网络不再仅仅依靠产业链，更为重要的是依靠价值链和知识链。这时，产业集群就进入了成长期。处于成长期的产业集群内部结构具有三个显著的特征：（1）产业集群内相关联企业之间的合作创新行为不断涌现；（2）除了企业之外的其他主体参与到创新活动中来，产业创新网络雏形形成；（3）以创新为主题的产业集群文化体系初步形成。产业集群的外显功能也有三个明显的特点：（1）产业集群逐步开始促进所在区域经济的发展；（2）产业集群将企业成本大大降低，吸引越来越多企业加入；（3）产业集群有利于集群内部知识和技术的扩散及转移。

3.4.3 成熟期

产业集群规模达到最大，集群主体向多元化发展，创新网络逐步完善，产业链形成，各种创新文化和制度文化日趋成熟，集群的发展速度减缓但更加稳定时，产业集群就进入到成熟期。处于成熟期的产业集群一般来说，就是创新集群，其内部结构具有三个显著的特征：（1）创新集群内部自发形成了比较完善的创新网络；（2）创新集群内的主体多元化；（3）创新集群拥有了成熟的产业集群文化。同时，创新集群的外显功能也表现出了三个显著的特点：（1）创新集群的规模不断扩大，集聚经济开始产生；（2）创新集群开始推动产业结构的调整和升级；（3）创新集群促进了区域经济的发展，为区域及国家创新奠定了基础。

3.4.4 调整期

随着新兴产业集群的完善和成熟，集群发展的动力逐渐减退，而阻力却迅速上升，集群的发展开始失去活力，原有的竞争优势也不再明显，内部的网络体系逐渐分散，此时，新兴产业集群进入了调整期。调整期的集群内部具有三个显著的特征：（1）新兴产业集群内部的核心产业竞争优势地位丧失；（2）创新网络骨架逐渐迈入松散；（3）产业集群文化所固有的根植性限制了集群的开放。创新集群的外显功能表现出了两个显著的特点：（1）新兴产业由集群内部发展产生的拥挤效应会减弱整个集群的竞争力；（2）集群整体也会导致区域经济的衰退。如果打破了现有的内部结构和既定的行为准则，增加开放性和包容性，再加上政府的政策支持和引导，集群也会实现自身的创新，向着更高层次的创新集群发展。

3.5 本 章 小 结

　　本章以新能源汽车产业为例，从技术经济范式转换的视角，将新能源汽车产业发展过程总结归纳为范式导入准备期（引入期）、范式导入期（成长期）和范式构建前期（调整期）三个阶段，分析技术、市场、政策等关键要素在产业演进过程中的积极作用。并在此基础上，将后发大国战略性新兴产业发展进一步划分为引入期、成长期、成熟期和调整期四个阶段，分析技术、资本、人才和市场等内生增长要素在战略性新兴产业发展不同阶段的作用机制，探究战略性新兴产业发展不同阶段的政策着力点。

第4章　后发大国战略性新兴产业协同创新的政策驱动机制

根据内生经济增长理论可知，技术、资源、市场等要素是经济增长的内生决定性因素，对于产业发展、经济发展具有长远作用。通过上一章有关战略性新兴产业演进机理的分析，发现战略性新兴产业发展演进实际上是创新活动中各内生要素的积累与演化过程。因此，本章从内生要素的角度出发，在研究战略性新兴产业创新发展过程中各要素之间的关系与机制的基础上，进一步分析战略性新兴产业协同创新的内在政策驱动机制，以期为下文的研究奠定基础。

4.1　战略性新兴产业发展的内生要素及政策作用机制

发达国家的新兴产业大都是最具创新竞争优势的产业，提出发展新兴产业只是顺应经济发展、技术创新和科学研究发展战略性趋势的自然行动。与发达国家不同的是，后发大国战略性新兴产业的启动源于政府推动，主要依靠资源、劳动和资本等外生因素，依靠资源要素禀赋驱动，而资源要素投入这种外生增长型战略性新兴产业发展必然会出现重投资、重生产、高污染、高耗能、重复建设等粗放式增长现象，导致其在全球分工中处于价值链低端，难以改变在世界产业格局中的竞争劣势地位。因此，研究后发国家战略性新兴产业发展，重点应关注其内生增长模式，强调产业内生增长条件和基础的形成与巩固，强调产业内生增长要素的积累，否则基于要素投入模式的后发大国战略性新兴产业发展依旧难以摆脱粗放、不可持续的产业发展路径。

内生增长理论认为，经济持续发展应坚持走内生增长的道路，要充分发挥内生要素在产业、经济发展中的重要作用。因此，已有越来越多的学者认识到，知识技术、市场需求、组织制度应是受到更多关注的内生变量。并且战略性新兴产业的性质与特征表明，包括技术、资本和人才等在内的技术创新要素、市场需求、制度创新等是战略性新兴产业发展的重要因素。

4.1.1 战略性新兴产业发展的内生要素

4.1.1.1 技术创新要素

（1）技术要素。从产业发展史来看，科技在产业革命中发挥着核心推动力的作用。每一次新时代的到来总是以科学技术的重大突破为代表。正如罗新阳（2012）指出，随着经济发展方式的转变，战略性新兴产业的发展离不开技术人才的支撑，技术创新型人才对战略性新兴产业的培育发展具有决定性作用，战略性新兴产业相比传统产业更需要科技创新力的推动，科技是战略性新兴产业发展的核心影响因素。贺正楚（2013）在研究中提出，考察战略性新兴产业的产业选择问题应该从技术先进性、产业带动性、产业生态性三方面进行，高技术性是战略性新兴产业首要特性。信息、技术、创新、人才等是影响区域经济发展的显著性因素，而技术创新水平在战略性新兴产业形成和发展中占据关键地位。后金融危机时代，随着经济和社会发展情况的变化，战略性新兴产业对技术创新的应用需求、发展模式提出了全新的挑战。以技术创新为核心的创新能力的提高对战略性新兴产业的区位选择、发展模式、政府政策等都提出了全新的要求。

（2）资本要素。战略性新兴产业是未来产业发展的指向标，在资本需求方面具有一定的特殊性，主要表现为高投入、高风险和高收益的特征。首先，战略性新兴产业发展需要投入大量资金进行技术研发，技术成果转化、市场拓展、高端人才的培养和引进都需要大量的资金支持。其次，战略性新兴产业在技术创新、市场需求、产业化运作以及管理等方面均存在着不确定性和高风险性。最后，战略性新兴产业是技术较为前沿的产业，其在国际价值链分工中处于附加值非常高的高端环节，因此，战略性新兴产业实现技术研发到产品转化所得到的收益和利润也十分可观。

（3）人才要素。在技术研发与创新的过程中，高技术人才发挥着非常关键的作用。罗新阳（2012）指出，与传统产业相比，战略性新兴产业发展更需要科技创新力的持续推进，而技术创新主要依赖于高技术人才自主创新能力的提升。战略性新兴产业的发展亟须培养和开发三大类人才：一是基础性研究人才。后发大国一般科技发展基础薄弱，基础性研究往往成为重大科技项目研究的桎梏，因此，要采取多样有效的措施和政策培养基础性研究人才，鼓励基础性研究。二是专业技术人才。新技术产业化是战略性新兴产业发展的关键，技术知识转化为科技成果是新技术产业化的基本前提，这些都需要汇聚大量专业技术人才的智慧予以支持。三是企业高级管理人才。技术人才是战略性新兴产业发展基础，企业运营是产业发展的微观主体，企业能否做大做强有赖于企业的优秀管理人才。

4.1.1.2 市场要素

市场需求引导生产活动，战略性新兴产业是随着市场需求的变化应运而生的，国内市场和国外市场需求对战略性新兴产业形成和发展都具有直接的影响。张亚峰（2013）建立了一个包括市场需求、区域产业基础、技术水平、经济效益、社会效益等方面在内的指标体系，指出战略性新兴产业形成和发展是一个非常复杂的演进过程。万钢（2010）指出市场前景、资源禀赋、产业布局是推动战略性新兴产业培育和发展不可或缺的重要因素。与战略性新兴产业相契合的市场方向就是实现技术与需求两者的结合，也是企业自主决策、主动迎合市场需求的表现。目前，后发大国非常重视战略性新兴产业在经济发展中的重要作用，并为其提供了非常宽松的政策环境和政策支持。更为重要的是，后发大国庞大的国内市场需求为战略性新兴产业的发展提供了广阔的市场空间。但是在产业发展的过程中市场不可避免地会出现失灵的现象，需要政府进行积极干预，通过制定相关政策合理地分配资源，弥补市场失灵所带来的资源错配等问题，提高产业竞争力，引导产业朝着经济利益、社会收益最大化方向发展。

4.1.1.3 制度政策要素

技术创新需要将技术和制度政策结合起来，技术和制度政策的共同演化是创新发展的关键，制度创新和政策支持也是战略性新兴产业发展的重要保证。尤其是在战略性新兴产业发展初期，国家政策就发挥着非常重要的导向与扶持作用。正如陈盛祥（2012）所言，制度创新能够最大限度激励和保障战略性新兴产业的发展，因此，必须加快制度改革创新，通过完善政府绩效评价体系、金融制度改革、创新科技发展等方式提升战略性新兴产业的核心竞争力。制度创新为技术创新提供了条件，降低了技术创新风险，完善了技术创新的环境。目前，后发大国战略性新兴产业已经形成经济规模和产业集聚效应，但还面临很多制约因素，需要政府创造良好的政策支持环境，保持政策的持续性、有效性以及连贯性，在产业发展不同阶段提供不同的政策倾斜。例如，在战略性新兴产业发展的高投入和高风险期，应重点给予有力的财税、金融政策优惠，同时完善市场准入制度、行业标准及简化审批手续等；在发展相对稳定的成长期，在继续延续上一阶段的政策的同时，根据产业发展需要增加新的政策，推动战略性新兴产业不断成熟；在调整期，会发生大批企业退出市场的现象，此时政府应完善相应的退出机制，在保障退出市场企业基本利益的同时，生产更加多样化的产品进一步满足市场需求。具体而言，推动产业发展的制度政策主要包括企业制度以及金融部门、公共部门和财政部门等各部门提出的政策措施。

（1）企业制度。与传统产业相比，战略性新兴产业在其发展过程中的产权制度和组织制度尤为重要。战略性新兴产业新产品研发中，知识产权和人力资本是影响创新效率的重要因素。但后发大国产权制度，更多的是关注有形资产，而忽视了对创新成果的保护。企业内部也存在组织制度等级严格、决策迟缓等问题，严重阻碍了企业技术创新的步伐。

（2）金融部门政策。金融部门主要包括银行系统、资本市场和风险投资等，是后发大国战略性新兴产业发展的重要保障。银行系统主要为企业发展提供资金支持。但战略性新兴产业的高风险性与银行系统的稳健性经营理念相违背，因此难以为企业提供有效的支持。例如，中国新三板的正式运行，拓展了企业融资渠道，但是仍存在较多的交易规则与限制，停牌、复牌、终止上市等制度也有待进一步完善。虽然近些年风险投资机构数量猛增，但是发展环境、治理结构以及运作机制还有待进一步优化。

（3）公共部门政策。公共部门指的是与产业发展密切相关的产业部门，如国家开发委员会、工信部等，也包括创新环境建设部门，像科技部、教育部、知识产权局等。公共部门的宏观调控和政策引导可以为战略性新兴产业健康发展提供保障，也能很好地避免产能过剩和资源浪费等问题的产生。完善的战略性新兴产业法律法规体系、规范的知识产权保护、公共部门制度创新，可以为战略性新兴产业发展提供良好的发展环境。

（4）财税部门政策。战略性新兴产业发展需要大量的资金投入，而政府作为社会经济建设的坚强后盾，可以通过扩大财政支出、税收优惠、实施奖励等渠道加强资金支持。例如，对从事战略性新兴产业发展的企业实施优惠的财税政策，采取积极举措提高专业技术人员科技研发、人才培养、市场开发等方面工作的积极性，有利于战略性新兴产业的快速发展。

总而言之，后发大国由于产业基础薄弱、自主创新水平较低决定了战略性新兴产业要走内生发展之路。技术创新要素、市场需求和制度政策是后发大国战略性新兴产业发展的核心要素，其中，技术创新要素是基础，市场需求是动力，制度政策是保障，三者之间相互作用，相互影响，需要采用相关政策引导技术创新要素、市场以及制度等要素进行整合，推动其协同创新。

4.1.2 政策对内生要素的作用机制

战略性新兴产业发展离不开技术、人才、资金等要素投入和制度保障，政府可以发挥政策在引导技术创新、激励市场需求、促进制度变迁等方面的重要作用推动战略性新兴产业协同创新。

4.1.2.1 政策引导技术创新

技术创新政策旨在降低企业创新活动成本、提高创新活动效率，主要包括：政府研发资助、给予进行 R&D 活动的企业税收优惠、建立信息技术交换平台、支持教育培训与国际技术合作等方面。由于技术的不成熟，战略性新兴产业初期发展举步维艰，需要政策不断驱动技术创新。后发大国大多以大型技术发展计划和研发支持体系为基础，通过建立产业技术开发机制、研发支持、税收减免、关键技术研发补贴、技术研发资金低息贷款等方式支持并推动技术创新发展。一是国家通过财政支持和税收优惠支持战略性新兴产业技术创新与开发，包括实施技术研究计划、支持企业开展技术研发活动以及对技术研发提供贷款优惠等措施，鼓励企业开展多样化的技术创新并提高动态设计能力。二是加强知识交换和专业化人才的培养，建立企业外部技术支持系统，引导大学和科研机构开展面向应用的基础研究。鼓励建立产业联盟、产学研合作网络、企业论坛等，拓宽知识交换的渠道，以知识共享带动突破性技术创新，促进改进工艺的渐进性创新，解决行业面临的共性技术难题等。三是促进技术标准化体系的建立，加强国际合作。在技术创新进入标准化设计阶段，需要采取合理政策对技术体系进行规范管理。

4.1.2.2 政策激励市场需求

战略性新兴产业发展需要注重市场需求对新技术的推动作用，培育和保护国内市场，打破国外对后发大国的技术垄断和市场控制。发挥政策对市场发展的激励作用，就要根据产业发展的阶段性特点制定合理的政策：在产业发展初期，主要是在利基市场构建新技术合作网络的利基管理。在成长期，主要以促进新兴产业从利基市场过渡到主流市场、完善产业链为主，政府可以通过示范项目和政府采购等方式，扩大产品的国内市场空间，通过对使用新技术的用户采取税收减免等措施引导战略性新兴产业从利基市场向主流市场过渡。在成熟期，主要以国际市场开拓为主。通过实施拓展国际市场的财税信贷政策，在价格激励、税收优惠、财政补贴、信贷扶持、研发产业化等方面拓展战略性新兴产业的国际市场；通过持续扩大新技术的应用市场，引导战略性新兴产业过渡到主流市场；通过规范市场秩序、完善产业链和需求拉动政策，完善配套的产业链，进一步规范市场秩序；通过加强顶层设计，实施稳定、持续的战略规划，有目的、有方向地引导战略性新兴产业开拓国际市场。

4.1.2.3 政策促进制度变迁

战略性新兴产业的创新发展要求新技术范式下制度规则的建立。政策促进新技术主导的战略性新兴产业的制度体系，主要包括促进正式制度的政策和非正式制度的政策两大类。一方面，正式制度指的是规范市场环境、制定技术标准体系的制度，以及完善产业发展专利保护、人才培养等制度。通过政策引导产业制度、企业制度发展并不断顺应新兴产业发展的需要，引导技术联盟的形成与发展，建立适应本土市场的行业和国家标准，规范技术研发体系，鼓励企业通过技术创新实现发展。建立健全新兴产业的专利审查机制、完善专利数据库，为市场的扩张和产品的开发提供充分的互补性基础设施。另一方面，促进非正式制度改革的政策主要包括通过不断创新政策宣传、产业论坛和新闻发布等手段，引导社会认知的变化。例如，为了让消费者能够更好地了解太阳能产业，德国联邦环境部会定期组织经济界和科学界的专家举办太阳能光伏技术发展战略研讨会，扩大光伏产业的社会影响力。

政府政策对战略性新兴产业引导和扶持主要表现在对内生要素的作用上，因此，后发大国在战略性新兴产业发展的不同阶段，政策支持应有所不同。总的来说，要通过建立和推广新技术政策、培育市场政策、产业链政策、企业制度变革等方式，充分发挥政策在战略性新兴产业发展中的重要作用。

4.2 后发大国战略性新兴产业协同创新的现实分析

后发大国由于资源禀赋差异、技术水平较低、产业基础薄弱等问题，与发达大国相比，战略性新兴产业发展仍然处于起步阶段，存在诸多问题。

4.2.1 内生要素积累不足

对于发达国家而言,战略性新兴产业内生增长要素已完成了相应积累,且已在更高水平上形成了良性互动关系。而在后发大国,战略性新兴产业发展大都归功于这些国家的自然禀赋要素优势,并将其嵌于国际分工体系中。在全球化条件下,后发大国战略性新兴产业发展仍沿袭市场导向型模式,走以自然资源投入为主的粗放式增长道路,依旧难以改变其在国际分工中的不利地位。这主要归因于后发大国战略性新兴产业发展所需的科学知识、产业技术创新、市场需求、产业组织制度等内生增长要素积累不足。从知识与技术角度来看,后发大国尚缺乏核心技术知识和技术创新能力。以新能源汽车技术为例,发达国家掌握和控制了 90% 的核心技术及专利,后发大国科学研究投入不足、原始创新能力太低,难以提供战略性新兴产业发展所需的基础科学知识。从市场需求来看,后发大国战略性新兴产业发展不具备良好的国内消费市场需求,而发达国家的新兴市场需求已悄然形成。如全球金融危机的深化,促使美国、英国、德国都形成了对先进制造业的市场需求。从产业组织制度来看,后发大国产业组织制度仍处于学习发达国家工业化时期阶段,对于本国战略性新兴产业的兴起缺乏必要的组织制度准备。

4.2.2 内生要素集聚水平和层次低

后发大国受经济发展水平的影响,产业发展一般都存在高级创新要素严重缺乏、内生要素集聚水平偏低等问题。第一,发达国家是主要的高级要素集聚地,处于创新的源头和高端,后发大国则是一般性要素的转移性集聚地,且集聚水平较低。第二,发达大国产业发展一般是建立在大学、研究机构和企业联合开展基础性研究上,科学知识不断增长并内化为企业技术创新的源泉,技术创新进一步启动新的市场供给。而后发大国技术创新主要来自技术攻关,基础性研究薄弱,科学研究成果很少能成为技术创新的源泉,且自主创新和一次创新严重不足,产业发展一般以承接国际市场或发达国家的低端产品粗加工和组合加工为主,而本国国内市场需求仍处于培育阶段,内在市场对产业发展的刺激力严重不足。

4.2.3 内生要素间的协同度低

战略性新兴产业内生增长要素本身是一个小系统，产业知识与技术包括科研院所和企业的知识与技术研究，市场需求包括国际国内市场需求、中间品与最终消费品市场需求，产业组织制度包括企业内部组织制度、企业间组织制度、企业与产业内其他组织间的组织制度。各内生增长要素再构成层级更高的子系统，并且内嵌于更大的社会经济系统中。在由内生增长要素构成的子系统中，市场需求子系统为知识与技术子系统提供持续驱动力，知识与技术子系统为满足或激发新市场需求提供技术保障，产业组织制度为知识与技术创造、市场需求满足而降低成本、提高效率。发达国家战略性新兴产业发展大都拥有良好的产业知识与技术基础、规模可观的国内国际消费市场以及建立在国际分工基础上的以跨国公司为主体的相对完善的产业组织制度。同时，发达国家各内生增长要素之间已形成了良好的协同关系，由遍布全球的跨国公司组成的产业组织网络及其相应制度，为战略性新兴产业发展所需的市场需求、知识与技术创新提供了组织制度保障。跨国公司全球市场的形成，为战略性新兴产业知识与技术创新提供了源源不断的动力，产业组织制度创新降低了产业内的市场交易成本和知识与技术创新风险。而在后发大国，战略性新兴产业内生发展所需的产业知识与技术往往受限于基础科学研究缺乏或国外技术壁垒，国内消费市场尚未形成，在国际市场上又处于产业价值链低端，产业组织制度主要表现为在行业领先的企业内部组织制度，企业间的组织制度发展还很不完善。不仅各内生要素自身发展不足，要素之间的协同关系也非常脆弱。如知识与技术产业转化率低、消费市场需求不支持战略性新兴产业知识与技术发展、企业间的产业组织制度缺乏使产业知识与技术研发面临很大风险、战略性新兴产业市场交易成本高、产出效率低等。

4.2.4 内生增长要素需要累积演进

在发达国家，一般都是大学、研究机构和企业联合开展基础研究，能使科学知识不断增长并内化为企业技术创新的知识源泉，技术创新能够创造和开拓新的市场需求，并激活消费者的潜在需求，这种消费需求进而被企业发现并进行投资。政府采购激活了投资需求，培育了消费市场。因此，发达国家战略性新兴产业发展中的科学研究、技术创新、市场需求、组织制度等内生增长要素在时间上表现为先后继起的特征，在空间上并存，而后发大国的战略性新兴产业内生增长要素累积演进过程却截然不同。一是后发大国战略性新兴产业的技术知识增长并不来源于科学研究。后发大国的产学研结合在于选择性技术攻关，几乎很少开展基础研究，因而科学研究成果尚未成为技术创新的源泉。二是后发大国战略性新兴产业知识多源于引进、消化和吸收。三是后发大国战略性新兴产业市场依赖于国际市场或发达国家的市场需求。后发大国的国内市场需求处于培育期，缺乏内在的市场激励。四是后发大国战略性新兴产业组织制度体现了学习性特征。总体来看，后发大国战略性新兴产业内生增长要素累积循环首先是国家战略需求，其次是依赖国际市场需求，主要依靠二次创新积累知识，最后才溯及科学研究。

4.3 后发大国战略性新兴产业内生增长要素的协同演进

4.3.1 技术知识演进

后发大国战略性新兴产业增长中的知识技术演进包括两个方面：一是产业知识技术的形成。后发大国经过传统资源投入式的增长，一些规模较大的企业具备了一定的知识和技术创新能力。从创新来源看，产业知识技术创新首先表现为产业内部单个企业的局部创新，这些企业往往是行业内的领先企业。战略性新兴产业中的领先企业一般集聚了较多的创新资源，本质特征是对产业内核心技术和产品的占有，创新驱动力来源于市场的高额回报预期。由于战略性新兴产业技术风险大、技术分工细，随着更多企业受到领先企业高回报的鼓舞，知识技术创新必然呈现出多个创新源的特征。从创新方式来看，产业知识技术的形成经历了由单一主体创新走向多主体创新、网络协同创新的过程。从创新内容来看，则表现为由产品工艺创新、产品功能创新走向核心产品和核心技术创新等阶段。二是产业知识技术的传播方式。在战略性新兴产业发展初期阶段，其创新主要由产业内领先企业完成，产业知识技术传播呈现出线性特征，即由领先企业向其供应链前后端传播。随着创新主体的多元化发展，产业知识技术传播逐渐演变为单中心传播、多中心传播和网络传播。单中心传播是指以产业内单个领先企业为中心的知识技术传播体系，此时产业内尚未形成多家龙头企业竞争的局面。多中心传播是指在产业内相同或近似领域出现了多个核心企业（或研究单位），并形成以各核心企业（或研究单位）为中心的知识技术传播形态。随着技术分工的不断深化，以及产业内企业间合作范围和程度的不断加深，产业内的知识技术传播形式演化为网络传播。

4.3.2 市场需求演进

后发大国战略性新兴产业市场需求从区域上可以分为国内市场需求和国际市场需求两种，其中国内市场需求又可分为：国家战略性需求、产业工业品需求和国内消费者需求。后发大国由于经济持续增长，国内居民收入水平不断提高，客观上形成了基于升级换代的国内潜在市场私人需求。另外，由于后发大国行政力量相对强大，国家出于对经济安全、国防安全和经济可持续发展的战略考虑，形成了国家战略需求，它是公共需求的一部分，不同于刺激经济增长和充分考虑就业的普通公共需求。在公共需求和私人需求两类终端消费需求的拉动下，进一步引发了战略性新兴产业的工业品需求市场。由于后发大国有一定的产业基础，经济开放程度相对较高，这使得发达国家企业在构建全球产业价值链时，出于降低成本和控制风险的考虑，往往愿意与后发大国企业进行技术和产品的开发、生产与合作，从而形成基于全球价值链的国际市场需求。后发大国战略性新兴产业内生增长需求演化过程可描述为：第一，在战略性新兴产业发展初期阶段，产业面临的需求主要是国家战略需求和国际市场需求。原因在于：一方面，后发大国通过国家产业战略的制定和实施，促进战略性新兴产业发展；另一方面，传统的以资源投入为主的外向依附型经济发展模式，使得后发大国的战略性新兴产业发展仍然离不开全球分工体系。此阶段的市场需求演化动力来源于后发大国的战略性新兴产业政策和跨国公司的战略性新兴产业全球布局。第二，随着国内居民可支配收入水平的提高，战略性新兴产业国内市场需求规模不断扩大，发展成为激励企业进行产品和技术自主创新的主要驱动力，这一阶段的市场需求演化动力主要来源于国内消费偏好。第三，随着后发大国战略性新兴产业走向成熟，国家战略需求的重要性逐渐降低，国际市场需求也因为后发大国的产业技术进步而向价值链高端转移，国际市场需求成为战略性新兴产业发展的重要市场驱动力，后发大国战略性新兴产业最终占据国际分工体系中的有利地位。

4.3.3 组织制度演进

作为战略性新兴产业内生增长的重要因素，新产业组织制度和企业组织制度有利于提高产业及产业内企业的产出效率，降低产业及产业内企业面临的各种风险。其中，产业组织制度包括产业组织结构制度基础、各类产业组织联盟、产业集群形成和运行制度等；企业组织制度则包括企业技术、市场、人力资源等管理制度。后发大国战略性新兴产业内生增长的组织制度演进路径可描述为：第一，在战略性新兴产业发展初期阶段，产业以单个企业的研发、生产和销售活动为主，率先进入战略性新兴产业内的领先企业拥有创新资源优势。在这一阶段，产业内的组织制度主要表现为领先进入战略性新兴产业的创新企业及其内部管理制度。第二，随着新进入企业数量的不断增加，一些领先企业开始形成以自我为中心的企业联盟，发挥各自技术所长，共同承担产品和技术研发风险，共享创新收益。在这一阶段，企业联盟成为迅速增长的产业组织形式，相比于前期单个企业的经营活动，企业联盟在战略性新兴产业发展中具有组织上的效率优势。相应地，促进企业联盟形成、维持企业联盟稳定、保障企业联盟高效运行的制度成为战略性新兴产业制度演化的主要内容。第三，随着战略性新兴产业研发、生产、销售等活动的深化，产业主要组织形式演进为产业集群。相比于前一阶段的企业联盟，产业集群表现为更大的产业创新生产网络和主体间更紧密的竞合关系，特别是科研院所、社会各类服务机构的加入。在这一阶段，创新资源在空间上不断集聚，产业分工与合作效率不断提高，其制度变迁表现为促进产业集群形成、保证产业集群高效运行、推动产业集群升级等相关制度的演进。在整个演化过程中，产业交易成本降低、产业技术风险和市场风险的有效控制成为产业组织演化的主要驱动力。

4.3.4 各要素协同演进

后发大国战略性新兴产业内生增长中的各因子构成了一个有机系统，不但各因子内部存在自身的演进力量，各因子之间还存在着协同演进。在战略性新兴产业内生增长过程中，市场需求、产业知识和组织制度三者缺一不可。其中，市场需求既是战略性新兴产业发展的基础，又是战略性新兴产业发展的根本动力；产业知识是战略性新兴产业发展的前提，没有产业知识的支撑，战略性新兴产业进行核心技术和产品创新就无从实施；产业组织制度和企业组织制度则有利于提高战略性新兴产业生产效率，降低市场风险，是战略性新兴产业发展的制度保障。另外，战略性新兴产业并非"空中楼阁"，它需要一些产业作为支撑，这些支撑产业构成了战略性新兴产业发展的外部环境。作为重要外生环境的产业政策则分别影响战略性新兴产业的需求市场、要素市场、公共知识积累，以及战略性新兴产业技术、产品创新与生产，此外还有支撑战略性新兴产业发展的相关产业。后发大国战略性新兴产业内生增长各要素间的协同演进过程可描述为：第一，一些拥有创新资源优势的领先企业率先发现源自消费升级换代、价值链构造等国内、国际战略性新兴产业市场需求，并在这一需求激励下，从要素市场和由需求激励而形成的社会累积公共知识中获取知识和要素，支付相应费用，并依靠企业组织制度实现战略性新兴产业技术、产品创新、生产和销售，满足市场需求。第二，产业内的领先企业进一步延伸新需求，对技术和产品创新提出了更高要求，同时市场需求规模的扩大也吸引了更多企业入驻，竞争加剧使得各企业更加注重发展自身的技术和产品竞争优势，产业内的分工不断深化。为了降低技术和产品创新风险，企业联盟组织形式成为较好的选择，它比单个或少数几个企业能更有效地组织各种生产要素，通过技术和产品研发、生产、销售等合作来满足不断增长的市场需求。第三，随着战略性新兴产业的进一步发展，产业内各生产要素开始集聚，特别是流动性极强的人力资本和产业资本，战略性新兴产业集群逐步形成。新组织形式的产生是为了适应市场需求方对技术和产品的更高要求，作为功能更齐全、结构更复杂的产业组织形式，产业集群在产业内能够节约交易成本，控制研发和生产经营风险，提高产业投入—产出效率，比单个企业或企业联盟更具优势。

4.4 政策驱动下战略性新兴产业协同创新模型

4.4.1 战略性新兴产业协同创新动力

协同创新动力是指能够吸引战略性新兴产业产生突破性技术创新欲望，引导产业进行技术创新的影响因素和刺激条件。在战略性新兴产业协同创新的过程中，要素投入、市场需求、制度保障和政策支撑都是影响协同创新的重要动力因素，它们相互关联、彼此影响，共同促进战略性新兴产业协同创新。

4.4.1.1 技术创新推动力

科学技术更新换代的客观存在性，以及不以企业或行业意志为转移的特点，决定了技术创新推动力是创新活动中最重要的因素。20 世纪 60 年代以前，以技术创新推动力为主要代表的科技推动模式在理论界非常活跃。熊彼特最早提出了科技推动模式，他坚持认为科学技术进步促进了大型企业 R&D 实验室内部以及经济体系外部技术创新活动的发展。技术突破是创新活动得以开展和技术创新高潮得以形成的重要因素。突破性技术创新源于基础研究，由研究型大学、科研机构和大企业内部研发机构的科学家们最早在实验室中进行，通过不断地进行基础研究、应用研究，顺利实现突破性技术创新成果化，再利用技术创新成果创造市场需求，最后将创新成果应用于生产过程，实现商业化发展。该动力模式集中体现了基础研究的重要性，解释了基础技术的发展对技术创新的推动作用。这一推动模式也体现了技术、人才和资金等要素在产业创新发展中的重要作用。技术创新推动力模式具有较强的理论性及现实合理性和科学性，20 世纪晶体管的发明起源于实验室基础性研究，是电子技术领域革命性的成就，这一发明引发了信息革命并带领技术发展进入新纪元。

4.4.1.2 市场需求拉动力

市场是商品经济运行的载体和现实的表现，是企业之间以及企业与消费者之间各种关系的总和，是企业生存与发展的前提条件。产业技术创新的动力不仅来源于科技进步的推动，还来源于市场需求的拉动。继 20 世纪 60 年代技术创新推动力理论成熟后，以市场需求拉动力为特征的市场需求拉动模式开始对其提出挑战。市场需求拉动模式是指由于市场需求拉动力的作用而引发技术创新的机制。市场需求并非一成不变的，而是随着社会经济发展不断变化。在市场需求拉动模式中，技术创新是由于生产技术落后导致市场竞争力下降，产品改进压力和新市场机会导致新市场需求出现，市场需求进一步引导突破性技术研究，技术研究达到一定程度便产生突破性技术创新，进而推动新兴产业发展，就是在这样的市场与技术循环往复的相互促进中实现产业的发展。

4.4.1.3 制度安排支撑力

罗森伯格和小伯泽尔（1989）提出，技术创新的成功需要体制环境的响应，朝什么方向或何时发生取决于一定的制度安排。新制度经济学派也认为，良好的制度环境能够激励企业创新活动顺利开展，通过"减弱市场反应的不确定性""内化交易的外部性""降低交易成本"，以及合理地引导创新资源配置等方式对技术创新、自主创新产生激励或约束，相反，不适当的体制安排可能遏制技术创新，甚至偏离技术发展轨道。制度对创新的支撑作用主要体现在以下三个方面：第一，建立健全的制度有助于优化创新主体的资源配置，为创新主体提供基础条件，能使要素价格信号更加真实和灵敏，及时地反映市场需求，有利于研发资源的有效配置和研发产出的提高。第二，有效的市场制度安排往往会带来激烈的市场竞争，这种竞争客观上更能迫使创新主体尤其是企业主动进行技术创新。合理的企业制度安排也为企业员工进行技术创新提供了相应的激励。技术创新本质是一种智力活动，对于企业而言，有效的企业制度一方面可以不断地激发企业员工的创新意识和创新行为，提高创新能力；另一方面企业制度也可以为员工的创新行为提供保险和约束机制。第三，创新活动属于一种高风险活动，合理的制度安排和机制可以降低创新风险成本。不仅如此，创新的成功也要建立在丰富的信息基础之上，信息是创新活动成功的关键，单个人的知识和信息总是有限的。因此，企业内部需要用制度来有效地监测和吸纳外部的信息与知识，并将其进行整合内化为企业整体的创新之源。总之，后发大国合理的企业制度安排可以为战略性新兴产业协同创新提供良好的外部环境支撑。

4.4.1.4　政府政策保障力

虽然技术创新、市场需求都是技术突破与产业发展的重要动力源泉，具有不可替代的重要作用，但是由于技术创新偶然性、市场调节的不足性以及制度改革的缓慢性等问题的存在，要加快突破性技术创新发展进程，就需要施行积极的政府政策加以引导。这就意味着在突破性技术创新发展过程中要充分发挥政府的宏观调控作用，在弥补市场机制固有缺陷的同时，发挥政府政策对战略性新兴产业创新活动的巨大支撑作用。政府的支撑力体现在很多方面，可以通过颁布专利保护法、奖励突破性技术创新、技术研发财政投入和风险投资等手段，为技术创新提供资金、人才支撑，政策引导启动市场、引导制度改革等。政策保障旨在解决战略性新兴产业协同创新过程中，企业无法通过自身运行或者短时间内无法解决的一系列技术、人才、资金、市场需求、制度等问题。

4.4.2　战略性新兴产业协同创新的"四轮驱动"模式

创新活动的成功无不包括技术要素、资金要素、人才要素在内的技术创新要素、市场需求、制度和政策等方面，因此，战略性新兴产业应该在技术、市场、制度和政策多要素整合的基础上进行协同创新。技术、资金、人才等要素是战略性新兴产业协同创新的基础，市场需求为战略性新兴产业协同创新提供了方向指导，政策则在制度的保障下为战略性新兴产业的发展提供引导与扶持。本部分从技术创新要素、市场、制度和政策相结合的角度，把协同创新划分为要素投入型创新、市场压力型创新、企业制度保障型创新和政策支持型创新四种类型，并在此基础上构建推动后发大国战略性新兴产业协同创新驱动模型，即政策驱动下的要素、市场、制度有机结合的"四轮驱动"模式。

4.4.2.1　要素投入型创新模式

战略性新兴产业的高技术特性决定了技术、人才、资金、知识、基础设施等方面的投入是协同创新的基础和关键。技术创新是协同创新的基本要求，因此，技术、研发资金和研发人才是其中最为关键的要素性投入。要素的稀缺性要求不断地提高要素的产出率并节约资源，尽力实现这一目标就要合理地安排各要素的投入比例，实现创新要素之间的协同发展，最大程度地发挥技术创新对产业以及整个社会创新水平的带动作用，使创新成为社会发展的常态。

4.4.2.2　市场压力型创新模式

市场压力型创新属于内部驱动模式的一种，在外部竞争压力以及企业内部的逐利动机双重推动下，企业为了提高市场竞争力而不断开展技术研发与创新。企业作为技术创新的重要主体之一，研发投入情况是影响技术创新进度的重要因素。在日益激烈的竞争环境下，企业为了缩小与领先者的差距、占据更大的市场份额，必然会不断加大研发投入，这是企业在市场压力下的自发行为。市场压力型创新是推动技术创新的有效手段，但是这种创新方式也存在大量风险：企业投入巨额资金所获得的技术创新可能会遭到同行的模仿甚至剽窃，从而丧失技术优势；在扩大市场份额不断追求规模经济的同时，可能遭遇恶意拖欠货款、逃债、诈骗、违约等信用风险。因此，在诸多风险约束下，进入产品差异小、进入壁垒低、容易形成"技术模仿、低成本竞争"式恶性竞争循环的劳动密集型产业（康志勇和张杰，2009）反而可能成为大量企业的选择，这一产业生产的产品附加值低、利润小，长期处于价值链低端，长期发展下去会使企业最终失去自主创新能力和空间。

4.4.2.3　企业制度保障型创新

制度保障型创新属于一种外部驱动，通过完善经济、教育、技术相协调的制度体系，建立有效的专利制度、完善的资本市场、创新激励机制、保障和约束机制、信息共享机制等，为各创新主体（企业）创造良好的宏观制度环境。宏观层面的保障制度往往会带来正外部性，能够有效地降低战略性新兴产业协同创新的风险成本，有力地推动协同创新的开展与深化。

4.4.2.4 政策支持型创新

政府对经济的干预主要包括经济调节、社会管理、市场监管、公共服务。经济调节就是运用经济调节手段实现资源的优化配置，增进全社会福利，实现充分就业、稳定经济发展。政府对战略性新兴产业的经济调节主要是通过政府政策，实现对研发投入、投资基金、税收等方面的影响来促进协同创新的顺利进行。社会管理可以从社会保障、公共安全和阳光政府等方面入手。战略性新兴产业发展的一个关键环节就是科技成果市场化，一个健康成熟的市场是战略性新兴产业发展的保障，因此，政策主要通过相应的产业引导、行政执法、市场准入等进行有效的市场监管，政府对战略性新兴产业协同创新的公共服务主要是提高政策效率、加快基础设施建设、人才引进和培养等。政府政策通过在资源配置、市场启动与监管、制度安排、基础设施建设等多方面营造全社会协同创新的氛围与保障。

4.4.2.5 "四轮驱动"模型

研究发达国家在战略性新兴产业协同创新方面的创新动力和创新模式，可以发现，发达国家主要采取政府诱导型创新和市场压力型创新相结合的模式，且具有一定的共性特征：一是企业是技术创新的主体，市场压力型创新是第一动力，政府诱导型创新是第二动力。二是政府诱导型创新主要采用两种诱导手段，一方面在宏观层面把专利保护等制度手段用到位；另一方面在微观层面把补贴等政策手段用到刀刃上。两种层次的手段相得益彰，既可以有效发挥政府诱导的效用，又不损害企业自主创新。三是政府和市场相互借力。在市场压力下引入政府调节，主要是要帮助万事俱备的企业提供良好的外部环境。在政府诱导中引入市场机制，主要是一切创新行为程序要在法制框架下运行，也就是说，要通过政府诱导的方式弥补市场失灵，有效地发挥市场调节作用，解决道德风险下政府补贴的扭曲和失效问题。发达国家战略性新兴产业政府与市场相结合的协同创新驱动方式取得了显著成效，也为后发大国提供了思路。

综上所述，在战略性新兴产业发展内外生要素所构成的有机系统中，各要素内部自成系统，存在着自身的演进规律，而各要素所组成的系统之间也存在着相互影响的规律，并且在这一演进过程中政策有着重要的作用。因此，后发大国战略性新兴产业协同创新应该将四种动力模型结合起来，综合发挥四种动力要素对协同创新的推动，构建政策驱动下的"四轮"驱动模式，如图 4-1 所示。要在基本理念上明确要素投入是基础、市场需求是推动力、企业制度和政府政策是保障，利用政策有效地带动要素投入、完善市场引导以及企业制度改革，进而推动战略性新兴产业的协同创新。

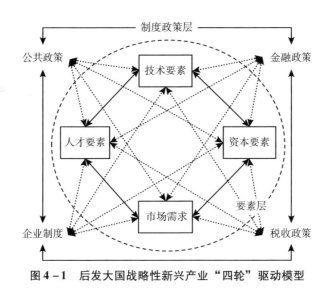

图 4-1　后发大国战略性新兴产业"四轮"驱动模型

在后发大国战略性新兴产业发展过程中，技术创新、市场需求、制度、政策四者缺一不可。其中，技术是战略性新兴产业协同创新的前提，缺乏产业知识支撑，战略性新兴产业核心技术突破和产品创新就无法持续推进；市场需求不仅是战略性新兴产业发展的重要基础，也是战略性新兴产业的发展方向和根本动力；产业组织制度和企业组织制度不仅可以有效地提高战略性新兴产业生产效率，降低市场风险，也是战略性新兴产业发展的重要制度保障。总的来说，后发大国战略性新兴产业内生要素间的协同演进过程可描述为：首先，掌握优势创新资源的领先企业以敏锐的市场感知，率先发现国内、国际战略性新兴产业市场需求，并在这一需求引导下，从要素市场和社会公共知识累积中寻找知识和技术创新的动力与源泉，并在企业组织制度的推进下加速技术进步、产品创新、生产和销售等活动的发展进程，在政策扶持下启动市场并逐渐生产满足市场多样化需求的产品。其次，产业内的领先企业进一步发展，并对技术和产品创新提出更高要求，与此同时，产品市场规模的扩大也吸引了更多的企业，大量企业的进入进一步加剧了市场竞争，促进各企业不断进行新一轮的基础创新和产业分工。随着产业的发展，企业联盟组织可以更好地应对逐渐增大的技术和产品创新风险，能够更有效地组织各种生产要素，在政策扶持和市场需求的引导下，通过技术和产品研发、产品销售、制度安排等协同创新开拓国际国内市场，延展产业链，提高产业竞争力。最后，随着战略性新兴产业深入发展，在技术、信息共享、风险共担的规模效应的影响下，产业内各生产要素尤其是流动性极强的人力资源和资本等开始集聚，战略性新兴产业集群逐步形成。作为功能更齐全、结构更复杂的产业组织形式，集群组织可以更好地适应市场需求方对技术和产品的更高要求，能够节约交易成本，控制研发和生产经营风险，提高投入—产出效率，很好地促进产业内要素间的协同创新。

总之，政策驱动下的技术创新要素、市场和制度协同演进的"四轮"驱动模式，能不断提高资源利用效率，加快协同创新发展进度，持续推进后发大国战略性新兴产业发展进程。

4.5 本章小结

本章运用内生增长理论、产业发展理论，分析技术、市场和制度等内生要素对后发大国战略性新兴产业发展的重要性，探讨技术知识、市场需求、组织制度协同创新促进战略性新兴产业发展的内在机理，总结和概括后发大国战略性新兴产业发展中存在的内生增长要素积累不足、要素间协同度低等现实问题，构建基于政策驱动的，技术创新推动力、市场需求拉动力的双轮驱动模型。

第5章 后发大国战略性新兴产业协同创新与区域经济协调发展的实证研究

　　基于前面的研究，本书运用空间计量分析在政府政策支持下，战略性新兴产业发展水平及其对产业结构升级、区域经济协调发展的作用。本部分采用高技术产业来代替战略性新兴产业进行实证研究，主要是基于以下考虑：（1）从数据获得来看，战略性新兴产业是近些年来根据我国产业发展的具体实际情况提出来的一个概念，我国也对其进行了具体分类，但是由于提出年限短，因此，数据获取较为困难；（2）从产业关联来看，根据国家相关部门对战略性新兴产业和高技术产业的分类可以看出，战略性新兴产业与高技术产业之间存在很大的关联，在产业门类中存在较多的重叠，即战略性新兴产业不仅包括了高技术产业的低端领域，也包括了高技术产业的发展前沿和高端领域；（3）从产业特征来看，不论是战略性新兴产业还是高技术产业都具有高技术性、高风险性、高研发水平、低碳化的"三高一低"的特点，因此，可以说高技术产业是战略性新兴产业的基础产业、依托产业和核心产业。考虑以上因素，本章采用高技术产业作为战略性新兴产业的替代产业，研究其在政府政策的支持下对区域经济协调发展的影响。

　　改革开放以来，我国积极进行产业结构调整，产业结构变动实现了从"二、一、三"到"二、三、一"再到"三、二、一"的转变，如图5-1所示。在"二、一、三"的产业格局期间（1978~1984年），我国第一、第二产业的变化较为明显，分别上升4%和下降5%，第三产业比重略有提高（上升1%）；在"二、三、一"产业格局期间（1984~2011年），第二、第三产业得到快速发展，第一产业比重大幅下降，20多年下降了18%。同时，随着我国工业化的逐步推进，能源交通和通信设施的不断完善，第二产业一直居于我国产业结构的主导地位。到2012年，我国产业结构实现了"质"的飞跃，开始由"二、三、一"变为"三、二、一"的格局，产业结构逐步向高级化方向迈进。

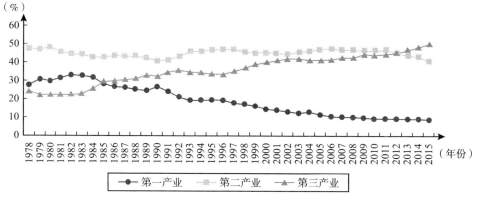

图 5 - 1   我国产业结构变动情况

资料来源：笔者整理绘制。

尽管我国产业结构已迈向"三、二、一"的产业格局，但从国际比较来看，我国的产业结构层次仍偏低，见表 5 - 1。虽然我国第一产业总产值在 GDP 中比重低于 10%，但农业结构并未得到有效改善，农业发展水平依旧较低，农村劳动力仍较多地积聚在农村（约占 28.3%）。此外，我国第二产业依然占据较大比重，高投入、高能耗、低附加值的粗放式发展模式并未彻底改变，工业亟须转型升级。从第三产业的发展来看，美国和日本等发达国家第三产业比重均在 70% 以上，而我国第三产业产值只占 GDP 不到 50% 的份额，反映出我国第三产业整体水平还较低，内部结构水平不高，最突出的表现是传统服务业所占比重较高，批发零售、交通邮电等仍旧在第三产业中占据主要市场。

表 5 - 1   有关产值比重和就业比重的国际比较

比较项目	国家	第一产业	第二产业	第三产业
产值比重	中国（2015）	9.0	40.5	50.5
	美国（2015）	1.3	20.7	78.0
	日本（2015）	1.2	26.9	71.9
就业比重	中国（2015）	28.3	29.3	42.4
	美国（2015）	1.6	16.7	81.2
	日本（2015）	3.7	25.8	69.1

资料来源：《中国统计年鉴》（2016）。

从产业实践层面来看，我国也一直存在加工业独大且内部结构严重失调的现象。例如，对加工制造环节过度依赖，导致研发、设计、营销、供应链管理等生产性服务业发展滞后问题；长期依靠投资规模扩张和加工业发展导致产能过剩问题；资源环境问题等。且在国际分工中，我国产业结构也存在价值获取低、大部分产业处于世界产业链低端等问题。

在当前我国产能过剩比较突出、人口红利即将消失、环境承载力不断下降的情况下，产业结构严重失调引起了国家相关部门的高度关注。2015 年 5 月，习近平总书记在听取对"十三五"时期经济社会发展的意见和建议时指出，"产业结构优化升级是提高我国经济综合竞争力的关键举措"。2015 年 10 月，党的十八届五中全会指出："必须牢固树立并切实贯彻创新、协调、绿色、开放、共享的发展理念。"将创新理念提至五大发展理念之首，意味着在我国经济发展的新阶段，创新已成为社会经济发展和产业结构优化的内生变量和根本动因。通过创新改造升级原有产业和衍生新兴产业可推动产业结构的变化。

高技术产业与传统产业的本质区别在于其高创新性，而这个特征恰好成为推进产业结构优化升级的切入点。尤其是，在我国经济发展逐步趋缓情况下，高技术产业逆势而上，获得快速发展。2016 年我国高技术产业实现主营业务收入 15.24 万亿元，增速达到 10.6%，明显高于同期制造业的增速。可见，无论从自身特征还是从发展规模来看，高技术产业均具备推动产业结构优化升级的资格。而在我国高技术产业快速发展和产业结构升级乏力的现实矛盾下，高技术产业发展对区域产业结构升级的影响如何？能否推动我国产业结构的智能化、服务化和高端化？能否成为产业创新、转型升级的重要引擎？基于这些问题，本书通过分析高技术产业发展对区域产业结构升级的作用机理，描述并测度我国高技术产业发展水平，实证检验高技术产业发展对区域产业结构升级的影响。对充分发挥高技术产业在区域产业结构升级中的"领头羊"作用，提升我国产业结构层次，实现"中国制造"向"中国创造"的转变具有重要现实意义。

产业结构升级是影响国家经济长期健康发展的关键因素，因而一直都受到学术界的重点关注。库兹涅茨（1961，1971）在克拉克（Clark）研究的基础上通过进一步分析得出，随着社会经济发展，人均国民收入水平的提高，产业结构最终向"三、二、一"的方向演进。亚当·斯密（1876）等在静态比较成本理论中提出，生产要素由低效率产业向高效率产业聚集，可以在优化实现资源配置的基础上实现产业结构调整与升级。产业结构是一个复杂的系统，其优化升级会受到诸多因素的影响。筱原三代平（1959）提出动态比较成本学说，他认为产品的比较成本在一定条件下可以转化。也就是说，某一时期内处于劣势的产业，当外界条件满足时可能转化为优势的产业。小岛清（Kiyoshi kojima，1978）提出边际产业转移理论，强调对外直接投资对产业结构调整的作用。而洪雅（Hunya，2002）、阿克巴和布赖德（Akbar & Bride，2004）、伊娃（Eva，2005）在产业结构升级的影响因素的研究中发现，外商直接投资的大小会直接影响到东道国产业结构升级的水平，并认为 FDI 在强化了本国传统优势产业的基础上可以加速东道国产业结构优化升级。其中洪雅、阿克巴和布赖德认为 FDI 强化了本国传统的优势产业，不利于东道国产业结构优化，而伊娃认为有利于东道国产业结构的优化。何巧玲（2015）从教育角度探讨产业结构升级，认为人力资本对产业升级有积极作用。产业结构的优化升级受多种因素的制约，同时，它对区域的不平等具有至关重要的作用（孙世昌和吴燕瑞，2014），它会影响经济增长（Bassanini & Scarpetta，2002），也有利于提高创新绩效，推动开发创新和探索创新（Arash Azadegan，2011）。改革开放以来，推动产业结构升级与优化一直都是中国推进产业发展的重要任务，经过 40 多年的发展，虽然取得了一些成绩，但是跟美国、英国等发达国家相比仍然存在着诸如内部结构不合理、产业结构水平低等问题。通过学术界的研究，可以发现技术水平在产业结构升级中的作用越来越突出，而高技术产业以其高技术性、高增长性、高创新性也越来越成为实现产业结构优化升级的重要力量。

国内外学者对产业结构升级的研究大多是从技术进步对传统产业的影响开始的。蔡真和旺格（Tsai & Wang，2004）在研究高技术产业与传统产业的关系中发现，高技术产业在与传统产业融合发展时会不断地改造传统产业，进而推进传统产业内部产业结构调整。巴克利等（Buckley，2007）以中国技术密集型企业为研究对象，认为国外高技术企业会对我国形成明显的技术溢出，可以很好地加速我国技术密集型企业的高级化进程，而豪克尼斯等（Hauknes et al.，2009）在研究中也证实了这一重要结论。在国外学者研究的基础上，国内也有不少学者认为技术创新与进步是产业结构升级的关键因素（巫强和刘志彪，2007；徐康宁和冯伟，2010；杨智峰等，2014）。赖俊平等（2011）认为，自主研发的技术创新推动了后进国家的产业升级。赵伟（2014）指出，由于我国产业结构升级面临政策措施与企业经营行为不匹配问题，因此，我国的二元经济结构对产业结构升级有重要影响。孔宪丽等（2015）从技术进步偏向性视角，分析技术进步适宜性与创新对工业结构调整的作用。谢婷婷和郭艳芳（2016）从环境规制、技术创新与产业结构升级之间的关系进行分析，认为产业结构升级以技术创新为前提，仅依靠强化环境规制来实现产业结构升级是不可持续的。陶长琪和周旋（2016）分析了要素集聚下技术创新与产业结构升级的非线性关联及其外溢效应。徐康宁和冯伟（2014）在研究我国工业化发展历程中发现，技术进步可以有效地推动产业结构不断地调整，进而实现优化升级。国胜铁（2016）在研究地区技术引进时发现，不论是国外技术引进、还是国内自主技术创新都可以有效地促进产业结构升级，但不同技术引入方式对地区产业结构升级优化的影响会受到当地技术水平的限制。谢婷婷等（2017）也在研究中发现科技创新对产业结构升级的影响呈倒"U"型走势。上述研究都直接或间接地论证了技术进步是影响产业结构优化升级的重要因素。

近年来，随着高技术产业的蓬勃发展，其对产业结构升级的重要作用也引起了广大学者的关注。崔（Choi，2003）对发达国家高技术产业的研究发现，高技术产业的发展影响产业结构的升级。博纳尔迪等（Bonardi et al.，2003）认为，高新技术市场"网络效应"特点不仅带动高新技术产业发展，同时促进了附属产品行业的快速增长。豪克尼斯等（Hauknes et al.，2009）利用投入产出法对法国、德国、瑞典和美国的高技术和低技术部门联系和知识溢出效应进行研究，认为高技术部门对低技术部门存在技术溢出效应，这种知识扩散和应用对两部门产出增长具有重要意义。但也有部分学者认为高技术产业带来的技术进步并未对产业结构升级产生显著影响。如西蒙（Simons，2001）以英国 IT 咨询业为例，对互联网带来的竞争性影响进行研究，发现信息技术的发展并未对市场结构和产业结构产生根本的影响。

随着国内高技术产业的发展，高技术在产业结构升级中发挥着越来越重要的作用。邵一华和吴敏（2000）提出高技术产业通过提供技术创新支撑、生产设备和生产工艺的高技术化、技术替代以及材料更新等方式促进传统产业发展，推动产业结构调整。吴晓波等（2006）从协同发展的视角提出，技术创新是高技术产业与传统产业协同发展的桥梁，生产协同、管理协同和市场协同是实现协同发展三种具体途径。钟鸣长等（2006）、徐顽强等（2008）认为，高技术产业对传统产业具有明显的技术外溢效应，这种效应促使传统产业的高级化，加快了产业结构的调整和技术改造。在此基础上，吴利华等（2011）进一步分析高技术产业对传统产业的两种波及途径（知识波及与物化技术波及）和三个环节（高技术供给、高技术转移与高技术消化）。孙喜（2013）则以车用柴油机的技术进步为例，详细论述了高技术产业对传统产业技术进步的替代性逻辑。赵玉林等（2007）、姜永玲等（2014）、王敏等（2015）从产业关联的角度分析高技术产业与传统产业的关系。陈玲等（2010）从产品国际分工的视角出发，对中国集成电路产业各环节技术水平和升级动力进行研究，认为大力发展高技术产业可以有效地促进我国产业结构优化升级，并进一步提升我国在国际分工中所处的地位。李邃等（2011）从产业科技能力的角度出发，发现高技术产业与产业结构优化之间存在较强的正相关性，发展高技术产业对产业结构升级意义重大。王叶军等（2016）在研究中发现高技术产业是推动科学技术创新和促进产业结构升级的重要动力产业。不同于以上学者的研究，张桢（2016）在对金融与产业因素的计量模型分析中，得出高技术产业发展在促进我国整个产业结构升级中的作用并不显著的相反结论。

总体来看，技术进步和高技术产业发展均能对产业结构升级产生积极促进作用，而现有的研究大多集中于高技术产业的科技能力、创新绩效对产业结构升级的影响，但是本书通过分析发现衡量高技术产业发展水平的指标不仅包括产业创新能力，而发展效益和发展规模也应该是高技术产业发展水平的题中之义。并且现有的研究大多采用普通面板计量模型，而我国幅员辽阔，资源分布、经济发展水平地理差异大，因此，不论是高技术产业分布还是产业结构的升级情况均存在巨大的区域性差异。正如李婧等（2010）在研究中所指出的"中国区域创新存在着显著的正向空间相关性""地理区位特征也会对区域创新产出产生影响"。余泳等（2015）在其研究中也证明了高技术产业创新绩效存在着极大的空间相关性和空间异质性。基于此，张翠菊（2015）将空间因素纳入中国产业结构升级影响因素的研究中，综合运用空间自相关和空间面板计量模型进一步证实了我国省域产业结构表现出显著的空间集聚特征，但有关高技术产业对我国产业结构升级影响的空间分析还需进一步深化。

基于以上分析，本章将高技术产业创新能力、产业发展规模和产业发展效应三个评价指标相结合，运用熵权法测度高技术产业的发展水平，并以此作为空间计量模型的核心变量，探讨我国产业结构升级的空间变动规律以及高技术产业发展对产业结构升级的重要影响，以期为我国产业结构升级提供政策参考。

5.1　中国产业结构水平的空间相关性分析

多样性和区域差异性是我国地理现状和资源条件所具有的基本特征，在此基础上发展起来的产业以及结构水平也存在着极大的空间差异。空间上，我国各省市产业结构水平呈现出东—中—西梯度递减的分布特征，且临近省份的产业结构水平相近，产业结构水平的分布表现出明显的空间集聚特征；时间上，近 16 年内我国产业结构调整取得了很大的成功，各省份产业结构水平变化较大，东部地区在保持较高水平的同时，中西部地区也取得了较大的进展。为了从理论上验证这种空间特征，进一步采用莫兰指数进行空间自相关检验，主要包括全域自相关检验与局域自相关检验。

5.1.1 中国全域产业结构空间自相关分析

根据全域 Moran's I 指数的定义以及划分标准对我国 26 个省区市产业结构水平的空间相关性进行整体判断，其计算公式为：

$$I = \frac{\sum_{i=1}^{n} \sum_{j=1}^{n} w_{ij}(x_i - \bar{x})(x_j - \bar{x})}{S^2 \sum_{i=1}^{n} \sum_{j=1}^{n} w_{ij}} \qquad (5-1)$$

其中，$S^2 = \frac{1}{n} \sum_{i=1}^{n}(x_i - \bar{x})$，$\bar{x} = \frac{1}{n} \sum_{i=1}^{n} x_i$，$x_i$ 表示观测值即各省份，$n = 26$ 为样本数，w_{ij} 代表空间邻近矩阵（W1）。空间邻近矩阵根据区域是否相邻来确定 w_{ij}，两个区域相邻时，$w = 1$；如两个区域不相邻时，$w = 0$。$I \in (-1, 1)$，$I > 0$ 则代表经济行为正自相关，即经济行为高值与经济行为高值相邻且在同一区域聚集；$I < 0$ 则表明经济行为存在负自相关关系，即经济行为高值和经济行为低值相邻并且在同一区域聚集；指数等于 0 表明经济行为在空间随机分布，不存在集聚特征，并且莫兰指数越趋近于 1，表示总体空间差异越小；莫兰指数越趋近于 -1，总体空间差异越大。

Moran's I 指数采用标准化统计量 Z 值来对空间内 n 个区域是否存在空间自相关进行显著性检验，公式为：

$$Z(I) = \frac{I - E(I)}{SD(I)} \qquad (5-2)$$

其中，$E(I)$ 为期望值，$SD(I)$ 为标准差。原假设 H_0 为变量间不存在空间相关性。当 $Z(I)$ 值为正绝对值大于临界值（正态分布在 5% 显著水平下的临界值 1.96）时，拒绝"不存在空间相关关系"的原假设，表明变量之前存在正的空间自相关关系，也就是说具有相似特征的研究样本（高值或低值）在空间上集聚；当 $Z(I)$ 值为负，且绝对值大于临界值时，表明变量之间存在负的空间自相关关系，也即存在相似特征的观测值趋于分散分布，如高值与低值的观测值集聚；当 $Z(I)$ 值绝对值小于临界值时，接受"不存在空间相关关系"的原假设，观测值随机分布，不存在空间自相关关系。

通过以上方法，本书计算了 2000~2015 年中国 26 个省区市产业结构水平的全域莫兰指数，结果如图 5-2 所示。可以看出 16 年内中国各省区市产业结构水平的全域 Moran's I 指数均为正并且通过了显著性检验，说明各省区市产业结构发展水平存在显著正的空间相关性。如果单独考察 2015 年的结果，可知中国 26 个省区市产业结构水平的全域 Moran's I 指数为 $0.345 > 0$，$E(I) = -0.04$，$D(I) = 0.14$，Z 值 $= 2.739 > 1.96$，通过了显著性检验，说明 2015 年中国各省区市的产业结构水平存在显著的空间正相关性。

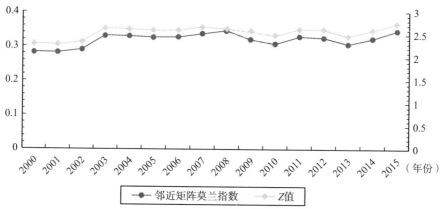

图 5-2　2000~2015 年中国各省区市产业结构水平的莫兰指数值和 Z 值

注：图中左边纵坐标为莫兰指数值，右边的纵坐标为莫兰指数标准化统计量 Z 值。

5.1.2　中国局部产业结构空间自相关分析

全域空间自相关分析是对经济行为的整体性特征进行研究，往往会掩盖局部地区的非均衡性，因此，需要进一步选择局域莫兰指数进行局域相关性分析。局域莫兰指数计算公式可以表示为：

$$I_i = \frac{(x_i - \bar{x})}{S_i} \sum_{j=1}^{n} w_{ij} (x_j - \bar{x}) \qquad (5-3)$$

这一指标主要用来衡量区域 i 产业结构是否存在局域空间集聚，一般用局域 Moran's I 散点图来表示。如图 5-3 所示，散点图包括四个象限，不同象限对应的是区域之间 4 种类型的局域空间关系。在本书中，第一象限："高—高"（HH）表示的是产业结构水平高的省区市被产业结构水平高的省区市包围，高产业结构水平的省区市在一定区域内聚集；第二象限："低—高"（LH）表示产业结构水平低的省区市被产业结构水平高的省区市所包围，相邻省区市产业结构水平差异较大；第三象限："低—低"（LL）表示的是产业结构水平低的省区市被产业结构水平低的省区市所包围；第四象限："高—低"（HL）表示的是产业结构水平高的省区市被产业结构水平低的省区市包围，HH 和 LL 两个象限表示的是具有相同属性的经济活动在区域内集聚，省区市之间产业结构表现出正的空间相关性，HL 和 LH 两个象限表示的是具有不同属性的经济活动在空间上集聚，省区市之间存在空间负相关关系。

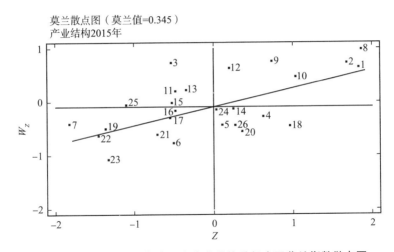

图 5 - 3　2015 年中国各省区市产业结构升级水平莫兰指数散点图

注：图中序号 1 ~ 26 依次代表的是北京、天津、河北、山西、辽宁、吉林、黑龙江、上海、江苏、浙江、安徽、福建、江西、山东、河南、湖北、湖南、广东、广西、重庆、四川、贵州、云南、陕西、甘肃、宁夏。散点图中 Z 表示产业结构升级水平，W_z 表示产业结构升级水平的空间滞后。

本书计算了 2015 年中国 26 个省区市产业结构发展水平的局域莫兰指数并绘制了图 5 - 3 的散点图。可以看出，在 26 个省区市中有 6 个省落在 HH 象限，8 个省区市位于 LL 象限，即超过一半省份的产业结构水平表现出空间正相关性。其中，位于 HH 象限的省份大多属于东部沿海地区，即高水平产业结构的省区市被高水平产业结构的省区市包围，说明中国东部沿海省区市产业结构水平都比较高；位于 LL 象限的省份大都来自中西部地区，即低产业结构水平省区市被低产业结构水平省区市包围。产业结构水平在区域间表现出与经济发展水平相一致的、自东向西逐渐降低的分布趋势。

总之，我国产业结构水平高的省份主要位于东部沿海，而产业结构水平低的省份主要位于中西部，而且全域与局域莫兰指数均显示我国产业结构水平存在着明显的空间自相关性。因此，本章在进行高技术产业发展水平对产业结构升级影响的后续研究中，将纳入空间因素构建空间计量模型来探讨高技术产业发展水平对产业结构升级的具体影响。

5.2 中国高技术产业发展水平测度

高技术产业的发展水平是一个国家技术创新能力和综合竞争力的重要体现。本章结合历史文献的指标选取和构建方法，收集 2000 ~ 2015 年我国 26 个省区市的相关数据，构建高技术产业发展水平的指标体系，采用熵权法测度其发展水平，并利用计算得出的数据对高技术产业发展现状进行分析。

5.2.1 变量选择

高技术产业发展水平的测度是一个复杂的系统工程，而指标体系的构建是完成整个工程的基础。因此，在指标选取和数据处理上应坚持客观性、全面性和可行性。对于高技术产业发展水平的评价既要关注它的发展状态，又要能体现出区别于传统产业的高创新性，要站在科学性、客观性、前瞻性的角度来客观评价，使高技术产业发展水平的综合评价结果更接近实际情况，更具现实的指导意义。关于高技术产业发展水平的测度，学者们从不同视角选取指标，采用不同方法进行研究。符想花（2010）运用因子分析法、聚类分析方法，从投入、产出和经济效益三个方面构建指标体系并测度了高技术产业的发展水平。王海龙等（2011）运用熵值法，从规模、效益和速度的视角综合评价了我国高技术产业发展状况。李晓伟等（2012）从集群规模、技术市场活动、产业创新能力和政策支撑环境四个方面对高技术产业的发展现状进行聚类分析，并将 AHP、熵权法、马尔科夫链和 ESDA 等多种方法相结合，全面分析高新技术产业发展水平的时空演变及其影响因素。

在综合考虑指标选取和数据处理的客观性、全面性、可行性和高技术产业独特性的基础上，本书最终决定选择发展规模、创新能力和发展效益 3 个一级指标、12 个二级指标作为衡量高技术产业发展水平的变量，见表 5 - 2。

表 5 - 2　　　　　　　　高技术产业发展水平的指标体系

一级指标		二级指标	预期指向
高技术产业发展水平	产业发展规模	企业数（个）	+
		产业总产值（亿元）	+
		从业人员年平均数（人）	+
		固定资产投资额（亿元）	+
	产业创新能力	R&D 人员/就业人员（%）	+
		R&D 人员全时当量（人年）	+
		R&D 经费内部支出（亿元）	+
		有效发明专利数（件）	+
		新产品销售收入（亿元）	+
	产业发展效益	主营业务收入（亿元）	+
		产值利润率（%）	+
		新产品出口销售比率（%）	+

产业发展规模是对高技术产业发展现状的整体概述，体现了该产业在总体上的发展状况，它是衡量产业发展不可或缺的指标。本书采用企业数、产业总产值、从业人员年平均数和固定资产投资额来衡量。其中，从业人员年平均数是从人员规模的角度来反映高技术产业的发展规模。

高技术产业具有高创新性的本质特征，对于产业创新能力的评价，本书主要从创新投入和产出两个方面进行。其中，创新投入包含人员投入和资金投入，人员投入采用 R&D 人员投入强度（R&D 人员/从业人员）、R&D 人员折合全时当量两项指标，资金投入选用 R&D 经费内部支出。而创新产出包含成果产出和新产品产出两个方面，成果产出以有效发明专利数来表示，新产品产出利用新产品销售收入衡量。

产业发展效益是评价一个产业发展的重要部分，是产业持续发展的动力，也是企业技术创新、提升产业竞争力的保障。对于产业发展效益的评价，本书采用主营业务收入、产值利润率和新产品出口销售比率三个指标。其中，主营业务收入是衡量企业经营实力和生产效益的有效依据，产值利润率（利润总额/产业总产值）体现了产业的获利能力，而新产品出口销售比率（新产品出口额/新产品销售收入）主要反映高技术产业的国际竞争力。

5.2.2 数据来源与说明

本书高技术产业发展水平测度的指标数据主要来源于《中国高技术统计年鉴》（2001~2016）、《中国科技统计年鉴》（2001~2016）。对于个别缺失数据，采用常用的均值插补法加以补充，但对于产业总产值指标数据的缺失则采用趋势外推法进行填补。因西藏、内蒙古、新疆、青海、海南5省区的指标数据缺失严重，且这些省份主要以旅游业、传统产业发展为主，高技术产业发展严重不足。因此，本书研究暂不包括这5个省份和港澳台地区。东中西三大区域划分以《中国统计年鉴》的最新划分为依据。其中东部地区包括北京、河北、天津、福建、辽宁、上海、山东、江苏、浙江、广东10个省和直辖市；中部地区包括安徽、黑龙江、吉林、湖北、山西、河南、江西、湖南8个省；西部地区包括重庆、广西、四川、贵州、云南、陕西、甘肃、宁夏8个省、自治区和直辖市。

本书主要采用 Matlab 数据分析软件、SPSS17.0 统计分析软件和 Excel 软件进行数据处理分析。各指标变量的描述性统计见表5-3，在高技术产业发展水平评价指标体系中，R&D 人员/就业人员、产值利润率的标准差较小，数据离散程度偏低。除此之外，其他指标数据均呈现较大的离散性，数据平稳性较差。其中，从业人员年平均数的标准差为 616139.754，离散程度最大，数据平稳性最差，这在相当大的程度上反映出我国高技术产业在产业技术创新的投入和产出上存在区域上的巨大差异性。

表5-3 高技术产业发展水平评价指标的描述性统计

评价指标	样本量（个）	平均值	标准差	最大值	最小值
企业数	416	790.380	1090.454	6194.000	13.000
产业总产值	416	2359.540	4902.668	36393.990	6.480
从业人员年平均数	416	332576.890	616139.754	3890108.000	4739.000
固定资产投资额	416	246.800	399.929	3110.170	1.140
R&D 人员/就业人员	416	6.840	3.369	21.490	1.250

续表

评价指标	样本量（个）	平均值	标准差	最大值	最小值
R&D 人员折合全时当量	416	13153.270	27995.266	224334.000	85.000
R&D 经费内部支出	416	35.860	85.723	827.192	0.016
拥有发明专利数	416	2193.220	9442.173	125471.000	1.000
新产品销售收入	416	585.970	1385.202	12328.860	0.660
主营业务收入	416	2327.850	4668.636	33308.070	5.940
产值利润率	416	6.710	3.921	32.220	-8.560
新产品出口销售比率	416	19.670	18.780	91.162	0.034

5.2.3 指标权重确定

在计量方法上，本书采取客观赋值的方法——熵权法。因为该方法根据指标联系程度和输出熵确定因素的权系数，能够有效地避免基于主观因素确定权重的偏误，并且该方法对数据的分布形态无要求，计算过程较简单。因此，为了全面客观地反映高技术产业发展的现实情况，本书应用该方法进行赋权。

熵权法的思路是，按照指标的差异性程度来决定权重。一般来说，评价对象的指标值变异水平越大，其确定的熵值就越小，表明该指标所提供的有效信息较大。相反，评价对象的指标值变异水平越小，则确定的熵值越大，表明该指标提供了较小的信息量。熵权法的具体步骤如下。

第一步，标准化。由于预期变动为正，因此计算方法为：$A_{ij} = \dfrac{y_{ij} - \min(y_{ij})}{\max(y_{ij}) - \min(y_{ij})}$（$i = 1, 2, \cdots, m$；$j = 1, 2, \cdots, n$），$y_{ij}$ 表示第 i 个地区的第 j 个高技术产业发展水平指标值。

第二步，计算第 j 个指标的熵值 H_j。根据 $A'_{ij} = 1 + A_{ij}$ 进行无量纲化处理，并依照 $P_{ij} = \dfrac{A_{ij}}{\sum\limits_{j=1}^{n} A_{ij}}$ 计算第 i 个地区的第 j 个高技术产业发展水平指标比重。第 i 个省份的第 j 个高技术产业发展水平指标的熵值为 $H_{ij} = -k \sum\limits_{i=1}^{m} P_{ij} \ln P_{ij}$，其中 $k = \dfrac{1}{\ln m}$，保证在第 j 项指标的各比重 P_{ij} 都相同时，$H_j = 1$。而当 $P_{ij} = 0$ 时，有

$P_{ij}\ln P_{ij} = 0$，即可得到 $0 \leqslant H_j \leqslant 1$。

第三步，计算第 j 个指标的熵权为 $Q_j = \dfrac{1 - H_i}{n - \sum\limits_{j=1}^{n} H_j}$，其中 $0 \leqslant Q_j \leqslant 1$，且

$\sum\limits_{j=1}^{n} Q_j = 1$。

本书运用上述熵权法，对高技术产业的测量指标进行赋权综合，得出高技术产业在不同测量指标和不同地区的综合指数以用于后续研究。表 5 - 4 反映了熵权法计算得出的各指标所占比重情况。在该表中 3 个一级指标权重和 12 个二级指标权重的相关数据均为 2000 ~ 2015 年的平均值。

表 5 - 4 指标所占权重

一级指标	权重	二级指标	权重	排序
产业发展规模	0.3321	产业总产值	0.1118	4
		从业人员年平均数	0.0935	7
		企业数	0.0699	8
		固定资产投资额	0.0569	9
产业创新能力	0.4929	有效发明专利数	0.1500	1
		新产品销售收入	0.1218	2
		R&D 经费内部支出	0.1133	3
		R&D 人员全时当量	0.0942	6
		R&D 人员/就业人员	0.0137	11
产业发展效益	0.1750	主营业务收入	0.1111	5
		新产品出口销售比率	0.0531	10
		产值利润率	0.0109	12

见表 5 - 4，在高技术产业发展水平测度的一级指标中，权重由高到低分别为产业创新能力（约占 49.29%）、产业发展规模（约占 33.21%）、产业发展效益（17.50%）；在高技术产业发展水平测度的二级指标中，排在前三位的指标均与产业创新能力有关。这说明技术创新能力是高技术产业发展的关键，对其发展具有至关重要的作用。在二级指标中，有效发明专利数在高技术产业发展综合指标中约占 15.00%，新产品销售收入在高技术产业发展综合指标中约占 12.18%，

R&D 经费内部支出在高技术发展综合指标中约占 11.33% , 这三个因素成为区别各大省份高技术产业发展水平的首要考虑因素。广东、江苏、北京、浙江、上海和山东 6 个省市的发明专利拥有量最大, 也就是说这些地区占高技术产业发展水平的综合指标值很大, 发展水平居于全国前列。

5.2.4 高技术产业发展水平分析

本书基于熵权法测度所得到的各地区高技术产业发展水平的综合得分, 具体分析我国高技术产业的发展现状。见表 5 - 5 , 我国高技术产业发展水平在 2000 年、2008 年、2015 年的变动情况及 2000 ~ 2015 年平均综合指数及排名。从表中发现, 在 2000 ~ 2015 年我国高技术产业发展综合水平居于前列的省区市分别是广东、江苏、上海、北京和浙江; 而排名靠后的省区市主要是甘肃、宁夏、山西、云南和广西等地。从上文的分析可以知道, 这主要归因于广东、江苏、上海、北京和浙江等地区对高技术产业的巨大投入, 尤其是在人员、资金等方面的投入。

从 2000 年、2008 年和 2015 年的高技术产业发展水平综合得分及排名可以看出, 广东的高技术产业发展水平一直居于首位, 其综合得分依次为 0.2315、0.3135、0.2884（为综合得分排名第二的 2.596 倍、2.004 倍和 1.895 倍）, 远远高于其他省区市的发展水平。广东高技术产业发展一枝独秀的现状, 既得益于其得天独厚的区位优势, 同时也与广东持续增长的 R&D 经费投入（投入强度远高于全国平均水平）以及有效专利达到全国半数以上等因素密切相关。江苏的发展水平较平稳, 在整体排名中仅次于广东。山东、浙江的高技术产业发展较快, 在全国的排名逐年上升, 其中山东由第 7 名跃升到第 3 名, 浙江由 8 名跃升到第 4 名。而形成鲜明对比的是宁夏、山西、甘肃、云南等地, 由于在高技术产业上的投入明显不足, 产业发展规模偏小, 产业关键技术水平和装备水平都很落后, 这些因素导致当地高技术产业发展水平相对落后, 在 2000 年、2008 年和 2015 年的高技术产业发展水平综合得分偏低, 排名长期处于全国最低水平。

表 5 - 5　　　　　　2000～2015 年中国高技术产业发展水平平均指数及排名

省区市	平均指数	排名	省区市	平均指数	排名
广东	0.28925	1	湖南	0.01563	14
江苏	0.13565	2	江西	0.01536	15
上海	0.07283	3	河北	0.01366	16
山东	0.05556	4	安徽	0.01326	17
浙江	0.05544	5	黑龙江	0.01179	18
北京	0.05519	6	重庆	0.01147	19
天津	0.04180	7	吉林	0.00988	20
福建	0.04002	8	贵州	0.00938	21
四川	0.03145	9	广西	0.00652	22
陕西	0.02635	10	云南	0.00593	23
辽宁	0.02526	11	山西	0.00478	24
湖北	0.02303	12	宁夏	0.00462	25
河南	0.02146	13	甘肃	0.00456	26

东部平均：0.078815　　　中部平均：0.01399　　　西部平均：0.012493

注：因西藏、内蒙古、新疆、青海、海南 5 个省区和港澳台地区因数据缺失严重，本书研究暂不包括这些。本书所有的区域划分依据《中国统计年鉴》的最新划分。其中，东部地区包括北京、天津、河北、辽宁、上海、江苏、浙江、福建、山东、广东 10 个省市；中部地区包括山西、吉林、黑龙江、安徽、江西、河南、湖北、湖南 8 个省；西部地区包括重庆、广西、四川、贵州、云南、陕西、甘肃、宁夏 8 个省区市。

如图 5 - 4 所示，我国东部、中部、西部三个区域 2000～2015 年的高技术产业发展水平的变化趋势。可以看出，我国高技术产业发展水平在东部、中部和西部三大区域间呈现不均匀态势：东部地区一直处于领先地位，中西部地区发展水平偏低，长期落后于东部地区并且这种差距在逐渐拉大。

见表 5 - 6，在高技术企业数方面，我国三大区域在全国的占比分别为 69.24%、20.29%、10.47%，其中，东部地区是中西部地区总和的 2.25 倍；在高技术企业主营业务收入方面，东部地区达到 101743.3 亿元，约占全国的 72.69%，是中西部地区总和的 2.92 倍。更为明显的是，东部地区的有效发明专利数占到总量的 85.69%，分别是中西部地区的 10.77 倍和 13.49 倍。东部地区企业数、主营业务收入和有效发明专利数等指标的数据均远超全国其他地区，反映了我国东部地区在高技术产业发展水平上占据了绝对的优势。此外，东部地区

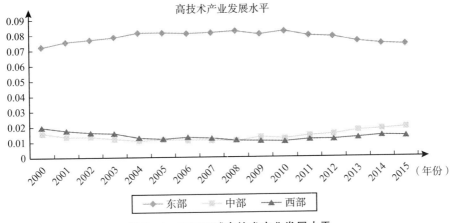

图 5 - 4　不同区域高技术产业发展水平

在人才、资金和技术方面的优势也非常明显。从表中可以发现，在高技术产业 R&D 人员投入方面，2015 年东部地区数量达到 68.93 万人，占全国总量的 74.64%，R&D 经费内部支出达到 2070.26 亿元，约占全国的 78.82%。R&D 人员和 R&D 经费在区域间的不平衡性，加上环渤海、长江三角洲、珠江三角洲这三个较成熟的经济区分布在东部地区，更是加速了高技术产业向东部地区聚集，扩大了东部和中西部地区高技术产业的发展差距。

表 5 - 6　　　　　　　　　　2015 年我国高技术产业分区域的基本情况

数据指标	总量			占比（%）		
	东部	中部	西部	东部	中部	西部
企业数（个）	20516	6011	3104	69.24	20.29	10.47
主营业务收入（亿元）	101743.3	23306.8	14918.6	72.69	16.65	10.66
有效发明专利数（件）	206855	19206	15343	85.69	7.96	6.35
R&D 人员投入（万人）	68.93	14.53	8.89	74.64	15.73	9.63
R&D 经费内部支出（亿元）	2070.26	318.37	238.03	78.82	12.12	9.06

注：东部地区包括北京、天津、河北、辽宁、上海、江苏、浙江、福建、山东、广东、海南共 11 个省市；中部地区包括山西、吉林、黑龙江、安徽、江西、河南、湖北、湖南共 8 个省；西部地区包括内蒙古、广西、四川、重庆、贵州、云南、陕西、甘肃、宁夏、青海、新疆、西藏共 12 个省区市。

资料来源：利用 EPS 数据平台（中国高技术统计年鉴）的数据整理得来。

与东部地区不同,我国中西部地区一方面受基础设施和政策条件的制约,致使高技术产业发展缓慢,拉开了与东部的距离。另一方面,因高技术产业在东部地区形成集聚发展,对人才和资金的吸引力较强,加速了 R&D 经费、发明专利数和 R&D 人员的增加,进一步刺激了该地区的技术进步。尽管知识和技术具有外溢性,但这种溢出也受空间距离的限制。也就是说,随着空间距离的增大,知识和技术的辐射效应会降低。对于中西部地区而言,特别是偏远的西部,由于距离因素更难以获得东部地区高技术产业发展所带来的溢出效应,这更加大了东部与中西部地区间高技术产业发展的差距。

中部和西部的比较分析我们可以发现,在 2000~2004 年西部地区的高技术产业发展状况略优于中部地区,随后中部的发展水平逐渐高于西部,且这种优势在 2009 年后越来越明显,这反映出近几年我国中部地区高技术产业发展迅速。这是因为与西部地区相比,我国中部具有较好的工业基础,产业门类齐全,特别是中部崛起战略的实施,促使中部地区现代装备产业等高技术产业快速发展。另外,由于中部地区现代化基础设施网络不断完善,有利于新一代信息技术、新能源汽车、先进轨道交通、现代生物医药等新兴产业不断发展壮大,加速了富士康、京东等一些大型信息企业在中部地区的产业布局。同时,湖南湘江新区,江西赣江新区、湖北武汉东湖高新技术开发区的成立,尤其是湖南的湘江新区作为中部地区唯一综合性国家技术产业基地,高等院校集中,科研机构众多,拥有信息、生物领域的国家级重点实验室,研发实力雄厚,极大地推动了湖南特别是中部省份高技术产业发展,为中部八省的高技术产业发展提供了长远动力。

2000~2015 年,我国高技术产业主营业务收入年均增长达到 80.79%,这充分说明了我国高技术产业整体发展较快,发展规模得到快速扩张。但我们在看到其快速发展的同时,更要关注日益严重的区域发展不平衡问题。

5.3 高技术产业发展水平对区域产业结构升级影响的实证检验

5.3.1 空间计量理论模型

通过对上面的空间四分图和莫兰指数的分析,可以发现,我国产业结构升级水平具有非常显著的空间相关性和空间异质性，因此，接下来的研究中需要将空间因素引入到计量模型中，构建空间计量模型来进行高技术产业发展对我国产业结构升级的影响研究。空间滞后模型、空间误差模型和空间杜宾模型都是典型的空间计量模型。

5.3.1.1　空间滞后模型

空间滞后模型（spatial lagregression model，SLM），主要对某地区是否具有空间溢出效应进行研究，公式为：

$$y = \lambda W y + X\beta + \varepsilon \tag{5-4}$$

其中，y 表示因变量，X 表示 $n \times k$ 阶的自变量矩阵，W 表示空间权重矩阵，λ 度量的是空间滞后 Wy 对 y 的影响，称为空间自回归系数，ε 为随机误差项。

5.3.1.2　空间误差模型

当空间依赖性存在于不影响 x 但影响 y 的遗漏变量中采用空间误差模型（spatial error autoregression model，SEM），公式为：

$$y = X\beta + u, \quad u = \rho W u + \varepsilon \tag{5-5}$$

其中，W 表示空间权重矩阵，u 表示随机误差项，ρ 为空间误差系数，ε 是正态分布的随机误差向量，$\varepsilon \sim N(0, \sigma^2 I_n)$。

5.3.1.3　空间杜宾模型

如果区域的被解释变量还受到其他相邻区域解释变量的影响，那么需引入空间杜宾模型（spatial dubin model，SDM），公式为：

$$y = \lambda W + X\beta + \delta W X + \varepsilon \tag{5-6}$$

其中，$\delta W X$ 代表着来自其他区域自变量的影响，δ 是相应的系数变量，λ 表示的是空间自回归系数，ε 表示的是随机误差项。

5.3.2　变量选择与数据来源

5.3.2.1　变量选择与说明

产业结构的升级受到多种因素的影响和制约，本书对产业结构升级的研究除重点考察高技术产业发展因素外，还将结合其他影响因素进行综合考察。对于其影响因素，存在多种角度的分析。张澄等（2001）、辛娜（2014）认为，高技术产业化是产业结构升级的重要途径，产业结构升级与技术创新的发展息息相关。刘志彪（2010）强调城市化推动了劳动力的释放，是实现中国产业转型升级的重要途径。吴福象和沈浩平（2013）指出基础设施会通过空间溢出效应和蒂伯特机制促进产业结构升级。当然，产业结构的升级也离不开外商直接投资、人力资本、贸易开放度、政策支持等因素的作用。本书基于已有文献研究，并考虑实际情况和数据可获得性，选取人力资本（hr）、技术进步（tech）、外商直接投资（fdi）、城镇化（ur）与基础设施（infr）五个因素作为控制变量进行分析，各变量具体说明如下。

因变量为产业结构升级（cyjg），其最直观的表现是第一产业产值比重大幅下降，第二、第三产业的比重持续上升。因此，本书借鉴以往学者（施卫东和高雅，2013；张翠菊和张宗益，2015）的研究，采用第二、三产业增加值之和/GDP来表示；核心变量为高技术产业发展水平（hitech），用前面熵权法计算得到的高技术产业发展水平综合得分数来衡量。

控制变量：第一，hr代表人力资本水平。人力资本水平的提升不仅有利于技术的创新、引进和吸收，而且能够加速劳动力与产业结构在结构和类型方面的匹配，从而促进资源优化配置和产业转型升级。本书借鉴周少甫（2013）的方法，根据受教育程度赋予不同的权重，将文盲、小学、初中、高中、大专及以上受教育水平分别赋值0、6、9、12、16，然后将该权重与各阶段受教育人数占总人数的比值相乘来计算人均受教育年限。第二，tech表示技术进步水平。由于纯粹的技术进步难以衡量，而R&D投入经费是技术进步和创新水平的重要衡量指标。因此，本书选择R&D经费投入强度，即R&D经费与GDP的比值来表示。第三，fdi代表外商直接投资情况。外商直接投资不仅可以在一定程度上弥补产业结构升级需要的资金供给，同时利用"技术外部效应"可推动产业结构的升级。对于外商直接投资的测量，本书参考汪伟（2015）的方法，用实际利用外商直接投资额的对数值加以表示。第四，ur代表城镇化水平。城镇化的高速进行能够为产业发展提供广阔的空间，带动现代服务业的快速发展，从而推动产业结构的升级，用城镇人口与总人口的比值作为度量城镇化水平的指标。第五，infr代表基础设施水平。基础设施的建设能够加速生产要素的流动、加强空间溢出效应，推动产业结构的调整与升级。本书参考刘秉镰（2010）的方法，用每平方千米的公路里程来衡量，变量具体情况及说明见表5-7。

表 5-7   模型指标选定情况

变量名称	相关变量	变量符号	变量定义
被解释变量	产业结构升级	cyjg	产业结构升级指数
解释变量	高技术产业发展水平	hitech	高技术产业发展水平综合得分
控制变量	人力资本	hr	平均受教育年限
	技术进步	tech	R&D 经费投入强度
	外商直接投资	fdi	实际利用外商直接投资额
	城镇化	ur	城镇人口/总人口
	基础设施水平	infr	每平方千米公路里程

5.3.2.2　数据来源与描述性统计

本书考虑到数据可得性，选取了中国 26 个省区市、时间段为 2000~2015 年的面板数据。在指标数据处理方面，产业结构升级、人力资本、城镇化、基础设施的原始数据都来自 2001~2016 年《中国统计年鉴》，技术进步指标的原始数据来自 EPS 数据平台 2001~2016 年的《中国科技统计年鉴》，外商直接投资指标的原始数据来源于 Wind 数据平台。需要说明的是，本部分利用相关系数检验法和方差膨胀因子（VIF）检验法对指标数据的多重共线性进行检验，结果发现，cyjg、hitech、hr、tech、fdi、ur、infr 指标数据间的相关系数均小于 0.8，指标变量中最大的 VIF 值为 4.901 小于 10，表明各指标变量间不存在多重共线性的情况。各指标描述性统计见表 5-8。

表 5-8   数据描述性统计

变量	符号	观测值	最大值	最小值	平均值	标准差
产业结构升级	cyjg	416	99.563	72.725	88.070	5.946
高技术产业发展水平	hitech	416	35.620	0.200	3.846	5.859
人力资本	hr	416	12.081	6.041	8.471	1.035
技术进步	tech	416	7.408	0.348	1.392	1.128
外商直接投资	fdi	416	15.090	7.623	12.284	1.636
城镇化	lnur	416	89.600	18.610	48.033	15.984
基础设施水平	infr	416	2.081	0.092	0.738	0.438

注：其中城镇化取自然对数。

　　鉴于内蒙古、西藏、青海、海南、新疆及港澳台地区的数据缺失严重，本章与上一部分区域划分保持一致，将对我国 26 个省区市亦划分为东中西三大区域。随后，利用产业结构升级系数将全国和三大区域的产业结构升级进程进行描述性分析。如图 5 - 5 所示，2000 ~ 2003 年产业结构升级呈快速上升状态，2003 ~ 2004 年有所下滑，产业结构升级一直呈不断上升的状态。这是我国非农产业迅速发展，第一产业比重大幅下降，第三产业持续增长的结果。

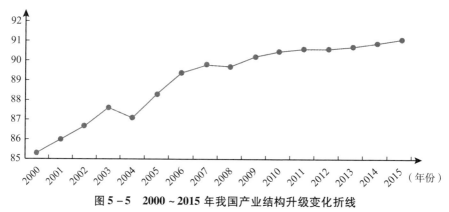

图 5 - 5　2000 ~ 2015 年我国产业结构升级变化折线

资料来源：笔者整理绘制。

　　如图 5 - 6 所示，2000 ~ 2015 年我国产业结构升级的区域状况可知，我国产业结构升级在区域间呈现明显的不平衡性：东部地区的产业结构升级水平远高于中西部地区；中部和西部地区的水平偏低，但两者的差距在逐步缩小。这主要源于我国地区发展不平衡日益严重，东部经济增长迅速，中西部发展滞后。此外，地缘因素所带来经济增长程度的差异，进一步加剧了我国地区产业结构升级的不均衡现状。广大的中西部地区，特别是产业结构较为落后的西部和部分延边偏远省份，经济增长长期缺乏动力，吸引投资额不足，产业转移的承接能力有限，因此产业结构升级远不及东部。当前，我国东部地区形成了以电子机械、电子通信设备、交通运输设备等产业为主导，金融商贸、物流中心迅速发展，较完善的产业结构和较合理的产业布局。而中部地区仍为主要的商品粮基地、重要的原材料工业和能源基地，第三产业发展落后于东部地区；西部地区产业结构处于较为初级的阶段，需要政府给予更大关注。

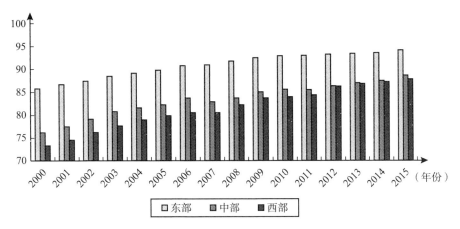

图 5 – 6   2000 ~ 2015 年我国产业结构升级的区域分布

资料来源：笔者整理绘制。

5.3.3   空间权重的构建

空间权重矩阵是空间模型构建的重要组成部分，权重矩阵是空间各单元之间相互依赖关系和依赖程度的具体体现，是进行空间计量研究的基础和前提条件。空间权重的构建主要有邻近矩阵、地理矩阵和经济矩阵。邻近矩阵（W1）主要依据区域是否相邻来进行赋值，区域相邻定为 1，不相邻则定为 0，但是该矩阵的构建条件比较严格；地理矩阵（W2）一般依据两区域间地理距离的倒数来设定，距离以省会城市之间的球面距离来表示，该矩阵设定的理论基础是认为区域之间表现出来的依赖性和辐射作用与两地之间的距离密切相关；经济矩阵（W3）则认为经济上的差异会对区域空间的辐射作用产生影响，其一般表示为两地 GDP 差额绝对值的倒数，且经济较为发达的地区会对经济不发达的地区产生更大的影响。三种权重构建的方式各有优缺点，因此，为了使研究结果更切合实际，本书将综合考虑这三种矩阵构建方式，并对其进行标准化处理，使权重矩阵的每一行元素和为 1。

5.3.4   空间计量模型的设定

根据空间计量模型和选取的变量，构建考察高技术产业发展水平对产业结构升级影响的空间滞后模型、空间误差模型和空间杜宾模型：

$$cyjg_{it} = \beta_1 hitech + \beta_2 hr_{it} + \beta_3 tech_{it} + \beta_4 fdi_{it} + \beta_5 \ln ur_{it} + \beta_6 infr_{it}$$
$$+ \lambda \sum_{j}^{N} W_{it} u_{jt} + \alpha + \gamma_t + u_{it} \qquad (5-7)$$

$$cyjg_{it} = \beta_1 hitech + \beta_2 hr_{it} + \beta_3 tech_{it} + \beta_4 fdi_{it} + \beta_5 \ln ur_{it} + \beta_6 infr_{it}$$
$$+ \rho \sum_{j=1}^{N} W_{ij} u_{jt} + \alpha_i + \gamma_t + \varepsilon_{it} \qquad (5-8)$$

$$cyjg_{it} = \lambda \sum_{j=1}^{N} W_{ij} y_{jt} + \delta \sum_{J=1}^{N} W_{ij} X_{it} + \alpha_i + \gamma_t + u_{it} \qquad (5-9)$$

在式（5-7）至式（5-9）中，$\beta_1 \sim \beta_5$ 是自变量系数；W 表示空间权重矩阵。本书构建了邻近矩阵、地理矩阵和经济矩阵，W_{ij} 表示第 i 行第 j 列的元素，β 表示空间误差系数，λ 表示自回归系数，X_{ij} 为模型中自变量构成的矩阵。

5.3.5　实证结果分析

为了与空间计量结果进行对比，保证结果的有效性与科学性，本部分先使用经典计量模型来检验高技术产业发展对产业结构升级的影响，并对结果进行简单分析，在此基础上再引入空间因素构建空间计量模型。

5.3.5.1　经典计量模型的回归结果

见表5-9，由高技术产业发展水平对产业结构升级影响的经典计量模型实证结果可知：混合效应模型的 R^2 为0.7453、随机效应模型的 R^2 为0.6080、固定效应模型的 R^2 为0.6767，三者都比较高，而且 F 值和 wald 值都在99%的水平上显著。进一步比较不同模型的 hausman 检验结果可以发现，相对于混合效应模型和随机效应模型来说，固定效应的实证结果更具代表性。因此，以固定效应模型的实证结果来分析高技术产业发展水平对产业结构升级的重要作用，实证结果显示，高技术产业发展水平的回归系数为0.2414且在1%的水平上表现显著，表明高技术产业的发展对我国产业结构具有明显的推动作用。另外，人力资本、外商直接投资、城镇化和基础设施建设都对产业结构升级具有明显的正向推动作用，而技术进步的系数显著为负（-0.6495），说明在不考虑空间差异的情况下，我国在技术创新的初级阶段，仅依靠引进、学习所带来的技术进步反而会对产业结构进升级产生消极作用。

表 5 – 9 经典计量模型回归结果

变量	OLS	fe	re
c	48.049 *** (6.163)	56.040 *** (2.461)	54.196 *** (2.460)
hitech	0.228 *** (0.044)	0.241 *** (0.078)	0.196 *** (0.062)
hr	1.101 (0.851)	0.765 *** (0.241)	0.920 *** (0.241)
tech	0.529 (0.507)	– 0.650 ** (0.301)	– 0.244 (0.279)
fdi	– 0.368 (0.468)	1.312 *** (0.188)	1.063 *** (0.180)
lnur	8.202 ** (3.230)	1.977 *** (0.758)	2.774 *** (0.751)
infr	2.939 *** (0.985)	2.486 *** (0.528)	2.199 *** (0.512)
R^2	0.745	0.608	0.677
F test	62.03 ***	136.52 ***	—
wald	—	—	829.56 ***

注：** 和 *** 分别代表5% 和10% 不同的显著水平。

5.3.5.2 空间面板数据模型回归结果

在进行经典计量回归的基础上，本部分将空间因素考虑进计量模型中，进一步构建了空间计量模型，并对根据 hausman 检验对空间误差模型、空间滞后模型、空间杜宾模型的面板固定或者随机效应的结果进行筛选。选择空间计量模型在进行模型参数估计之前，首先要做的就是确定模型的最优选择。首先，通过 LM 检验和 Roubust – LM 检验在空间滞后模型和空间误差模型中进行选择，其选择的标准为：LM 统计量更显著的模型为更优的模型；若两种模型的 LM 统计量具有相同的显著水平，就需要根据 Roubust – LM 检验来进一步判断，判断依据也是显著水平高的为更优的模型。其次，要在空间滞后模型和空间杜宾模型进行选择，选择的标准是：检验空间杜宾模型是否可以转化为空间滞后模型和空间误差模型,即 SDM→SEM、SDM→SLM 是否成立,如果检验显著地拒绝了可以转化的原假设,则选择 SDM 模型。最后,根据模型的 R^2 和 Log L 选择最为显著的模型进行产业结构升级的影响研究分析。

见表 5-10,在邻近矩阵权重(W1)设定的情况下,针对空间滞后模型的 LM 检验在 1% 的水平上显著,而空间误差模型的 LM 检验 P 值为 0.950,不显著,因此,可以确定空间滞后模型优于空间误差模型;在经济矩阵(W3)设定的情况下,空间滞后模型和空间误差模型的 LM 检验都在 1% 的水平上显著,但是 Roubust-LM 检验显示空间滞后模型更优,因此,可以确定空间滞后模型为更优的模型选择。

表 5-10　　　　　　　　　空间面板模型的 LM 检验结果

LM 检验	邻近矩阵(W1)		地理矩阵(W2)		经济矩阵(W3)	
	T 值	P 值	T 值	P 值	T 值	P 值
L-lag	10.449	0.001	55.864	0.000	47.644	0.000
L-error	0.004	0.950	8.421	0.004	16.318	0.000
R-lmlag	48.448	0.000	55.315	0.000	34.106	0.000
R-lmerror	38.003	0.000	7.871	0.005	2.780	0.095

本书根据上述的筛选原则,还进行了杜宾模型是否可以转化为空间滞后模型或空间误差模型的 wald 和 LR 检验,检验结果见表 5-11,检验结果均在 1% 的显著水平下拒绝了 SDM 模型可以转为 SEM 模型和 SLM 模型的假设,说明 SDM 模型更优。基于以上研究,本书选择空间杜宾模型进行高技术产业发展水平对产业结构升级影响的空间计量分析。

表 5-11 的结果可以看到,在地理矩阵下,核心变量高技术产业发展水平(hitech)的空间溢出效应最大为 0.352;在邻近矩阵下,高技术产业发展水平(hitech)的空间溢出效应为 0.302;而在经济矩阵下,回归系数为 0.251,并且在三种矩阵下高技术产业发展水平都通过了 1% 的显著性水平检验。邻近矩阵下高技术产业对产业结构升级的回归系数最高,这说明了高技术产业产业结构升级效应具有一定的辐射范围,因此,在利用高技术产业结构促进高技术产业升级时要考虑其辐射范围和距离。以邻近矩阵为例,高技术产业发展水平每提高一个单位,产业结构升级水平就会提高 0.352 个单位。高技术产业本身所具有的高技

表 5 - 11　空间计量估计结果

变量	邻近矩阵（W1）			地理矩阵（W2）			经济矩阵（W3）		
	SLM（1）	SEM（1）	SDM（1）	SLM（2）	SEM（2）	SDM（2）	SLM（3）	SEM（3）	SDM（3）
c	—	—	37.514*** (3.857)	25.982*** (4.996)	—	2.433 (7.197)	36.875*** (3.680)	60.703 (3.128)	—
hiteh	0.241*** (0.074)	0.241*** (0.075)	0.302*** (0.064)	0.263*** (0.064)	0.221*** (0.073)	0.352*** (0.064)	0.237*** (0.063)	0.209*** (0.065)	0.251*** (0.067)
hr	0.478*** (0.245)	0.762*** (0.230)	-0.793*** (0.280)	0.127 (0.249)	0.666*** (0.255)	-0.316 (0.272)	0.365 (0.236)	0.979*** (0.243)	-0.051 (0.273)
tech	-0.735*** (0.286)	-0.651** (0.290)	-0.697** (0.280)	-0.565** (0.278)	-0.717** (0.296)	-0.7174*** (0.272)	-0.546** (0.276)	-0.466 (0.286)	-0.764*** (0.265)
fdi	1.214*** (0.180)	1.312*** (0.180)	0.755*** (0.171)	0.943*** (0.175)	1.292 (0.180)	0.651*** (0.173)	0.818*** (0.181)	0.887*** (0.194)	0.609*** (0.173)
lnur	1.572** (0.729)	1.965*** (0.522)	0.737 (0.695)	1.759** (0.712)	1.589** (0.7348)	1.576** (0.6710)	1.818** (0.713)	1.518** (0.766)	0.603 (0.653)
infr	2.196*** 0.508	2.493*** (0.5226)	0.772 (0.494)	1.153** (0.5124)	2.388*** (0.555)	0.380 (0.5134)	2.060*** (0.483)	2.993*** (0.5472)	2.995*** (0.502)
W·hitech	—	—	—	—	—	1.495*** (0.383)	—	—	—
W·hr	—	—	1.804*** (0.392)	—	—	—	—	—	-0.714 (0.446)

续表

变量	邻近矩阵（W1）			地理矩阵（W2）			经济矩阵（W3）		
	SLM（1）	SEM（1）	SDM（1）	SLM（2）	SEM（2）	SDM（2）	SLM（3）	SEM（3）	SDM（3）
W·fdi	—	—	—	—	—	-1.722** (0.677)	—	—	0.831** (0.368)
W·lnur	—	—	6.187*** (1.138)	—	—	18.176*** (3.292)	—	—	10.842*** (1.975)
W·infr	—	—	—	—	—	—	—	—	-4.485*** (0.766)
ρ	0.160*** (0.051)	—	0.066 (0.050)	0.470*** (0.070)	—	0.217** (0.101)	0.336*** (0.051)	—	0.170** (0.070)
R²	0.692	0.680	0.743	0.713	0.680	0.746	0.703	0.675	0.751
Log L	-771.818	-776.463	-807.902	-828.786	-772.725	-804.736	-828.311	-838.760	-722.550
SDM→SLM	—	—	101.91***	—	—	107.46***	—	—	177.77***
SDM→SEM	—	—	99.83***	—	—	110.75***	—	—	178.51***

注：表中**和***分别代表5%和10%不同的显著水平。

术、高利润和高渗透性的特点会极大推动产业结构的优化升级。一方面，高技术产业所具有的较高的科技创新能力可以提高资源的利用效率，极大程度地发挥其生产作用；另一方面，高技术产业多部门、多领域知识的融合会加速知识溢出，从而提高我国的整体技术水平，因此，我国可以通过大力发展高技术来实现产业结构升级。

人力资本水平（hr）的回归系数在三类矩阵下都是负的，在邻近矩阵下的系数最大且通过 1% 的显著性检验，其他两个矩阵下的系数均不显著，这说明人力资本的发展会阻碍产业结构的进一步升级，而且这种负效应在邻近区间表现得更为明显。产生这种结果的原因有以下两个方面：第一，虽然随着义务教育的发展，我国人力资本不断丰富，但是高技术型的人才仍然比较缺乏，高技术人才的供给和需求之间存在很大的差距，会对产业结构升级产生负面影响；第二，人力资本的流动性比较弱，其对产业结构升级的作用仅限于有限的区域内。而技术进步（tech）在三大矩阵下对产业结构升级的影响也是负的，并且都通过了显著性检验。

对于其他控制变量来说，外商直接投资（fdi）在三大矩阵下都表现出较强的差别不大的正效应，且都通过了 1% 的显著性检验。这说明外商直接投资对产业结构升级的影响具有很强的空间特性，这主要是因为我国地大物博、地区差异较大，各地区比较优势区别明显，因此，外商会根据自己的不同需求进行投资，而且外资的进入一方面带来技术和知识的外溢会加速行业内技术的提高和更新，那么东道主为了适应外资企业必然会主动地学习技术不断更新技术，间接促进传统产业的发展，进而促进产业结构升级；另一方面，东道主国家为了吸引外资必然会大力进行基础设施建设，完善的基础设施建设对"空间溢出效应"和"蒂伯特选择"作用下的"用脚投票"机制作用的发挥十分有利，并且完善的基础设施也会吸引大量的外资，因而外商投资和基础设施建设都会对产业结构升级产生较大的促进作用，这是基础设施建设在经济矩阵下表现出较高的促进效应的原因（空间溢出系数为 2.993）。

城镇化发展对产业结构升级的空间溢出效应只有在地理矩阵下才表现为显著，城镇化水平每提高一个单位，产业结构水平就提高 1.576 个单位，而在其他两种矩阵下表现不明显，主要考虑到城镇化发展的辐射效应也是有限的，但是城镇化主要通过产业集聚、提高资源利用效率和良好的环境来促进产业结构升级水平，但是这种促进作用的发挥也有一定的区域范围。

5.4 结论与政策建议

5.4.1 主要研究结论

本部分回顾和梳理了高技术产业、产业结构升级及其相互关系的相关文献。首先，在对高技术产业概念进行界定和特征进行分析的基础上，从产业发展规模、产业创新能力、产业发展效益三个维度构建了高技术产业发展水平综合指标体系，收集 2000～2015 年共 26 个省区市的 12 个指标，运用熵权法测度高技术产业发展水平综合指标；其次，利用计算的综合得分从整体和区域两个方面分析我国高技术产业发展现状；最后，构建了高技术产业发展水平和产业结构升级的空间计量模型，分析中国高技术产业发展协同创新对产业结构升级、区域经济协调发展的空间效应，主要得出以下 4 点结论。

（1）2000～2015 年高技术产业发展水平测度的相关结论。本书基于熵权法对高技术产业发展水平测度分析发现，在高技术产业发展水平指标构建中，产业创新能力指标所占权重最高（49.29%），产业发展规模次之（33.21%），产业发展效益指标权重最低（17.50%），产业技术创新能力对高技术产业的发展发挥着关键作用。在区域层面上，我国高技术产业发展水平状态不稳定，区域间差异较大，广东、江苏、上海、北京和浙江等东部地区一直处于领先地位。而甘肃、宁夏、山西、云南和广西等西部地区长期处于最低水平。我国高技术产业发展水平在三大区域间表现出东部地区发展水平较平稳且远远高于其他地区，中部地区发展水平提升快速，在 2000～2004 年发展水平落后西部地区的现状下，随后逐渐实现赶超，发展水平高于西部地区，并且在 2009 年后这种优势越发明显。而西部地区的高技术产业发展较缓慢，发展水平长期处于落后的状态。高技术产业的区域发展不平衡问题，说明我们有必要采取相应措施来促进高技术产业在区域间的协同发展。

（2）空间四分图说明我国产业结构存在较为明显的空间地理差异。通过地理信息系统 GIS10.2 软件绘制了 2000 年、2008 年和 2015 年我国各省区市产业结构水平的空间四分图，发现各省区市产业结构水平存在明显的地域差异，而且邻近区域间的产业结构水平基本相近。因此，各省区市要利用自身资源、产业以及政策优势，积极推进产业集群、产业联盟发展，推动产业结构优化升级。

（3）空间探索性数据分析（DSEA）显示我国产业结构升级水平存在空间相关性。利用 Stata 软件计算了我国 2000～2015 年产业结构水平的全域和局部莫兰指数，结果显示产业结构水平的全域莫兰指数主要集中在 0.3～0.4 之间，并且都通过了显著性检验，说明我国省域产业结构之间存在空间相关性。而局域莫兰指数的散点图则表明我国产业结构水平表现出"高产业结构水平的省区市被高产业结构水平的省区市包围""低产业结构水平的省区市被低产业结构水平的省区市包围"的分布趋势，这说明了我国不同省区市的产业升级水平相互影响。因此，各省区市要通力合作，推动区域间产业空间联动，发挥区域协同创新能力，为实现区域产业结构优化升级提供新动力。

（4）空间计量结果显示空间杜宾模型有很高的解释能力，大力发展高技术产业可以有效地促进产业结构优化升级。相对于其他矩阵，地理矩阵下高技术产业对产业结构升级的促进效应最大，但这种促进效应辐射范围有限。人力资本和技术进步对产业结构升级具有负效应，因为较低质量人力资本供给和较高质量人力资本需求之间的差距严重阻碍了产业结构的进一步升级，而中国非核心技术的发展也限制了产业结构水平的进一步提升。外商投资、城镇化和基础设施建设等都会促进产业结构的升级，但城镇化的促进效应并不明显。因此，为了促进产业结构升级，我国应该不断完善市场机制，不断加大对核心科技研发与创新的投入力度，促进高技术产业的快速发展；不断培养掌握关键技术的跨领域、跨学科、跨专业的优秀复合型人才，为产业结构升级提供人才支撑；加强基础设施建设，不断地吸引外资进入，充分利用技术外溢为我国产业结构升级提供技术支持和资金支持。

5.4.2 对策建议

根据以上的研究结论，本书就如何提升产业结构提出以下 4 点对策建议。

5.4.2.1 促进高技术产业区域协同发展，引领区域产业结构升级

高技术产业发展具有显著推动区域产业结构升级的作用，但由于高技术产业发展在区域间的不均匀态势一定程度上抑制了我国产业结构的优化升级。因此，需要采取相关政策措施促进高技术产业区域协同发展，推动区域产业结构升级。

一方面，政府要"因地施政"，针对不同区域情况制定适宜的高技术产业发

展政策。面对我国高技术产业区域发展不平衡的现状，各地政府应因地制宜，构建具有个性化的，量身定做式的符合高技术产业发展需求的政策体系。针对技术发达的东部地区，要加大其科研和人力资源投入，做大、做强高技术企业，充分发挥东部地区的"领头羊"作用。如发挥上海、南京和杭州在长江三角洲区域辐射带动作用；发挥京津冀经济区在华北和东北地区的创新扩散作用。同时，针对发展水平落后，高技术产业发展缺乏增长极的中西部地区，政府应加速制定符合地区实情的产业发展规划方案，明确不同时间点的目标。要将高新技术开发区、技术创新城等多种方式相结合来推动东部与中西部区域间的技术合作，创新产学研协作体系，充分发挥高校与科研机构在技术创新上的重要作用。同时，利用财税政策的倾斜来推动中西部区域高技术产业发展中心的形成与发展，从多方面来推动该地区的高技术产业发展。

另一方面，增强区域间的交流与合作，实现高技术产业在区域间的协同发展。政府应积极制定和健全高技术产业在东部与中西部地区间的交流合作机制，从而使区域合作得到逐步深化，区域合作的形式不断创新，实现在更大范围、更广领域、更高水平上发挥东部地区高技术产业发展对中西部地区的溢出效应。要充分发挥区域间对口扶持，联合研发机构或技术共同体等多种方式对不同区域间高技术产业协同发展的重要作用。同时，政府要不断完善高技术产业的市场化机制，构建畅通的知识和技术溢出渠道，逐步引导高技术产业由东部地区向中部和西部地区梯度转移，实现高技术产业的协同发展，从而促进区域产业结构的优化升级。

5.4.2.2　提高自主创新，实现技术进步与产业结构升级的有效匹配

技术进步作为区域产业结构升级的内在动力，对区域产业结构升级发挥重要的作用。但从前文的分析发现，我国当前的技术进步水平与区域产业结构升级现实需求存在着不匹配的问题，导致技术进步并未对区域产业结构升级发挥积极推动作用。因此，需要采取相应政策措施提高自主创新能力，有效地发挥技术进步对区域产业结构升级的推动作用。

对于东部地区而言，提高自主创新能力的关键是不断完善以企业为创新主体、以市场为导向、以应用研究为重点的自主创新体系。政府应加强与企业的沟通与合作，鼓励和引导企业设立具有开放性、跨区域和国际化的科研机构，尤其是要鼓励具有竞争优势的企业设立海外研发机构，实现与国际先进技术的接轨。同时，还应大力推进产学研用大联合，努力帮助企业与高校、科研院所建立长期

合作关系，推进高校、科研院所的研发力量进入企业，实现企业与高校和科研院等多部门联动的产学研用联合体，并通过拓展联合领域，提升联合层次，健全联合机制，提高企业的自主创新能力。

对于研发投入严重不足的中西部地区而言，加大科研投入是提升技术进步水平的重点。因此，应加大中央及地方政府对中西部地区科技投入的支持力度，强化各项相关规定的依法落实，确保该地区财政科技投入持续稳定增长，形成以政府财政投入为引导的多元化、多渠道、高效率的研发投入体系。同时，要在财税、金融等政策方面对中西部地区给予适当倾斜，通过财税政策的优惠来引导当地企业增加研发投入，利用信贷环境的放宽和融资环境的改善，进一步刺激企业深化技术创新，从而提高中西部地区的技术水平。

5.4.2.3 加大人力资本投资力度，提升人力资本水平

人力资本的提升会显著促进区域产业结构升级，因此，要加大对人力资本的投资，提高社会平均受教育水平。政府在提升人力资本水平上，要充分发挥宏观调控的职能，加大教育投入，拓展多元化的教育投资渠道，鼓励社会资本参与教育事业，以推动教育产业的发展。

在经济转型的大背景下，高等教育对人力资本水平的提升具有越来越重要的作用，因此，政府应积极完善高等教育的教育体制，加大对高等教育的投入。根据市场对各领域人才的需求，建立与之相适应的人才计划和教育模式，从而减少人才培养中存在的与应用脱节、资源浪费等问题。同时，在人才培养上可通过联合办学的方式，充分发挥各领域专长，增强高技能型人力资本的产出，培养跨领域、跨学科、跨专业的优秀复合型人才。

针对人力资本水平落后的中西部地区，一方面，依赖于政府在加大国家财政性教育支出时实施倾斜性的教育投入，通过教育投入力度的增加来缩小中西部与东部地区教育发展的差距；另一方面，需要中西部地区，特别是经济发展水平低的西部地区创造更加有吸引力的就业环境来留住优秀人才，减少人才的流失。例如，针对不同层次人才给予不同的薪酬和福利，通过差异化的薪酬制度实现高素质人才的合理配置；加强人才选拔的合理性与透明化，形成公平的竞争机制；加强基础设施建设，强化社会治安，提升高素质人才的生活环境和质量等。当然，对于落后地区而言，提升居民、企业和政府对人力资本的投资意识也是提升当地人力资本水平的有效途径。

5.4.2.4 加大开放力度，充分发挥外资的产业结构升级效应

外商直接投资对区域产业结构升级具有积极推动作用，其中，发挥外资企业的技术外溢效应是提升东部地区产业结构升级的有效手段之一。因此，政府需要采取相关措施构建良好的法律环境、投资环境和政策环境以促进外资的技术外溢。首先，政府要不断健全我国各项法律制度，尤其是要积极加强对专利技术等知识产权的保护力度，通过加大对各种侵权行为的打击力度，提高法律和行政法规的实际执行能力，来保护技术创新和研发者的合法权益，营造良好的法律环境吸引国外投资者将先进的技术转移到中国，提高技术溢出效应。其次，要不断加强基础设施建设，优化国内投资环境。将外资企业的产业研发能力与本土企业的加工、配套能力相结合，以提高本土企业学习与吸收国外先进技术的能力。最后，政府在研发投资、技术成果转化以及促成合作开发等方面给予更多的政策支持，推动企研结合，促进科学技术转化为生产力，使东部地区的本土企业逐渐培养自身的核心技术，形成自己的核心竞争能力与市场规模。

对于外商直接投资严重缺乏的中西部地区而言，应加大开放力度，合理引导外资区域投向，逐步增加我国中西部地区的投资比重，实现外资由东向西的梯度转移。一方面，政府可通过税收等优惠政策引导外资流向该地区；另一方面，地方政府应积极配合，为跨国企业投资提供便利，特别是经济基础较好、自然资源和人力资本较丰富的地区，应率先加快招商引资步伐，大力发展区位优势产业，为逐步实现产业结构升级作出表率。当然，通过区域合作将东部地区外资企业产业链中的劳动密集部分转移到中西部地区进一步强化了外资的产业结构升级效应。

总之，产业结构升级、区域协调发展是一个完整的系统工程，后发大国各区域经济结构差异较大，产业结构升级要综合考虑地区特性和各区域之间的空间溢出效应，因此，要在发挥各地区比较优势的基础上，加强区域产业空间联动，充分发挥区域协同创新能力，走一条"点、线、面"综合发展的产业结构升级道路。

5.5 本 章 小 结

本章运用熵权法度量了 2000~2015 年中国高技术产业的发展水平，并构建

高技术产业发展水平和产业结构升级的空间计量模型，分析高技术产业发展水平对产业结构升级的空间效应，研究在政府政策支持下，战略性新兴产业发展水平及对产业结构升级、区域经济协调发展的驱动作用，在发挥各省区市比较优势的基础上，对加强省际产业空间联动，充分发挥区域协同创新能力，走一条"点、线、面"综合发展的产业结构升级道路具有重要的战略意义。

第6章 后发大国战略性新兴产业发展的空间优化布局

战略性新兴产业作为国家重大战略选择，是推动中国经济新一轮发展的引擎，是实现全面小康和可持续发展的重要环节。近年来，中国战略性新兴产业的生产规模、技术进步、产品创新、产业环境等都取得了重大进展，一批战略性新兴产业基地和示范园区相继建成，中国战略性新兴产业空间布局已现雏形。本章立足我国战略性新兴产业发展的基本情况，对其空间分布特征进行分析，并提出战略性新兴产业空间布局优化的建议与意见。

6.1 后发大国战略性新兴产业空间布局现状分析

国外学术界虽没有对战略性新兴产业的概念形成一致且权威的定论，但大多认为战略性新兴产业是指对本国、本地区有重大、长远影响，能够带动本国、本地区经济发展的新兴产业。维克、穆尔斯和迈乌斯（Valk，Moors & Meeus，2009）等在研究德国和荷兰生物技术产业发展情况时，指出技术突破是生物技术产业发展的基本驱动力。迈耶（Meyer，2010）等通过实验分析、案例研究探讨了产业之间相互依存的共生关系及协同创新的机理。法尔等（Phaal et al.，2011）通过对20个不同产业的发展过程进行研究，提出了以科学技术为基础的产业形成路线图。福布斯等（Forbes et al.，2011）提出在研究新兴产业时要关注技术变迁在新兴产业形成与发展中的作用。

中国战略性新兴产业发展的理论与实践一直受到学术界的高度关注，已有研究主要集中在战略性新兴产业的内涵特征、产业选择、产业特征、政策支持等方面。郑江淮（2010）、肖兴志（2013）、黄鲁成等（2014）、柳卸林等（2012）借鉴国内外关于主导产业、优势产业特征，探讨了中国战略性新兴产业的内涵及发展模式特征。郑江淮（2015）认为，战略性新兴产业具有战略性、新兴性和带动性等特征。吕蒂（LvTie，2014）、肖兴志（2014）则认为，技术、市场的不确定性和研发、产业化的正外部性是战略性新兴产业的显著特性。霍国庆（2014）认为战略性新兴产业属于战略产业演化过程中的初级阶段，战略性新兴产业在产业内外因素的推动下逐渐演化为主导产业，并提出了战略性新兴产业的识别方法。刘志彪（2015）、托比（Toby，2007）、何声贵等（2012）在借鉴发达国家政府扶持新兴产业发展政策的基础上，提出了中国战略性新兴产业发展的政策扶持策略。也有的学者另辟蹊径，研究中国巨大的国内市场规模对战略性新兴产业发展的重要影响。黄先海和张胜利（2019）基于异质性企业模型，对战略性新兴产业在面临大国市场冲击进行研发创新时所需要的条件进行具体分析。通过研究发现：在面临正向市场需求冲击时，生产率一定条件下的企业初始市场需求规模越大，市场扩张效应就越显著。对于生产率较低的企业而言，市场冲击的竞争弱化效应更强，且企业的生产率水平只有到达某一阶段后企业才会进行研发投入；企业的生产率水平越高，企业研发投入激励越大。这一结论的得出为战略新兴产业发展提供了新的思路。

随着《"十三五"国家战略性新兴产业发展规划》等相关政策的实施，战略性新兴产业在各地区得到迅速发展，产业资源已呈集聚趋势，空间布局已现雏形，并形成了包括环渤海地区、长江三角洲、中部地区和西部地区在内的四大再生能源集群产业区，其中稀土资源供应和核转换设施建设成为我国西部主要的可再生能源产业。但同时，我国战略性新兴产业的空间布局也暴露出区域间产业布局趋同，同质化竞争激烈的问题。因此，从全局的视角对战略性新兴产业的空间布局进行研究具有极大的必要性和现实意义。

国外有关产业空间结构、空间布局的研究主要以高端制造业为研究对象。如迪迈等（Dumais et al.，2002）、德斯梅特等（Desmet et al.，2005）通过研究证实了美国制造业整体的集聚程度在不断减弱。艾金格和法夫尔梅尔（Aiginger & Pfaffermayr，2004）以及巴里奥斯等（Barrios et al.，2005）发现欧洲的制造业也存在集聚程度下降的趋势，这也是导致制造业生产力水平下降的重要因素。但是国内对高级制造业的研究却得出了不同的结论。罗勇和曹丽莉（2005）、陈秀山和徐瑛（2008）、杨洪焦（2008）以及路江涌（2006）等学者普遍认为中国制造业整体在空间上集聚，但是发展并不均衡。张宁（2016）研究发现，我国制造业主要集中在东部沿海地区，随着地区之间的重复建设问题日渐严重，并且制造业过度集聚也带来了产业效益损失等问题。

学者们对战略性新兴产业空间布局问题的研究主要从以下三个方面展开：第一，从不同角度出发分析战略性新兴产业的空间布局特征。唐根年和徐维祥（2004）从高技术产业成长的视角对其时空演变特征进行分析和研究，发现我国高技术产业在京津冀、长江三角洲和珠江三角洲呈现较明显的集群发展态势。刘艳（2013）分析了中国战略性新兴产业的集聚情况，认为中国战略性新兴产业空间结构表现为产业集聚和产业扩散两者并存的特性。韦福雷和胡彩梅（2012）运用空间计量方法进行研究，发现中国战略性新兴产业空间布局具有一定的趋同性，其中新能源、新材料等高技术产业的趋同性最为明显，主要是因为这类型产业发展需要较为深厚的技术与创新积累。高丽娜（2012）采用修正 E - G 指数，研究以高端制造业为代表的战略性新兴产业的时空分布情况，得出战略性新兴产业的空间布局应该遵循"适度集聚"与"因地制宜"的双重原则。范晓超（2016）以中国风力发电制造业为研究对象得出了同样的结论。遗憾的是这些研究以高技术产业或单个行业作为研究对象，仅能反映战略性新兴产业部分领域或行业，而无法反映战略性新兴产业全局。第二，对特定区域战略性新兴产业空间布局进行研究。王宏起等（2013）利用 2006～2010 年各地航空航天器制造数据，从产业规模、创新能力、外向度、发展环境等方面构建了战略性新兴产业空间布局指标体系，运用系统聚类分析法，设计了战略性新兴产业空间布局模型，并以航空航天产业为例进行经验验证。第三，对全国战略性新兴产业整体布局进行研究。周晶（2012）利用 2010 年全国各区域工业经济数据，测算出中国各地战略性新兴产业增加值及占全国比重，认为战略性新兴产业的区域集中度从东部、中西部、东北地区依次呈现由高到低的分布特征。韦福雷和张琳彦（2015）利用空间计量方法对我国的各省区市战略性新兴产业空间分布的现状和集聚特点进行分析。而刘佳刚（2014）以沪深上市公司作为研究样本，从全国、区域和产业三个层面分析我国战略性新兴产业的空间布局情况。邵云飞、穆荣平和李刚磊（2019）则对战略性新兴产业创新能力的区域差异进行分析，并对我国 31 个省级行政区的类别进行具体判别与划分。研究发现：我国战略性新兴产业的创新能力整体较弱，区域发展不平衡问题严重，多数地区存在创新短板，"木桶效应"的存在限制了区域整体创新潜力，不同区域创新能力以"胡焕庸线"为界呈金字塔形态分布。李红锦和曾敏杰（2018）认为，战略性新兴产业作为当下及未来一段时间内最具发展活力的产业，是推动我国产业转型升级的核心力量，但是目前战略性新兴产业发展存在区域不均衡的局面，主要分布在一线城市、省会核心城市，并且区域之间存在着巨大的差异，严重影响了我国产业发展的整体速度。这些为我国战略性新兴产业的空间布局研究提供了有益的启示，但仅限于空间维度的静态分析，未从时间维度上对我国战略性新兴产业的布局进行动态研究。

综上所述，国内外学者对中国战略性新兴产业空间布局现状、特征等方面进行了系统研究，在前人研究的基础上，结合实际情况，本书拟根据相关研究对战略性新兴产业的定义，筛选出具有战略性新兴产业概念的上市公司，这些上市公司时空演变就可以作为战略性新兴产业时空演变的一个缩影，进而可以对战略性新兴产业空间格局的时空演变与布局优化进行进一步的研究。具体的数据收集依据和过程为：（1）根据《战略性新兴产业分类（2012）》和《战略性新兴产业产品和服务指导目录》对战略性新兴产业内涵的解释，组织 11 位具有相关学科背景的专家筛选出 2004 年、2009 年和 2014 年所有沪深股市上市公司中具有战略性新兴产业概念的企业；（2）到 Wind 数据库中下载所筛选出的这些上市公司的财务报告；（3）形成本书研究所需的战略性新兴产业数据库。各年份不同地区（不包含台湾、香港和澳门地区）战略性新兴产业的企业数量如图 6 - 1 所示。

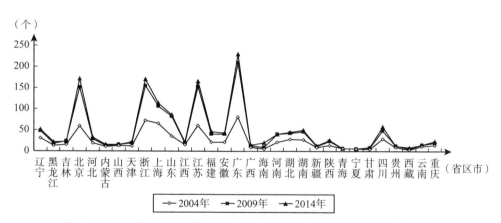

图 6 - 1　2004 年、2009 年、2014 年各省区市战略性新兴产业的企业数量

图 6 - 1 中，我国具有战略性新兴产业概念的企业具有鲜明的时空分布特点。时间上，本书选择 2004 年、2009 年、2014 年三个时间节点来对我国战略性新兴企业时间上的变化进行分析。从 2004 ~ 2014 年，我国具有战略性新兴产业概念的企业数量呈上升趋势，而且 2009 年战略性新兴企业的数量相比于 2004 年有了大幅度的提升，说明我国大力发展战略性新兴产业的战略提出后，全国各地都积极响应，加强了对战略性新兴产业的重视。空间上，具有战略性新兴产业概念的企业在各省区市的分布呈现不均衡的特征。主要集中在北京、浙江、上海、江苏

等东部沿海地区以及相关省会城市，这主要是因为这些地区具有较为发达的经济水平、较先进的技术水平以及较为完善的基础设施，这些都为战略性新兴企业的发展与壮大奠定了基础。西部地区所分布的战略性新兴企业普遍较少，这与企业发展需要大量的技术与资金支持也是分不开的。

对战略性新兴产业企业数量的时空分布的直观研究，在一定程度上反映了我国战略性新兴产业时空演变的大体特征，但是缺乏更为严谨的定量分析。因此，本书在收集整理相关数据基础上，以 2004 年、2009 年和 2014 年三个时间截面作为研究期间，选择具有战略性新兴产业概念的上市公司作为研究对象，运用空间自相关等方法，对中国战略性新兴产业空间格局的时空演变和空间格局进行研究，以期为中国战略性新兴产业的空间布局优化提供参考和借鉴。

6.2　中国战略性新兴产业成长的时空演变特征分析

6.2.1　全国层面的时空演变规律分析

（1）发展规模不断扩大，增长速度逐年变缓。从 2004 年、2009 年、2014 年三个年度战略性新兴产业发展规模来看，战略性新兴产业的资产规模在不断增扩大，但增长速度呈现出逐渐变缓的趋势。逐年比较可以发现，我国战略性新兴产业在 2009 年的资产总额与 2004 年的资产总额相比，2009 年的资产总额比 2004 年的资产总额增加了 4.91 万亿元，增长率为 22.65%；而 2014 年与 2009 年资产总额相比，2014 年资产总额比 2009 年增加了 8.55 万亿元，增长率为 12.08%，发展速度呈减缓趋势，究其原因可能是核心关键技术的缺乏以及技术引进学习、再创新的技术发展模式所带来的产业发展优势逐渐减弱。

（2）发展效益增长较快，增长速度逐渐下降。从战略性新兴产业的发展效益来看，营业收入和利润总额增长都较快，但是增长速度呈现变缓的发展趋势。对比样本年份，战略性新兴产业 2009 年的营业收入与 2004 年的营业收入相比，2009 年比 2004 年增加了 3.71 万亿元，增长率为 20.51%；2014 年与 2009 年的营业收入比，2014 年营业收入比 2009 年增加了 5.81 亿元，增长率为 10.53%，增长率下降了一半左右。就战略性新兴产业利润总额来看，2009 年的利润总额比 2004 年的利润总额增加了 0.19 万亿元，增长率为 15.82%；2014 年与 2009 年利润总额相比，2014 年利润总额比 2009 年增加了 0.29 万亿元，增长率为 9.57%，增长率也是下降了一半左右，利润总额增长放缓。

6.2.2 产业层面的时空演变规律分析

（1）节能环保产业发展规模最大且相对稳定，新材料产业还处于发展初期。从产业层面的发展规模来看，见表 6-1，对 2004 年各战略性新兴产业的资产总额占比进行排序，由大到小依次是生物产业、节能环保产业、新材料产业、新一代信息技术产业、新能源汽车产业、高端装备制造产业、新能源产业。其中，生物产业占比 60.31%，节能环保产业占比 22.17%，新材料产业占比 8.76%，新一代信息技术产业占比 5.80%，新能源汽车产业占比 1.39%，高端装备制造产业 0.94%，新能源产业占比 0.64%。对 2009 年各战略性新兴产业资产总额占比进行排序，由大到小依次是节能环保产业、新一代信息技术产业、新能源汽车产业、高端装备制造产业、新材料产业、生物产业、新能源产业。其中，节能环保产业占比 53.30%，新一代信息技术产业占比 15.81%，新能源汽车产业占比 6.85%，高端装备制造产业占比 6.52%，新材料产业占比 6.18%，生物产业占比 6.03%，新能源产业占比 5.30%。对 2014 年各战略性新兴产业资产总额占比进行排序，由大到小依次是节能环保产业、新一代信息技术产业、高端装备制造产业、新能源汽车产业、生物产业、新能源产业、新材料产业。其中，节能环保产业占比 52.15%，新一代信息技术产业占比 16.57%，高端装备制造产业占比 8.94%，新能源汽车产业占比 8.60%，生物产业占比 7.96%，新能源产业占比 5.15%，新材料产业占比 0.63%。

表 6-1 2004 年、2009 年和 2014 年各战略性新兴产业资产总额占比及排名

年份	战略性新兴产业	资产总额占比（%）	排名
2004	节能环保产业	22.17	2
	新一代信息技术产业	5.80	4
	生物产业	60.31	1
	高端装备制造产业	0.94	6
	新能源产业	0.64	7

续表

年份	战略性新兴产业	资产总额占比（%）	排名
2004	新材料产业	8.76	3
	新能源汽车产业	1.39	5
2009	节能环保产业	53.30	1
	新一代信息技术产业	15.81	2
	生物产业	6.03	6
	高端装备制造产业	6.52	4
	新能源产业	5.30	7
	新材料产业	6.18	5
	新能源汽车产业	6.85	3
2014	节能环保产业	52.15	1
	新一代信息技术产业	16.57	2
	生物产业	7.96	5
	高端装备制造产业	8.94	3
	新能源产业	5.15	6
	新材料产业	0.63	7
	新能源汽车产业	8.60	4

资料来源：原始数据均来自 Wind 数据库。

由此我们可以看出，近年来，我国非常重视环境保护与节能减排，因此，在市场竞争过程中，节能环保产业发展较好的企业具有很大的市场竞争优势，该产业发展也远远高于其他战略性新兴产业，节能环保资产总额占比呈不断上升趋势。2009 年和 2014 年资产总额占比排在第一位的都是节能环保产业，排在第二位的都是新一代信息技术产业。其中，节能环保产业占比基本保持在 50% 左右，新一代信息技术产业占比基本保持在 16% 左右。新能源产业与新材料产业占比排在后两位，而且其资产占比基本保持在 5% 和 1% 左右，是发展严重不足的战略性新兴产业，也是我国未来战略性新兴产业发展的方向和主要的技术攻克领域。

（2）节能环保产业发展效益最好，新一代信息技术产业发展势头强劲。从产业层面的发展效益来看，2004 年各战略性新兴产业营业收入占比由大到小依次是：生物产业、节能环保产业、新材料产业、新一代信息技术产业、新能源汽车产业、高端装备制造产业、新能源产业。其中，生物产业占比 60.62%，节能环保产业占比 20.94%，新材料产业占比 10.59%，新一代信息技术产业占比 4.92%，新能源汽车产业占比 1.88%，高端装备制造产业占比 0.73%，新能源产业占比 0.32%。2009 年各战略性新兴产业营业收入占比由大到小依次是：节能环保产业、新一代信息技术产业、新能源汽车产业、生物产业、新材料产业、高端装备制造产业、新能源产业。其中，节能环保产业占比 58.23%，新一代信息技术产业占比 12.46%，新能源汽车产业占比 9.38%，生物产业占比 6.37%，新材料产业占比 5.46%，高端装备制造产业占比 5.20%，新能源产业占比 2.90%。2014 年各战略性新兴产业营业收入占比由大到小依次是：节能环保产业、新一代信息技术产业、新能源汽车产业、生物产业、新材料产业、高端装备制造产业、新能源产业。其中，节能环保产业产业占比 53.09%，新一代信息技术产业占比 13.41%，新能源汽车产业占比 11.62%，生物产业占比 8.06%，新材料产业占比 6.20%，高端装备制造产业占比 5.33%，新能源产业占比 2.29%。我们可以发现，2009 年和 2014 年各战略性新兴产业排名基本一致，都是节能环保产业的发展效益占比最大，同时除节能环保产业占比有所下降外，其他战略性新兴产业占比都有所提升。节能环保产业发展效益排名的持续靠前也反映出持续发展的未来经济发展的方向、经济效益与环境效应并举的世界经济发展潮流。

从各战略性新兴产业利润总额来看，2004 年各战略性新兴产业利润总额占比由大到小依次是：生物产业、节能环保产业、新材料产业、新一代信息技术产业、新能源汽车产业、高端装备制造产业、新能源产业。其中，生物产业占比 59.59%，节能环保产业占比 20.17%，新材料产业占比 14.91%，新一代信息技术产业占比 2.40%，新能源汽车产业占比 1.85%，高端装备制造产业占比 0.65%，新能源产业占比 0.43%。2009 年各战略性新兴产业利润总额占比由大到小依次是：节能环保产业、新一代信息技术产业、生物产业、新能源汽车产业、高端装备制造产业、新能源产业、新材料产业。其中，节能环保产业占比 38.91%，新一代信息技术产业占比 14.79%，生物产业占比 13.20%，新能源汽车产业占比 11.69%，高端装备制造产业占比 9.84%，新能源产业占比 7.09%，新材料产业占比 4.48%。2014 年各战略性新兴产业利润总额占比由大到小依次是：节能环保产业、新一代信息技术产业、新能源汽车产业、高端装备制造产业、新能源产业、新材料产业、生物产业。其中，节能环保产业占比 41.69%，新一代信息技术产业占比 20.57%，新能源汽车产业占比 18.77%，高端装备制造产业占比 8.14%，新能源产业占比 5.04%，新材料产业占比 4.19%，生物产业占比 1.61%。我们可以发现，2009 年和 2014 年节能环保产业利润占比排名第一，新一代信息技术产业利润占比排名第二，新能源产业利润占比排名比较靠后。因此，我国战略性新兴产业发展应该在保持节能环保产业、新兴技术产业发展的同时，加大对新能源产业的支持和发展，不断提升新能源技术实现其快速发展，详见表 6 - 2。

表 6 - 2　　　　　　2004 年、2009 年和 2014 年各战略性新兴
产业营业收入、利润总额占比及排名

年份	战略性新兴产业	营业收入占比（％）	排名	利润总额占比（％）	排名
	节能环保产业	20.94	2	20.17	2
	新一代信息技术产业	4.92	4	2.40	4
	生物产业	60.62	1	59.59	1
2004	高端装备制造产业	0.73	6	0.65	6
	新能源产业	0.32	7	0.43	7
	新材料产业	10.59	3	14.91	3
	新能源汽车产业	1.88	5	1.85	5
	节能环保产业	58.23	1	38.91	1
	新一代信息技术产业	12.46	2	14.79	2
	生物产业	6.37	4	13.20	3
2009	高端装备制造产业	5.20	6	9.84	5
	新能源产业	2.90	7	7.09	6
	新材料产业	5.46	5	4.48	7
	新能源汽车产业	9.38	3	11.69	4
	节能环保产业	53.09	1	41.69	1
	新一代信息技术产业	13.41	2	20.57	2
	生物产业	8.06	4	1.61	7
2014	高端装备制造产业	5.33	6	8.14	4
	新能源产业	2.29	7	5.04	5
	新材料产业	6.20	5	4.19	6
	新能源汽车产业	11.62	3	18.77	3

资料来源：原始数据均来自 Wind 数据库。

6.2.3 区域层面的时空演变规律分析

（1）华北地区是战略性新兴产业扩张的主战场，西北地区是短板。我们根据七大地理区将我国划分为华东地区、华南地区、华中地区、华北地区、西北地区、西南地区、东北地区。其中，华东地区包括：上海市、山东省、江苏省、安徽省、江西省、浙江省、福建省、台湾地区；华南地区包括：广西壮族自治区、广东省、海南省、香港和澳门两个特区；华北地区包括：北京市、天津市、河北省、山西省、内蒙古自治区；华中地区包括：河南省、湖北省、湖南省；西南地区包括：重庆市、四川省、贵州省、云南省、西藏自治区；东北地区包括：辽宁省、吉林省、黑龙江省；西北地区包括：陕西省、甘肃省、青海省、宁夏回族自治区、新疆维吾尔自治。考虑到数据的可得性，本书的研究区域不包含台湾、香港和澳门地区。

就资产总额来说，2004 年区域层面战略性新兴产业资产总额占比由大到小依次是：华东地区、华北地区、华南地区、华中地区、东北地区、西南地区、西北地区。其中，华东地区占比 36.79%，华北地区占比 25.27%，华南地区占比 11.70%，华中地区占比 8.13%，东北地区占比 7.57%，西南地区占比 7.43%，西北地区占比 3.11%。2009 年区域层面战略性新兴产业资产总额占比由大到小依次是：华北地区、华东地区、华南地区、西南地区、华中地区、东北地区、西北地区。其中，华北地区占比 35.31%，华东地区占比 31.68%，华南地区占比 9.69%，西南地区占比 6.62%，华中地区占比 6.61%，东北地区占比 6.58%，西北地区占比 3.51%。2014 年区域层面战略性新兴产业资产总额占比由大到小依次是：华北地区、华东地区、华南地区、西南地区、华中地区、东北地区、西北地区。其中，华北地区占比 38.18%，华东地区占比 29.34%，华南地区占比 10.33%，西南地区占比 6.48%，华中地区占比 6.25%，东北地区占比 5.76%，西北地区占比 3.66%。

由此我们可以发现，华北地区战略性新兴产业资产总额占比排名第一，已然成为我国战略性新兴产业发展集聚的中心地区，其次才是华东地区，而西北地区战略性新兴产业资产总额占比排名最后，是我国战略性新兴产业发展的短板地区，也是应该集中精力重点发展的地区，详见表 6-3。

表6 - 3　　2004 年、2009 年和 2014 年分地区战略性新兴产业资产总额占比及排名

年份	地区	资产总额占比（%）	排名
2004	华东	36.79	1
	华南	11.70	3
	华中	8.13	4
	华北	25.27	2
	西北	3.11	7
	西南	7.43	6
	东北	7.57	5
2009	华东	31.68	2
	华南	9.69	3
	华中	6.61	5
	华北	35.31	1
	西北	3.51	7
	西南	6.62	4
	东北	6.58	6
2014	华东	29.34	2
	华南	10.33	3
	华中	6.25	5
	华北	38.18	1
	西北	3.66	7
	西南	6.48	4
	东北	5.76	6

资料来源：原始数据均来自 Wind 数据库。

（2）华北地区和华东地区发展效益最好，西北地区发展效益欠佳。就战略性新兴产业发展效益来说，2004 年区域战略性新兴产业营业收入占比由大到小依次是：华东地区、华北地区、华南地区、东北地区、西南地区、华中地区、西北地区。其中，华东地区占比 34.53%，华北地区占比 29.04%，华南地区占比 11.82%，东北地区占比 7.60%，西南地区占比 7.25%，华中地区占比 7.19%，西北地区占比 2.56%。2009 年区域战略性新兴产业营业收入占比由大到小依次是：华北地区、华东地区、华南地区、西南地区、华中地区、东北地区、西北地区。其中，华北地区占比 38.18%，华东地区占比 31.30%，华南地区占比

10.27%，西南地区占比 5.75%，华中地区占比 5.73%，东北地区占比 5.62%，西北地区占比 3.14%。2014 年区域战略性新兴产业营业收入占比由大到小依次是：华北地区、华东地区、华南地区、西南地区、华中地区、东北地区、西北地区。其中，华北地区占比 36.34%，华东地区占比 33.47%，华南地区占比 11.24%，西南地区占比 6.32%，华中地区占比 5.01%，东北地区占比 4.26%，西北地区占比 3.36%。

2004 年区域战略性新兴产业利润总额占比由大到小依次是：华东地区、华北地区、华中地区、华南地区、东北地区、西南地区、西北地区。其中，华东地区占比 46.68%，华北地区占比 21.59%，华中地区占比 9.38%，华南地区占比 9.08%，东北地区占比 6.42%，西南地区占比 4.41%，西北地区占比 2.65%。2009 年区域战略性新兴产业利润总额占比由大到小依次是：华东地区、华北地区、华南地区、华中地区、西南地区、东北地区、西北地区。其中，华东地区占比 40.57%，华北地区占比 26.67%，华南地区占比 14.97%，华中地区占比 5.66%，西南地区占比 4.93%，东北地区占比 4.09%，西北地区占比 3.11%。2014 年区域战略性新兴产业利润总额占比由大到小依次是：华东地区、华北地区、华南地区、西南地区、华中地区、东北地区、西北地区。其中，华东地区占比 37.64%，华北地区占比 30.85%，华南地区占比 15.29%，西南地区占比 5.80%，华中地区占比 5.05%，东北地区占比 3.97%，西北地区占比 1.40%。由此发现，华北地区营业收入高、华北地区利润高，详见表 6 - 4。

表 6 - 4　　　　　2004 年、2009 年和 2014 年分地区战略性新兴产业
营业收入、利润总额占比及排名

年份	地区	营业收入占比（%）	排名	利润总额占比（%）	排名
	华东	34.53	1	46.48	1
	华南	11.82	3	9.08	4
	华中	7.19	6	9.38	3
2004	华北	29.04	2	21.59	2
	西北	2.56	7	2.65	7
	西南	7.25	5	4.41	6
	东北	7.60	4	6.42	5

续表

年份	地区	营业收入占比（%）	排名	利润总额占比（%）	排名
2009	华东	31.30	2	40.57	1
	华南	10.27	3	14.97	3
	华中	5.73	5	5.66	4
	华北	38.18	1	26.67	2
	西北	3.14	7	3.11	7
	西南	5.75	4	4.93	5
	东北	5.62	6	4.09	6
2014	华东	33.47	2	37.64	1
	华南	11.24	3	15.29	3
	华中	5.01	5	5.05	5
	华北	36.34	1	30.85	2
	西北	3.36	7	1.40	7
	西南	6.32	4	5.80	4
	东北	4.26	6	3.97	6

资料来源：原始数据均来自 Wind 数据库。

6.3 基于空间自相关的战略性新兴产业空间布局分析

本书选取 2004 年、2009 年和 2014 年三个年份作为研究断面，以各省区市具有战略性新兴产业概念上市公司的资产总额作为衡量战略性新兴产业发展水平的研究指标，空间分析尺度为全国 31 个省区市，不包含台湾、香港和澳门地区。具体分析过程为：先运用 ArcGIS 对中国地域图输入各省区市战略性新兴产业相关数据，并进行矢量化；然后运用 GeoDA 对中国各省区市建立基于空间邻接关系的权重矩阵，生成权重文件；再对中国各省区市战略性新兴产业发展水平的全局空间自相关进行具体分析。

6.3.1 聚集程度的全局空间自相关分析

在全域空间自相关分析中，本书主要采用莫兰指数对整个研究区域的空间分布情况进行具体分析。其中莫兰指数的具体计算方法，在第 5 章已进行详细解释与说明，因此本章不再赘述。根据计算出的莫兰指数，本书绘制了 2004 年、2009 年和 2014 年三个时间截面的莫兰指数散点图，如图 6 - 2 所示。从散点图可以看出，2004 年、2009 年和 2014 年三个时间截面的 Moran's I 指数分别为 0.0703、0.0510、0.0349，均大于 0，根据莫兰指数的具体含义，这表明战略性新兴产业资产总额具有空间自相关性特征；同时从 2004 年、2009 年和 2014 年散点图的整体变化来看，战略性新兴产业资产总额呈逐年集聚的空间分布特征，表明高—高（第一象限）和低—低（第三象限）聚集区内的资产总额差距在逐年缩小，说明战略性新兴产业资产总额分布存在显著的空间依赖，具有空间上的聚集分布特征，而且这种集聚趋势随着时间的变化越来越明显。

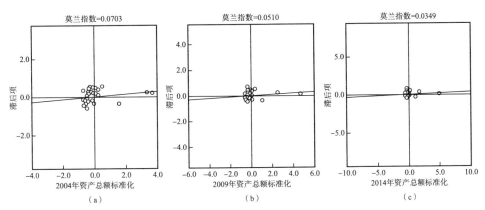

图 6 - 2　中国战略性新兴产业发展水平莫兰指数散点图

注：（a）（b）（c）三个图分别表示 2004 年、2009 年和 2014 年的莫兰指数。其中，横轴为 2004 年、2009 年、2014 年资产总额标准化后的属性值；纵轴为 2004 年、2009 年、2014 年资产总额标准化后由空间连接矩阵决定的相邻单元属性值的滞后项。散点图的四个象限分别为：高—高（第一象限）、低—高（第二象限）、低—低（第三象限）、高—低（第四象限）。

为了检验莫兰指数是否显著，我们进一步在 GeoDA 中采用 999Permutation 的方法来检验。检验结果如图 6 - 3 所示：2004 年、2009 年和 2014 年三个时间截面下的莫兰指数的 p 值分别为 0.066、0.063、0.088，这表明三个莫兰指数分别在 93.4%、93.7%、91.2% 置信度下的空间自相关性是显著的。

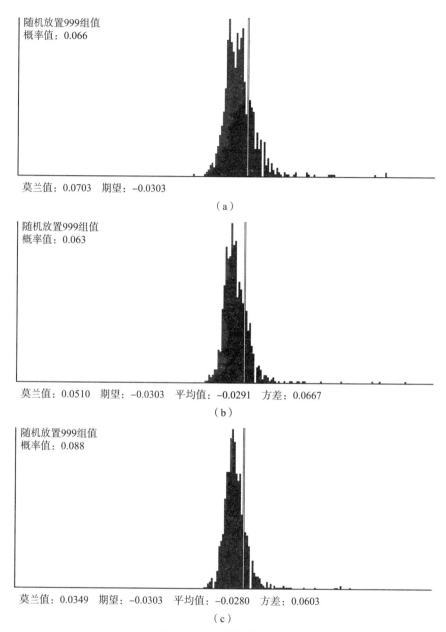

随机放置999组值
概率值：0.066

莫兰值：0.0703　期望：-0.0303

（a）

随机放置999组值
概率值：0.063

莫兰值：0.0510　期望：-0.0303　平均值：-0.0291　方差：0.0667

（b）

随机放置999组值
概率值：0.088

莫兰值：0.0349　期望：-0.0303　平均值：-0.0280　方差：0.0603

（c）

图6-3　莫兰指数检验

注：（a）（b）（c）分别表示2004年、2009年和2014年莫兰指数检验图。

6.3.2 聚集程度的局部空间自相关分析

局域空间自相关指标 LISA 指数用于反映一个区域单元上的某种地理现象或某一属性与邻近单元上同一地理现象或属性值的相关程度。表 6 - 5 显示的是 2004 年、2009 年和 2014 年中国战略性新兴产业发展水平的局部自相关情况。从 3 年变化整体趋势来看，东部地区战略性新兴产业聚集程度高于中部和西部地区。同时处于高—高聚集区的省区市在逐渐减少，处于低—低聚集区的省区市在逐步增多。从 2014 年中国战略性新兴产业发展水平的 LISA 指数聚集情况来看，高—高聚集区是辽宁、山东、江苏，表明 3 个省的战略性新兴产业资产总额和周边省区市战略性新兴产业的资产总额都较高；低—低聚集区是四川，表明四川和其周边省区市战略性新兴产业的资产总额都较低；低—高聚集区是内蒙古、河北和湖北，表示这 3 个省区市的战略性新兴产业资产总额低于其周边省区市；高—低聚集区是广东，表明广东战略性新兴产业资产总额高于其周边省区市。其余地区不显著，表明这些省区市战略性新兴产业发展水平层次差异大，且明显不如其他地区，是中国战略性新兴产业发展的薄弱地域。

表 6 - 5　　　　　　　中国战略性新兴产业发展水平的局部自相关

年份	局部自相关（LISA 指数）	省区市
2004	高—高聚	北京、天津、辽宁、山东、江苏、湖北
	低—低聚	—
	低—高聚	河北
	高—低聚	广东
	不显著	其他地区
2009	高—高聚	北京、天津、辽宁、山东、江苏
	低—低聚	—
	低—高聚	内蒙古、河北、湖北
	高—低聚	四川、广东
	不显著	其他地区

年份	局部自相关（LISA 指数）	省区市
2014	高—高聚	辽宁、山东、江苏
	低—低聚	四川
	低—高聚	内蒙古、河北、湖北
	高—低聚	广东
	不显著	其他地区

6.4　结论与政策建议

6.4.1　结论

就全国层面而言，战略性新兴产业发展规模不断扩大，增长速度变缓；发展效益增长较快，增长速度变缓。就产业层面而言，节能环保产业发展规模最大且相对稳定，新材料产业还处于发展初期；节能环保产业发展效益最好，新一代信息技术产业发展势头强劲。就区域层面而言，华北地区是战略性新兴产业扩张的主战场，西北地区是短板；华北地区和华东地区发展效益最好，西北地区发展效益欠佳。

战略性新兴产业空间布局分析显示，就全局莫兰指数而言，战略性新兴产业资产总额分布存在显著的空间依赖，具有地理上的聚集特征。就局部 LISA 指数而言，整体上，东部地区战略性新兴产业聚集程度高于中部和西部地区。同时，处于高—高聚集区的省区市在逐步减少，处于低—低聚集区的省区市在逐步显现。从 2014 年中国战略性新兴产业发展水平 LISA 指数聚集情况来看，北京、天津、辽宁、山东、江苏的战略性新兴产业资产总额和其周边省区市战略性新兴产业的资产总额都较高；四川战略性新兴产业资产总额和其周边省区市战略性新兴产业的资产总额都较低；河北、内蒙古、湖北的战略性新兴产业资产总额低于其周边省区市战略性新兴产业的资产总额；广东战略性新兴产业资产总额高于其周边省区市战略性新兴产业的资产总额。其余省区市战略性新兴产业发展水平层次差异大，且明显不如其他地区，是中国战略性新兴产业发展的薄弱地域。

6.4.2 对策建议

（1）率先发展优势战略性新兴产业、稳步推动产业转移，实现错位发展。通过全国层面我们可以看出中国战略性新兴产业发展迅速，但从产业层面来看，不同类别的产业发展规模和效益都不同。所以从宏观上，我们应该率先发展具有绝对优势的战略性新兴产业，通过绝对优势战略性新兴产业带动促进相对优势战略性新兴产业的进一步发展，并带动处于劣势的战略性新兴产业发展。同时，应该加快传统产业向战略性新兴产业转移的速度，并且处于华北、华东地区的战略性新兴产业企业应该根据不同地域的资源禀赋和比较优势，对战略性新兴产业的生产资源进行转移。另外，从目前发展情况来看，节能环保产业以及新一代信息技术产业是战略性新兴产业中比重最大的产业，但是某些区域并不具备发展这些产业的资源和条件，一味跟风发展这些热门产业只有可能造成产业趋同现象，导致重复建设、恶性竞争，因此，应该实现区域错位发展。各地根据自身优势和周边环境，理性选择需要发展的战略性新兴产业，通过错位发展实现整体发展的耦合，提升战略性新兴产业发展的质量。

（2）优化空间资源配置，稳步推动规模集聚，实现梯次发展。战略性新兴产业分布存在显著的空间依赖，具有地理上的聚集特征，因此，我们在发展中要遵循战略性新兴产业的发展规律，优化空间资源的配置，稳步推动规模集聚。通过全局自相关和局部自相关分析，对于处于战略性新兴产业高—高聚集的省区市，如北京市、天津市、辽宁省、山东省、江苏省等，我们应该将其作为战略性新兴产业发展的第一梯次，加大对这些地区战略性新兴产业的投入，改革发展模式，淘汰落后生产能力，不断提升战略性新兴产业相关企业的创新能力，培育成战略性新兴产业发展的增长极，通过增长极的辐射作用，带动周边地区的发展。对于处于战略性新兴产业高—低聚集的省区市，如广东省，我们应该将其作为战略性新兴产业发展的第二梯次，增强其自身的发展能力，同时加大对其周边地区基础设施和发展条件的扶植力度，使周边地区能够共享战略性新兴产业发展的成果，提升自我发展能力。对于处于战略性新兴产业低—低聚集的省区市，我们可以将其作为战略性新兴产业发展的第三梯次，在稳步推动第一梯次和第二梯次战略性新兴产业发展的规模和质量的前提下，加大对第三梯次战略性新兴产业发展的帮扶和引导。

6.5 本章小结

本章通过运用空间自相关等方法，对中国战略性新兴产业的时空演变和空间格局进行具体分析与研究。在明确现有产业发展布局基本情况的基础上提出后发大国战略性新兴产业应该实行错位发展战略，以及要遵循战略性新兴产业的发展规律，优化空间资源的配置，稳步推动规模集聚的对策建议，为我国战略性新兴产业发展从空间布局上提出了新的思路。

第 7 章　战略性新兴产业发展的国际经验及政策建议

随着后危机时代的到来，世界各国纷纷采取措施促进科学技术的进步，力求通过发展新技术、培育新产业占领经济发展的制高点，尽快走出经济危机，实现新一轮经济增长。二战后，战略性新兴产业以其高技术性、高创新性、高收益性成为经济发展的重点，各国纷纷进行经济发展战略的调整和更新，以期推动战略性新兴产业的发展及协同创新，并取得了一定的成效。因此，分析和研究发达国家以及后发大国战略性新兴产业发展战略和主要举措，对后发大国制定推动战略性新兴产业发展以及协同创新的政策具有重要的借鉴意义。

7.1　发达国家战略新兴产业发展经验与借鉴

战略性新兴产业发展要依托一定的产业基础和技术水平，一般而言，发达国家经济实力雄厚、技术水平较高、产业基础较好。战略性新兴产业发展较早，发展的过程及经验可以为后发大国战略性新兴产业发展提供启示与借鉴。

7.1.1　发达国家战略性新兴产业发展战略与主要举措

7.1.1.1　英国

自 18 世纪 60 年代工业革命以来，英国率先实现了国家工业化建设，成为世界上第一个工业化国家。但是随着经济全球化以及世界经济危机的爆发，英国制造业等工业产值大幅下降，国内经济严重受创。为了应对这种问题，抢占制造业创新制高点，英国制定了"高价值战略"。该战略以先进技术和专业知识为基础，以实现产品、工艺以及服务的经济价值进一步提升、促进经济持续发展为目的，着重发挥金融、市场以及政府的综合作用。

为了尽快走出金融危机，实现经济的快速发展，英国制定了发展包括太空探索、机器人、再生医学、先进材料和可再生能源在内的"八大技术和战略产业"的产业发展规划。为了促进战略性新兴产业发展以及提高协同创新的成效，英国采取了以下政策措施：第一，提升制造业科技含量，占据全球化价值链高端。随着全球分工的快速发展，组织占据价值链高端产品的生产越来越成为经济发展的主要推动力，为此英国采取了一系列的资金支持和政策举措，推动企业实现从设计到过程创新的整体商业化，鼓励包括"知识网络、知识转换合作、特色兴趣小组"在内的知识和创新交流平台的开放，实现产业创新发展。第二，提高对专利等无形资产的投资与奖励力度。英国充分认识到协同创新对于经济发展的重要性，非常注重创新等无形资产的保护，采取措施实现创意产业和制造结合，成立设计创新联盟，以实现不同行业的协同创新。第三，重视低碳经济的发展，其绿色产品和绿色服务世界知名。为了进一步占领低碳经济发展的先机，英国政府不仅出台了相关的政策、建立了长期监管制度，为低碳经济的发展提供政策保护，还积极与英国工业联合会等机构合作，实行吸引国内外投资者和制造商的政策举措。第四，推动科技创新成果转化发展。科技创新只有投入生产，进行生产化才可以实现经济发展。英国在推动产业间协同创新的同时，成立"高等教育创新基金""公共部门研究和开发基金"等推动产学研合作，加快科技创新成果化和产业化。第五，政府将战略性新兴产业发展提升为国家战略，对战略性新兴产业发展及协同创新予以支持。英国在2012年确定机器人与自主系统作为发展战略性新兴产业发展关键"八大技术"之一。英国在合成生物领域也积极作为，在2012颁布了《英国合成生物学路线图》，制定再生医学发展战略等。

7.1.1.2 美国

金融危机之后，美国经济发展遭受了严重的打击，在这样的大环境下，美国政府重新意识到仅仅依靠金融行业并不能保证美国经济的持续稳定发展，而实体经济才是经济发展最稳定的依靠，因此，美国制定了旨在恢复经济的"再工业化"产业发展战略。第一次比较全面提出"再工业化"概念的是美国学者阿米泰·埃齐奥尼（Amitai Etzioni，1980），他认为"再工业化"与工业政策的定义不同，"再工业化"主张优先照顾基础设施部门和资本货物部门。阿德莉·史蒂夫（Adely Steve，1981）认为"再工业化"对于每个人有不同的含义，总的来说，"再工业化"涉及资源由夕阳产业向朝阳产业的转移，还涉及能源保护、国际化能源项目以及农业政策。罗伊·罗斯韦尔和沃特·齐格维尔德（Roy Rothwell & Waiter Zegveld，1985）把"再工业化"定义为产业结构的转型面向高附加值、知识密集要素和产品以及服务于新市场和以新技术创新为主的产业。菲奥娜·特雷珍娜（Fiona Tregenna，2011）认为，"再工业化"并不是"去工业化"的反面，"再工业化"要实现的是制造业在就业和国内生产总值中所占比重的同步持续上升。随着对"再工业化"理解的深入，美国制定了一系列旨在通过发展高新技术，带动美国经济发展，重振实体经济发展实力，带领美国走出经济危机的"再工业化"政策。

为了实现"再工业化"目标，降低金融危机对美国经济的影响，美国出台了一系列政策，主要是通过各种政策措施加大研发力度、提升自主创新能力、优化创新和投资环境，扶持新兴产业，复兴制造业。美国将产业发展主力集中在先进制造业、精密医疗、大脑计划、先进汽车、清洁能源、太空探索以及高级计算机等 9 大领域。主要采取以下举措：第一，构建国家制造业创新网络，积极推动创新持续发展。美国政府积极进行"国家制造业创新网络"建设，建立了 45 个研发中心，这些研发中心包括了学校、科研机构和企业高校等。2013 年投资 10 亿美元加强制造业的创新网络建设，不断加速数字制造、新能源和新材料等先进制造的发展步伐。第二，出台相应的法律措施保证战略性新兴产业创新主体各方的利益，促进技术创新研究及技术成果转化。第三，加强产业联盟，突破技术壁垒。出台各种激励政策、建立如"工业互联网"的组织，打破技术壁垒，利用互联网实现不同组织成员间的数据共享、技术通用，进而重新打造传统工业。第四，加大金融支持力度。技术创新需要高额的资金支持，美国在 2009 年发起"高技术汽车制造业激励计划"的发展规划，划拨 250 亿美元以低息（无息）贷款的形式促讲新能源汽车发展，并专门开辟为新兴产业融资的三板市场。第五，促进出口增长。美国的对外贸易政策主要是两个方向：一是积极参与区域一体化组织，并谋求在组织中的话语权，主张建立排他性的优惠措施，并与其他组织抗衡；二是扶持国内出口企业，鼓励制造业出口。2008 年 3 月，美国宣布加入跨太平洋伙伴关系协议，希望通过亚洲太平洋地区的区域贸易协定，来促进其国内制造业出口。2010 年 6 月，《制造业发展战略：创造就业机会，提升美国竞争力》发布，其中细述了提升出口、推动制造业的综合规划。2011 年 12 月，美国成立"白宫制造业政策办公室"，在体制上对"再工业化"进行完善，使制造业的发展有了管理机构的保障，从而能全面、系统地引领制造业的发展。

7.1.1.3　德国

德国的战略性新兴产业布局集中在高端制造业、可再生能源、电气电子产业以及环保产业。主要围绕"工业 4.0"发展战略进行，推动革命性技术研发和创新，并将虚拟网络和信息物理系统连接起来形成一个生产系统，即"建立一个网络、突破两个主题、实现三个集成"。具体来说，"建立一个网络"指的是建立一个生产、物流、销售、服务等可以相互信息交换和创新触动，并最终实现过程智能化目标的信息物理系统网络，实现物联网和互联网相结合的智能化生产网络。"两个主题"指的是"智能工厂"和"智能生产"。"智能工厂"指的是采用先进设备和网络化设备实现生产过程智能化；"智能生产"强调人与机器有效互动和智能物流，以便促进高度灵活和网络化产业链的形成。"三个集成"主要指的是横向集成、纵向集成和端对端集成。"横向集成"强调企业间的无缝衔接与合作，实现产品和服务供给的实时对接；"纵向集成"关注焦点在个性化生产、定制生产，重点是替代传统固有的生产过程；"端对端集成"以企业间价值链整合为目标，以便推进个性化生产的进一步发展。总之，德国十分重视各个生产环节的共同研发和协同，并采取各种措施推动协同研发和创新的进行。

7.1.1.4　日本

在国际经济发展趋势和国内资源压力的影响下，日本战略性新兴产业发展主要集中在高技术、高回报且有利于环境保护的产业，如环保汽车、机器人技术、工程机械技术、计算机云计算、载人航天技术、微生物燃料技术、天然能源技术等领域。日本对战略性新兴产业的扶持主要集中在对自主创新的投入。为了刺激经济振兴，日本于 2009 年开始推行"新增长战略"，该战略以低碳经济和自主创新为目标，将节能汽车、清洁能源发电和低碳经济作为未来产业发展的主导。2010 年进一步提出了由投资拉动型向需求引导型的经济发展新模式转变。2010年的《产业结构展望 2010 方案》，对未来十年产业发展进行了具体的规划。为了顺利推进"新成长战略"，日本主要通过采取财政、税收、政策杠杆为新兴产业的发展提供较高的研发补贴、罚款补贴和较低的购买价格等；对中小型新兴企业的产品采取优先购买的政策，通过较低的征税比例和为小型新兴企业提供无息贷款等各种优惠措施支持新兴产业的快速发展。

综上所述，在国际竞争和国内发展需要的双重压力下，发达国家在综合考虑本国先进的技术和产业发展基础的情况下，将产业发展重点聚焦于高端制造、新能源等战略性新兴产业领域，以继续保持在先进领域的国际竞争中领先优势，实现国际地位提升的目的。各发达国家大多注重创新对产业发展的重要作用，采取各种税收、金融等政策措施促进各产业内、产业间以及全社会的协同创新，这些都为后发大国提供了借鉴。

7.1.2 发达国家战略性新兴产业发展的启示

随着世界经济竞争和经济全球化的发展，科技竞争日渐成为各国竞争的关键，谁掌握了先进的科学技术，谁就能在激烈的国际竞争中占有有利地位，占领国际产业分工的高端位置，制定国际经济发展新规则，主导国际经济新秩序。随着后金融危机时代的到来，发达国家都将发展战略性新兴产业作为应对国际金融危机、占领新科技制高点的重要途径，并积极出台产业规划，明确产业发展重点和发展方向，创新投入方式，支持科技研发和产业化，积极培育市场，加速战略性新兴产业的发展，这都为后发大国战略性新兴产业协同创新发展提供了思路。

7.1.2.1 发达国家战略性新兴产业发展规律

分析发达国家产业发展战略及具体措施，可以总结归纳出发达国家战略性新兴产业发展中的共同点，主要包括以下三个方面：第一，发达国家非常重视创新对于产业发展及经济发展的重要作用，动用了大量人力、物力和财力，加大了政策倾斜力度来鼓励新知识、新技术和新专利的生产。第二，发达国家产业发展战略是对以前战略的延续和发展，并在此基础上提高了对新兴产业的支持力度，不断提升新兴产业在产业结构中的比重。力图通过科技实现对制造业的改造升级，进一步提升与强化本国产业发展在全球价值链和国际分工中的技术优势和产业优势，继续保持发达国家在技术和先进制造业方面的领先地位。第三，从政策支持来看，发达国家非常重视政府政策对产业发展的扶持作用，通常综合采用财政、税收、政府购买等方式方法引导战略性新兴产业的进步。采取各种措施成立产业发展联盟和产学研合作机构，整合各方面力量，加强社会各界协同创新，同时也非常注重技术成果转化。除此之外，也特别注重对小型新兴企业的扶持，充分发挥市场机制的有利作用。

7.1.2.2 对后发大国战略性新兴产业发展的启示

发达国家战略性新兴产业发展的战略和措施，为后发大国战略性新兴产业协同发展提供了经验启示。后发大国发展战略性新兴产业，可以考虑从以下四个方面入手，加快协同创新步伐。

（1）紧跟时代发展的节奏，落实战略性新兴产业发展规划。随着科学技术的发展，高技术产业已经成为未来产业发展的方向，因此，制定产业发展战略规划也就成为当前各国政府的主要任务。总的来说，发达国家战略性新兴产业发展规划主要分为综合性宏观战略和专业性微观规划两类。前者主要是制定包括战略性产业在内的国家科学技术整体发展规划，后者主要是针对具体产业和细分产业发展进行的具体政策引导。后发大国在发展战略性新兴产业时，首先要清晰地了解产业发展的国际环境、国内技术水平、产业发展水平、产业发展基础等条件，在此基础上，因地制宜实事求是地制定符合本国国情的战略性新兴产业发展整体规划以及具体发展明细，确定产业发展目标并制定具体的政策支持和相关法律法规。

（2）加强信息化与工业化的深度融合，推动产业结构升级。发达国家为了保持自己在制造业领域的领先地位，纷纷制定了适合本国国情的发展战略，力争继续保持在新一轮技术和产业革命中的话语权和主导权。后发大国应该借鉴发达国家的经验，对全球产业发展最新动态和趋势保持清醒的认识，在发挥本国资源优势、产业优势的基础上，推动创新驱动战略发展，实现信息化和工业化的进一步融合，实现产业的优化升级。

（3）加强产学研与行业组织深度合作，推进技术成果化产业化。创新是产业发展的关键，要实现整个国家产业的快速发展，节省创新成本，降低创新风险，需要联合社会各界，整合各创新主体进行协同创新。如美国就成立了工业互联网，企业、科研人员、公共机构都是其成员，通过工业联盟将各创新主体最大可能地联合起来，这对于产业协同创新、创新成果共享具有巨大意义。德国也成立了被称为"智能工厂"的"官产学研"组织，西门子等知名企业、隆德大学等知名大学以及弗劳恩霍夫等科研机构都是其成员，且德国的"工业4.0"也是在这一组织的支持下提出的。因此，后发大国应该学习借鉴发达国家"官产学研用"多方联动模式，发挥政策引导和支持作用，积极推进企业和高校、科研机构的联合，引导和鼓励各创新主体协同创新，不断提高创新效率。

（4）创新资金投入模式，形成多方参与的投融资体系。战略性新兴产业发展与壮大需要投入大量资金。而发达国家主要的投资渠道有三大类：一是来自政府机构的直接或间接财政投入；二是企业自身积累的资金和研发投入；三是各类市场投资基金。其中国家投资处于主导地位，政府资金通过对全社会经费投入的引导，最终形成国家主导、多方参与的投入格局。政府的财政支出主要用于技术研发，尤其是对外部经济影响较大的产业的投资，在有效地扩大产业发展规模的同时，还可以促进项目创新风险的大大降低，营造良好的投资环境，有效地增强投资者的投资信心。与此同时，政府也需要通过调节股票市场、债券市场和商业银行金融三大系统的业务发展来改善企业的风险融资体系。有关股票市场方面的政策，发达国家重点在证券市场上设置了创业板，为缺乏资金的高新技术企业项目搭建融资平台，更为中小企业和创业公司提供多渠道的融资方式，降低中小企业融资的门槛。在债券市场方面，发达国家不断完善高收益债券市场以及相关制度，为新兴企业提供融资便利条件。在商业银行方面，发达国家积极创新金融产品，为战略性新兴产业融资提供广泛的支持，如浮动抵押、股权贷款等方式方法的创新，为新兴企业解决在初创阶段由于缺乏固定资产难以获得贷款的问题提供新思路，有效地弥补了政府和企业投资不足的问题。

7.2 后发大国战略性新兴产业发展经验与借鉴

近年来，后发大国顺应世界经济发展潮流，通过改革创新，经济迅速发展，也创造了众多的经济奇迹。后发大国产业发展状况大都存在很多共同之处，研究后发大国的战略性新兴产业发展基本轨迹具有重要的借鉴意义。

7.2.1 后发大国战略性新兴产业发展战略与主要举措

7.2.1.1 印度

近年来，印度主要集中精力发展信息产业、文化产业和医疗产业三大产业。信息产业一直以来都是印度经济发展的主要驱动力，但随着席卷全球的金融危机的爆发，印度的信息产业遭遇了巨大的挫折，为了重振信息产业，印度将产业发展转向云计算、物联网、大数据、智慧城市等，投入了大量的资金，力图"抢占战略制高点"，开创经济发展的新局面。主要采取以下举措：第一，推动信息产业快速发展，实现信息产业与传统产业高度融合发展。印度通过在传统产业中引入信息技术，利用信息产业的先进知识、先进技术和集成化优势对传统产业进行升级改造。同时，在传统产业发展的过程中促进信息技术产业不断转型发展。第二,大力发挥产业集群和战略性新兴产业的辐射效应,带动其他产业快速的发展。班加罗尔、孟买、新德里等城市是印度信息产业分布最密集的城市,具有明显的集群效应。这些城市的信息产业市场份额占印度市场的90%以上,而且被誉为印度"硅谷"的班加罗尔已经成为世界第五大信息技术中心,拥有大量的大学、科研机构和实验室。不仅如此,印度还成立了很多高科技园区和经济特区,通过产业之间的合作与竞争,极大地发挥产业集聚所带来的成本、资源和市场的优势,实现规模化发展。第三,加强技术创新,加速新技术产业化。印度战略性新兴产业发展初期,依靠引进、消化、吸收发达国家的先进技术,主要参与加工等价值链低端环节。为了摆脱这种状况,印度采取各种举措刺激创新技术的发展并逐渐在产业链的高端占有一席之地,经过几十年发展,承包了发达国家企业的设计、网络管理、IT咨询等知识型业务,已基本形成自身的核心竞争力。

7.2.1.2　俄罗斯

俄罗斯战略性新兴产业发展主要集中在信息技术、纳米技术、新材料、新能源以及生物工程等方面。近年来,提出了"新兴工业化"发展战略,旨在通过投资推动创新的发展进而实现产业结构优化升级,实现经济的长远发展。针对这一目标,俄罗斯重在发挥以投资为主的财政政策:第一,实行以创新为主导的新经济政策。创新政策一方面是进一步优化升级传统优势产业,另一方面是大力发展新兴产业,不断增强新兴产业的国际竞争力。成立了创新发展和经济现代委员会,为新兴产业和传统产业的发展提供政策引导和支持。不仅如此,政府还致力于改善创新和研发的环境,加大创新激励,加快科研成果转化。第二,明确产业结构高级化的成长目标。俄罗斯产业发展的最终目标是实现产业结构的高级化,为此,俄罗斯在不断加大对高技术产业的投入优惠的同时还出台了一系列的保护措施。第三,加大基础设施投资力度。俄罗斯在经济发展的过程中意识到基础设施对于其他产业以及经济发展的重要作用,在"新型工业化"的过程中进一步加大了基础设施的投资力度。

7.2.1.3　巴西

巴西拥有十分丰富的生物资源和能源,这些都是战略性新兴产业发展的基本条件,生物技术、纳米技术、新能源等相关领域一直以来都是产业发展的重点。为了促进以上产业的发展,巴西通过财政拨款、减免税收等方式为战略性新兴产业的发展提供扶持,具体措施如下:第一,政府在引导生物能源发展取得巨大成就基础上,逐渐放松政府管理,转变为由市场主导,发挥市场调节资源的作用。第二,逐步实现产业发展的生态化和资源节约化,重视资源的节约和环境的保护,在产业发展中要求生产过程、产品无污染,使用清洁能源,不断提高产品的生产环保标准。第三,促进国际合作与交流。新兴产业的发展关键在技术创新,各行业通力合作、推进协同创新的发展,共享发展成果。

7.2.2 后发大国战略性新兴产业发展的启示

7.2.2.1 后发大国战略性新兴产业发展的规律总结

随着全球经济发展形势和环境的深刻变化,后发大国大都认识到未来产业发展趋势与本国产业需求,纷纷制定战略性新兴产业发展规划,主要集中在以下三个方面:第一,与发达国家相类似,后发大国也将发展的重心回归到以制造业为主的实体经济上。金融危机的冲击使得各国意识到制造业对一国经济稳定的重要作用,在发展经济过程中积极推进制造业与新兴产业融合,在实现传统制造业优化升级的同时也推动新兴产业的不断发展。第二,不同于发达国家,后发大国产业基础薄弱,产业发展规划要基于本国的具体情况,制定有针对性的安排与计划,战略性新兴产业发展的现实差距需要政策上的支持。第三,后发大国依然没有摆脱对发达国家的技术和产业依赖。世界性金融危机后,后发大国经济增长在世界经济快速恢复中发挥关键了作用,但相对于发达国家的独立创新而言,技术创新和产业发展还主要依赖于发达国家。

7.2.2.2 后发大国发展战略新兴产业发展的启示

(1)制定行之有效的产业政策,加大市场培育力度。通过对后发大国战略性新兴产业发展实践的研究考察,可以看出这些国家大都非常重视财政、税收、金融等政策工具的积极作用,并强调各政策工具的联动与协同。并且其产业扶持政策并不是孤立制定的,而是最大限度地实现综合交叉运用,避免单一政策的局限性,真正发挥政策工具的效用,尤其重视税收优惠政策对战略性新兴产业发展的重要作用:一是税收抵扣,即政府将企业用于技术研发的投资支出在征收企业所得税时全额扣除,降低企业缴税基数,提升自主研发的积极性与主动性。二是税收减免,政府对由于技术投入而产生的长期收益进行税收减免,降低企业研发的投资风险,以吸引更多的资金流入新兴产业和技术研发之中。三是税收激励,即政府通过对个人利用技术转让实现的收入实施税收减免政策，刺激个人自主研发和知识转移，进一步扩大新兴技术的溢出效应。因此，在政府税收优惠政策的支持下，企业在一定程度上降低了自主创新的风险，提高相对潜在收益，尽可能地激发企业研发积极性和主动性，最终形成人人主动创新、人人愿意创新的良好社会氛围和企业氛围。

（2）优化产业布局，推进产业集群和集聚发展。通过分析后发大国产业发展实践可知，产业集群化发展是战略性新兴产业发展采取的基本模式。高技术产业集聚区在后发大国不断涌现，其最明显的一个特点就是重视企业与高校的联合，推进"产学研"协同创新，引导高等院校、社会研究机构与企业在地域空间上进行集聚，鼓励企业与研发人才在技术研发上加强信息共享和互通共赢，推行企业之间在先进技术的产业化和商品化上合作模式的形成，加快实现技术成果产业化发展。战略性新兴产业的发展过程是一个由研发到应用，再到商品化和规模化的实现过程，也是国家、科研机构、高等院校、企业等各方力量协同的实现过程。从产业发展整体布局来看，战略性新兴产业往往在技术力量雄厚、创新能力强的经济发达地区集中分布。从区域内部看，战略性新兴产业往往会在著名高校周边或高新技术产业园区等区域集中布局，呈现出显著的空间上集中分布的格局。

（3）重视新技术产业化，引导和鼓励各创新主体协同创新。战略性新兴产业发展过程是一个包含了持续投入、持续新技术开发、持续产业化等环节、以实现经济和社会效益同步提升的产业发展过程。发达国家的实践经验显示，战略性新兴产业技术创新是一种群体性创新，创新过程需要政府、企业、高校和研究机构之间相互配合、高度衔接，并疏通各环节，以便实现降低交易成本、促进经济发展的目的。新技术的形成是多方共同努力的结果，也是基于不同的技术平台和技术标准实现的多样化的创新，最终实现创新技术产业化与商业化。为了实现这一目标，就要求在发展战略性新兴产业时，必须首先明确集成创新的发展理念，尽早规划出一整套适用的技术标准体系，并在不同群体之间实现合理分配，尽快形成合力。总之，在推动战略性新兴产业发展过程中，政府和企业之间相互促进，相互影响。政府引导的科技创新需要以企业实现产品化和市场化的目的为指导，反之，企业和市场对新产品的需求也可以在一定程度上增强政府对科技创新的支持力度。

7.3 政策建议

基于上面分析我们可以发现，后发大国战略性新兴产业发展不同阶段其内生要素呈现不同的特点，因此，制定差异化的发展战略，选择科学合理的创新机制，采取有效的政策举措汇聚和激励创新要素协同创新，是后发大国战略性新兴产业发展的关键。本部分紧扣战略性新兴产业发展不同阶段内生要素特征以及政策需求，提出战略性新兴产业协同创新的政策建议，以期为后发大国引导和促进战略性新兴产业协同创新发展提供政策参考。

7.3.1 提升自主创新能力，夯实协同创新的技术基础

知识技术作为战略性新兴产业发展的重要内生要素，其水平的高低是影响战略性新兴产业发展的重要内部因素，如果缺乏重大的科研成果，没有较大的发明创造，就很难形成新兴产业的技术优势。战略性新兴产业的开创和发展很大程度上都依赖于科研上的创新、技术上的发明以及对科研成果的应用等，这是战略性新兴产业发展的基础。因此，后发大国需要通过一系列的政策举措积累技术知识，加快科技成果转化，提升自主创新能力，具体可以从以下三个方面入手。

（1）重视基础理论知识研究，夯实技术知识基础。战略性新兴产业的高技术性决定了技术创新在产业发展中的关键地位，而持续的技术创新离不开对基础理论知识的积累。基础理论知识是技术创新的基础和前提条件，只有具备扎实的基础理论知识，才有可能实现技术的创新，离开基础理论知识，技术创新就会成为"无源之水、无本之木"。而基础理论知识研究一直都是后发大国技术创新与技术突破的短板，因此，提高战略性新兴产业协同创新水平，需要加大力度推进基础理论知识研究。一方面，后发大国应通过搭建公共技术平台，健全技术创新网络，充分整合产业园区、行业协会、科研院校等专业领域的基础理论知识，促进知识在创新网络中流动，实现基础理论知识的共享，为关键技术研发与突破性创新奠定坚实基础；另一方面，要借鉴发达国家的经验，加快基础理论与知识的研究与积累，缩短与发达国家的技术知识差距，加快技术创新步伐。

（2）加大技术研发投入，优化财政科技投入结构。技术创新活动兼具高投入、高回报和高风险特点，仅仅依靠企业自身力量进行技术创新与开发，难以保

证技术创新活动的顺利进行。因此，需要制定科学合理的政策，加大对技术研发的投入，持续推进战略性新兴产业协同创新。

一方面，后发大国要稳步增加科研经费投入，提高科研经费投入总量。各地政府要在遵循国家整体政策的基础上，根据科技发展实际情况，适当增加科技投入预算。另一方面，要进一步优化财政科技研发投入结构，结合本地资源禀赋、技术水平和产业基础，明确财政科技研发投入重点。例如，对于战略性新兴产业中的龙头企业，应通过提高财政经费投入比例，鼓励企业与高等院校以及科研机构联合、合作开展重大科技项目的方式推进技术研发。对于发展潜力比较大、前景比较广、带动性比较强的中小型企业，应实行税收减免和免息、低息贷款等政策，激发企业技术创新活力。

（3）完善知识产权制度，优化科研创新环境。加强技术创新专利保护对新兴技术产业化具有重要的意义，政府可以从以下四个方面拟定相关政策：第一，要进一步完善知识产权保护的相关法律法规，健全战略性新兴产业知识产权的保护机制，提高科研人员的创新积极性。第二，加强知识产权保护宣传力度和违法惩戒力度。要加强对知识产权保护法的宣传力度，提高知识产权意识和保护意识，对违法行为予以严厉的惩戒。第三，强化知识产权专业人才培养，严厉打击知识产权地方保护主义，建立相关制度促进知识产权的流通，对应用性很强的专利在保护权利人合法权益的前提下鼓励优先产业化。第四，要进一步改革科研管理体系中不合理的部分，营造公正公平的科研创新环境，下大力气消除目前科研创新中存在的重申报轻绩效、造成资源浪费的现象，将绩效管理机制引入政府科研项目的管理中，建立科学有效的科研创新项目绩效评价机制，优化科研创新的政策环境。

总之，科学技术发展水平与技术创新质量是影响战略性新兴产业协同创新的重要内生要素，后发大国可以通过加快基础理论知识研究夯实技术基础，通过加大科技研发投入、优化财政投资结构强化技术创新动力，通过完善产权保护制度、优化科研创新环境等方式推进战略性新兴产业协同创新。

7.3.2 吸引和汇聚国内外高端人才，提升协同创新活力

在科研创新和技术发展方面，不断加强人才的培养和引进是关键。人才储备是后发大国战略性新兴产业协同创新不可或缺的重要因素。可以这样说，战略性新兴产业的竞争本质上就是科技人才的竞争，所以，后发大国最应该注重的是，

加快培养创新型人才，促进战略性新兴产业的发展。后发大国如何与发达国家在创新产业上相匹敌，最重要的一点就是是否具有足够的技术人才支持，是否具备高效的政策制度和完善的机制体制。发展创新型产业的核心因素就是一个企业是否具有高质量的创新型人才，然而，这正是后发大国目前最缺乏的部分。上文所提到的发达国家的战略性新兴产业发展实践说明，一个高效的创新型人才，能够组建一个高效的创新型团队，从而发明创造出新的科研成果，这在很大层面上提高了战略性新兴产业的发展速度。因此，政府各部门和企业自身要不断完善创新人才培养和吸引政策，汇聚国际国内高素质专门人才，构建战略性新兴产业协同创新发展的智囊库。

（1）完善国内人才培养制度，汇聚海内外高端人才。科学技术发展是战略性新兴产业协同创新的核心，而人才队伍是科学技术发展的关键，后发大国首先要注重国内高素质人才的培养，制定科学合理的创新人才、高技术人才培养政策。一方面，要大力提高创新人才培养的数量和质量，优化学科设置，重点建设战略性新兴产业发展亟须的学科，以学科建设为龙头，持续不断地为战略性新兴产业发展输入高级创新人才；另一方面，要加强高等院校师资队伍建设，强化学生科研实践，加强理论与实践的结合，提升创新能力，为产业发展储备高素质创新人才。长期来看，应该将重心放在国内高端创造型人才的培养上，尤其要加强对产业研发和系统设计等相关人才的培养。应该在加强国际交流与合作上加大力度，建立健全新型的人才专项培养和引进基金制度，加快实现自有高端人才培养的步伐，推进战略型人才和创新型人才的团队建设。

同时，要采取有力举措吸引和汇聚海外高端人才。当前，发达国家掌握了全球最先进科学技术，后发大国难以在短时间内突破关键技术，因此，后发大国战略性新兴产业协同创新，要在注重本土人才培养的基础上，制定相关政策，大力吸引和汇聚海外高端人才。可以通过一些政策举措制定和实施世界高端人才引进计划，大力提高国际专门人才的福利待遇，切实保障其合法权益。例如，高等院校在制定海外高端人才引进政策时，可以考虑从职称评比、居住条件、办公环境、薪资福利和家属安置等方面为高层次人才提供优质条件。另外，通过进一步完善国家公费交流项目与选拔制度，鼓励中青年教师和企业高层次人才到国外访学访修，开展国际项目合作，提升人才队伍的国际化水平。

（2）保障创新人才合法权益，激发创新热情。高素质创新人才是后发大国战略性新兴产业协同创新的核心要素，因此，要切实保障创新人才的权益，激发人才队伍的创新活力。一方面，要进一步完善保障创新人才的相关法律法规，将人才保护上升到国家立法层面，提高创新人才的地位和待遇；另一方面，要通过税收激励和政策奖励，采取降低创新人才个人所得税征税比例，对参与协同创新项目获得的奖励给予减免等措施稳定人才队伍。另外，要采取积极举措提高创新人才的整体素质，通过建立实用性强、科学合理的人才综合评价制度，强化对人才队伍的考核，充分发挥创新人才的才智和潜能。

（3）打造开放创新的信息技术交流平台。战略性新兴产业的发展和壮大离不开科学研究的支持，尤其是各个高校的科研机构更是起到了基础性作用。战略性新兴产业与原有成熟产业的不同之处在于，战略性新兴产业起源于重大的科学研究成果，这就要求企业必须提供健全完善的产业技术链和产品链的基础支撑，并且要求拥有充分的科研理论和实践经验的支持。

后发大国战略性新兴产业的发展，需要各创新主体的通力合作、联动协同。因此，要加强高等院校、科研机构和企业深度合作，打造开放创新的交流平台。信息交流是创新人才不断提高自身水平的重要途径，高校可以邀请企业优秀人才到学校举行讲座或者座谈会，与在校师生交流分享研发心得与体会以及需要克服的各种困难，使高校师生及时了解产业发展的动向与创新需求，为师生下一步学习提供方向。要鼓励支持相关专业的学生到企业、研究机构实习，在参与企业、研究机构创新项目的过程中，提升专业能力、创新能力和创新素养。要充分发挥创新网络的平台优势，鼓励本土企业、高校、科研机构与海外机构进行深度合作，建立国际合作研发中心，促进发达国家与后发大国之间的信息交换、技术交流和资源共享。

7.3.3 引导资本投入，为协同创新提供强有力的资金保障

战略性新兴产业大多属于技术密集型产业，具有高投入、高回报、高风险的特点，资本投入和资金保障是战略性新兴产业协同创新的重要条件。从"战略性"来说，战略性新兴产业是一个长期发展的过程，需要不断的资金扶持和大量的投入。而且，战略性新兴产业涉及范围广，很多领域都和国计民生息息相关，这说明，限制性的资金支持对战略性新兴产业的发展是十分不利的。从"新兴"来说，后发大国的战略性新兴产业还完全没有达到发展的预期，在资金投入的时间上拉得比较长，在科技创新和科研成果的应用上存在着诸多的不确定因素，必须要经过反反复复的多次研究，这必然就要求政府在财政上给予必要的资金支持。因此，后发大国要充分了解本国技术水平和产业基础，在制定相关产业发展

规划的同时，通过相关政策加大资本投入力度，推动战略性新兴产业协同创新。

（1）加大财政投资力度，优化中小企业融资政策。战略性新兴产业的高投入特性决定了单靠企业自身资本投入远远无法满足战略性新兴产业发展需要。一般来说，大型企业可以依靠其雄厚的资本积累实现高额资金投入，但中小企业作为战略性新兴产业重要部分，受宏观经济环境和企业自身发展能力的影响，资本积累缓慢、融资相对困难，需要政府政策的大力支持。后发大国可以通过制定战略性新兴产业发展的国家战略，为中小企业提供相应的资金支持，提高中小企业的积极性和创造性，激发创新热情。例如，可以借鉴美国"硅谷""鼓励创新，容忍失败"的创新文化，为中小企业创新创业提供良好的融资平台和创新环境。

（2）健全税收激励政策，降低企业创新风险。企业在成长中一般面临企业所得税、进口设备、软件的关税和增值税、技术人员纳税等各种税务压力，尤其在企业成长的初期，繁重的税收压力一定程度上制约了企业的创新活动。与发达国家相比，后发大国企业成长中面临众多突出的问题，如税收政策不完善、设备折旧优惠度不高、风投鼓励不足、创新人才收入税收优惠不够等。因此，要从增值税、设备折旧、人才收入等方面进一步进行税收激励政策的改革，释放企业创新活力，提升企业抵抗风险能力。一方面，要对企业进行增值税优惠改革，对于那些承担国家重大科技项目、国家急需重点发展项目的企业，在研究期间所用到的、需要国外进口的设备、软件，在相关部门核实后可以考虑免除关税和增值税；另一方面，对于给企业开展创新活动提供贷款的银行和保险公司，国家要在利息上给予税收上的优惠，通过免（低）利息收入税激励银行和保险公司对企业投资。另外，要进一步提高对企业风险投资的支持力度，扩大风险市场规模，消减金融机构对企业投资的风险预估，增强投资商信心，降低企业融资难度。

（3）完善融资政策和风险投资机制，营造良好的投融资环境。完善的金融政策和良好的融资环境有利于促进风险投资的自身发展，进而推动战略性新兴产业协同创新活动的顺利开展。基于此，政府要尽可能地发挥金融杠杆作用，扩大并创新风险投资渠道，在正确引导风险投资的基础上，进一步营造良好的协同创新投融资环境。第一，要完善协同创新融资政策，创造良好的外部环境。加大金融支持政策力度，催生多元化投融资主体。提升银行、证券、保险等金融机构参与协同创新项目的积极性，根据市场需求开拓便捷高效的金融服务，建立长效的协同创新发展机制，降低新兴技术企业贷款门槛，适当对从事这一类产业的企业放宽对抵押和担保的限制。建立风险资金有效退出机制。政府要正确引导风险资本市场中的并购行为，完善企业破产清算管理办法，促进更多的风险资金参与市竞争，保障风险资金有效循环。第二，完善风险投资机制，拓宽风险投资渠道。由政府牵头设立协同创新风险投资基金或新兴产业发展基金，吸引一部分投资者或企业家进入这些投资基金，合理引导民间资金投入，进一步拓展资金渠道。第三，政府积极引导高等院校、科研院所、企业和商业银行合作，形成一定规模的风险投资公司，并使之发展成为在风险资本市场具有一定影响力的投资主体。第四，开放市场，鼓励并引导国外风险资本进入，成立中外合资风险投资企业，加快国内风险资本市场和国际资本市场接轨的步伐，提高风险投资的操作水平。

7.3.4 积极培育国内外市场，激活协同创新动力

后发大国战略性新兴产业协同创新不仅需要充足的资金投入和关键核心技术突破，更需要发挥国内外市场的积极作用，推动科技成果应用和产业化，增强市场活力，拓展国内外市场。

（1）强化政府的服务职能，贴近国内市场需求。后发大国发展战略性新兴产业，要加快政府由职能型政府向服务型政府转变，充分发挥市场在资源配置中的重要作用。在战略性新兴产业发展的引入阶段，政府发挥主导作用，但当战略性新兴产业发展到一定规模、占据一定的市场时，就要积极发挥市场的调节功能。因此，政府要立足市场需求，转变施政思路，将政策着力点由企业转移到用户，也就是政策的支持方式要由原来引入期的拉动企业生产能力变为拉动用户的消费能力，形成稳定的国内市场。例如，政府可以通过制定提高居民收入，尤其是提高中低收入者收入水平的政策，加速国内潜在需求转化为国内市场需求的进程。

（2）加强政策引导，营造良好的市场环境。战略性新兴产业在发展的引入和成长期，企业数量少、规模小、竞争力不强，市场发展并不成熟，难以发挥市场机制对产业发展的影响，需要借助政府的力量启动战略性新兴产业市场。一方面，在战略性新兴产业发展初期，由于产品刚刚进入市场，消费者对其很陌生并且产品价格比较昂贵，难以形成稳定的国内消费市场。政府可以通过财政补贴、定额采购和高价购买等政策，支持产品市场快速形成，降低市场风险，提高产品市场竞争力，进而刺激需求、激活国内市场。另一方面，要强化行业监管，尽可能地避免行业内无序和恶性竞争，为战略性新兴产业协同创新营造良好的市场环境。

（3）创新财政政策，拓展国际市场。拓展战略性新兴产业国际市场，提升战略性新兴产业国际竞争力，对于后发大国参与国际竞争、积极参与全球价值链分

工具有重要意义。因此，后发大国需采取相关措施，积极推动战略性新兴产业走出国门、拓展国际市场。一方面，加大财政投资，通过对出口企业的投资补贴、对出口产品税收减免的方式，鼓励创新产品进入国际市场，参与国际竞争；另一方面，完善投资补贴办法，将投资补贴与企业经营状况相结合，拓宽补贴资金渠道。

（4）规范行业标准体系，完善市场进退机制。目前，后发大国战略性新兴产业发展方兴未艾，行业标准缺失严重成为影响战略性新兴产业健康发展的瓶颈，需要出台行业规范的标准体系和完善市场进入和退出机制。规范的市场机制有利于树立健康环保的产品形象，完善的市场进入和退出机制能够确保市场有序运行。后发大国制定行业标准要坚持国内标准和国际标准相结合的原则，努力推进国内外标准相融合，不断提升后发大国战略性新兴产业产品标准化水平，提升产品国际竞争力。

总之，后发大国要通过相关政策激励，立足国内市场，拓展国际市场，形成政府与市场良性互动机制，发挥市场在优化资源配置中的作用，提高资源利用效率，加速战略性新兴产业协同创新的发展步伐。

7.3.5 推动制度变革，为协同创新提供良好的制度环境

要素投入是战略性新兴产业的内部驱动力，但只有内部驱动力量很难实现健康稳健发展的，因此，良好的制度环境对战略性新兴产业协同创新也起着不可或缺的重要作用。后发大国可以通过政策驱动，推动社会法律法规制度、企业内部制度创新，进而为战略性新兴产业协同创新提供健康稳定的外部环境。

（1）推动法律法规制度创新，为战略性新兴产业发展提供制度保障。后发大国要以法律法规的形式明确战略性新兴产业协同创新各主体的权利、义务和社会责任，保护战略性新兴产业的发展。要在以法律法规的形式对后发大国战略性新兴产业协同创新的行为进行指导约束的同时，进一步明确政府产业管理各主管部门的工作目标和职责，强化对企业的管理和监督。

政府政策对于战略性新兴产业的发展能起到培养、资助、支持和维护的作用。因此，建立政府政策的保障机制很有必要，尤其是突出财税金融的积极作用，能在一定程度上舒缓战略性新兴产业在初期遇到的资金困难。针对战略性新兴产业人力成本高、科研费用多和初期市场开发难度大的情况，制定灵活的税收激励政策，如流转税、消费税、营业税减免等税收的减免，从而激励企业加大自

主研发力度、开发新技术和生产新产品，最终形成普惠性的、支持战略性新兴产业发展的税收政策体系。国家应当鼓励银行等金融机构针对中小企业在初创期加强信贷支持，为战略性新兴产业提供相应的优惠政策，如低息贷款和无抵押贷款融资政策，创业投资、场外交易和代发债券等融资政策。

总而言之，政府所提供的相关政策扶持和技术扶持，以及在科研人才、资金支持、流通信息和物料资源等方面的帮助，为战略性新兴产业的发展起到了保驾护航的作用，有利于战略性新兴产业的起步和发展，推动其顺利成长。

（2）加强企业制度创新，提升创新活力和竞争力。企业是战略性新兴产业协同创新的主要载体，企业制度创新是激发企业活力、提升企业竞争力的重要推动力之一。因此，可以从以下四个方面创新企业制度，提升企业创新意愿：第一，在企业内制定激励企业员工开展技术创新活动激励机制。企业技术创新是一种依靠企业全体员工进行智力创新的活动，要通过建立和健全企业内部制度，最大限度地发挥员工的知识和技能，相对宽松的制度安排与企业氛围，有效地推动企业员工的创新意识和创新行为。第二，要建立健全保障和约束创新主体行动的制度和机制，促使企业员工的创新行为符合企业和市场的需要，实现技术生产与需求有效对接。第三，要完善相关制度，为企业技术创新提供畅通的信息机制，更有效地监测、跟踪并吸收外部信息和知识，充分发挥正式和非正式组织的积极作用，充分利用企业间的技术创新网络。第四，构建高效的企业技术创新活动整合机制。企业技术创新单靠企业家或技术骨干的个人才智是远远不够的，只有通过包括企业文化在内的企业制度安排，形成一种杠杆效应和放大机制，才能推动形成人力资源的互补格局与整合效应，促进企业各部门间的密切交流和职能匹配。

（3）构建立体式的协同创新组织结构，提升创新活动的管理水平。后发大国战略性新兴产业协同创新活动大多都是各主体自发组织的，存在着协同度不高、效率偏低等诸多问题。后发大国可以借鉴发达国家的经验，建立战略性新兴产业协同创新委员会，通过赋予其行政管理职权，设置省区和地方的分支，形成"中央－省－地区"自上而下的完整的组织结构，全方位把控战略性新兴产业协同创新活动，对战略性新兴产业协同创新发展过程进行有效的监管。

7.3.6 构建产学研协同创新网络，推动创新主体的协同合作

后发大国一般存在内生要素积累不足、协同度低，因而导致技术水平不高、

产业基础薄弱等问题。因此，需要采取积极政策举措，激发创新主体的创新活力，建立和健全协同创新网络，提升企业自主创新能力，推动战略性新兴产业协同创新。

（1）构建创新主体深度合作的创新机制，完善产学研合作体系。政府作为调节经济发展的宏观主体，首先要明确自己在经济调节中所扮演的角色，尤其是在引导产学研协同创新中，更需要好好地发挥政府在秩序管理以及协调方面的重要作用，借助各种政策措施以推动产学研密切合作。政府可以通过相关政策激励产学研合作，对积极参与产学研合作的企业、高等院校和科研机构，根据创新绩效给予精神和物质两个方面的奖励。除此之外，还可以通过财政税收优惠政策，引导和鼓励中小企业积极参与产学研合作，推动创新成果产业化市场化。加大对高等院校和科研院所的 R&D 经费投入，对于为产学研合作提供实验仪器、设备与技术支持、并参与其中的高等院校和科研机构，政府应该以一定的财政补贴或税收优惠作为奖励。

（2）完善利益分配和风险分担机制，促进产学研紧密联合。战略性新兴产业持续推进产学研合作，在这一模式中，不同主体扮演着不同的角色，企业负责出资买断某一科研成果并承担所有的风险，高校和科研机构负责技术研发。但是在现实的具体操作中，高校与科研机构在技术研发中投入的人力、物力和财力相比于企业来说非常大，却得不到价值对等的利益收入，即各合作主体存在投入与产出的不匹配问题，利益分配与风险承担失衡问题非常突出。考虑到合作应该建立在公平、公正、协同发展的基础上，因此，政府应该在确定企业、高校和科研机构等合作方的权利、义务和责任的基础上，构建科学合理的责任分摊机制进行主体利益与风险的分配，如可以根据各主体在产学研合作项目中的投入比例和贡献比例进行利益与风险的划分。在明确利益与分配的基础上，要构建产学研合作监督机制并使其常态化，在对产学研合作活动中各主体的表现和贡献进行监督和评价的基础上，及时淘汰并替换不合格的参与者，不断提升各主体合作效率。此外，要建立有效的产学研合作协调机制，及时对由于利益分配不均引起的矛盾和冲突进行协调解决。在此基础上，要进一步做好风险管理工作。风险管理贯穿协同合作的全过程，不仅需要在产学研项目实施前进行风险预测、在实施中对可能出现的风险进行及时监控和有效处理、并对项目实施后的风险进行反馈，为下一次项目合作准备风险管理预案，尽可能地规避企业创新风险。

（3）完善创新主体间的信任机制，促进有效地沟通与合作。战略性新兴产业协同创新的主体非常广泛，离不开企业、高校、科研机构、政府、中介服务、金融等多个创新主体的协同合作，在协同创新这一过程中，各主体相互之间互动频繁，每一个环节都体现了"合作"与"沟通"的重要性。因此，如果各主体间彼此不信任，那么交流与沟通无法顺利进行，人力资本、产品价格等信息就无法准确传递，进而会造成创新成本增加、大量资源浪费、协同创新效率降低等问题，不仅如此，建立在无信任基础上的合作关系是非常脆弱的，经不起任何风险的考验。因此，为了更好地推动各主体进行资源共享和深度合作，政府需要建立协同创新信任机制，尽快形成企业与各主体有效交流与无间合作的社会常态。战略性新兴产业协同创新系统中，不同创新主体之间存在的不仅仅是共生合作关系，而是更多不同类型主体所形成的协同创新合作网络。创新活动实践中也存在各主体合作意识不强、协同度不高等问题，例如，企业与院校、科研机构的交流浅显往往会造成它们之间难以开展有效的合作，在一些企业人员眼中，院校和科研机构只是进行理论研究的场所，而不关注研究成果的经济价值，不放心把创新项目交由它们主导；而院校和科研机构认为企业专注于经济利益的谋取，没有任何社会责任意识。因此，为了尽量避免这种情况，就需要建立一个可供各主体加强资源、知识、技术等方面信息共享和交流的平台，使各主体的意见与想法可以顺畅地表达，在头脑风暴型的信息交汇中，实现技术创新与发展。因此，包括政府、高等院校、科研机构、金融机构、中介服务机构在内的各种组织机构，都要不断提高相互之间的信任度，破解信任障碍，提高协同合作效率，推动协同创新有序进行。

7.3.7　不同生命周期的政府政策

从现有的案例来看，无论是欧美日等发达国家的战略性新兴产业发展，还是中国、巴西、印度等发展中国家的战略性新兴产业发展，政府的作用都相当突出，战略性新兴产业的发展离不开政府的支持和帮助。

因此，在发展战略性新兴产业的过程中，需注意不同产业自由的生命周期演化，并在不同产业的不同发展时期给予正确的政府干预。在引入期，由于技术的经济价值和市场价值不确定性明显，企业及其他市场主体会对投资研发十分谨慎，此时就需政府实施直接的财政扶持推进新技术研发，鼓励技术创新。在成长期，战略新兴产业发展速度快，但由于中小企业规模较小，信誉度较低，风险抵御能力较弱，较难得到银行的贷款支持，风险投资又多关注已较为成型的应用型研究成果。因此，中小企业存在较大融资困难，需政府协调企业与金融机构的关系，甚至为企业提供担保，吸引风险投资。同时，政府可采用间接财政手段，如通过税收优惠、补贴等形式影响企业研发、生产新产品的成本和收益。在成熟期，政府推动和协调下的技术及产业标准制定对一国或地区产业竞争力保持与提升有重要作用，而且该过程也进一步推进了企业间的合作，有利于产业联盟的形成。在调整期，也需要政府干预。政府对调整期产业的调整和援助存在"度"的问题，尤其是处于减退的调整和援助政策，如果掌握得不好，就会成为保护落后的政策，使产业产生依赖性，从而丧失活力。同时，还会加大成本代价，打击其他产业的积极性，给未来长期的产业发展带来负面效应。该时期对产业的援助与调整政策应体现在一方面适度地促使产业间的融合与结构调整；另一方面援助产业进行技术更新，增强自身的活力与竞争力。

7.4 本 章 小 结

本章采用对比分析的方法，通过对发达国家和后发大国战略性新兴产业发展过程进行比较，分析发达国家和后发大国战略性新兴产业发展的轨迹与绩效。在学习、吸取发达国家和发展中国家有关战略新兴产业发展经验的基础上，并结合本书前文的研究，从内生增长要素供给、财税政策、环境法制、创新平台等角度，提出战略性新兴产业协同创新的政策支持框架，为后发大国战略性新兴产业发展提供新的思路与方向。

参 考 文 献

[1] 艾伯特·赫希曼.经济发展战略 [M].曹征海,潘照东,译.北京:经济科学出版社,1991.

[2] 包琼雪.区域经济发展与物流产业集聚程度的相关性研究——以温州市为例 [J].中国商论,2017 (15):42-43.

[3] 陈光.企业协同创新管理的高标准定位与审计 [J].管理学报,2005 (3):327-332.

[4] 陈继勇,周琪.新兴技术产业化演进及其对中国战略性新兴产业发展的启示 [J].湖北社会科学,2012 (11):66-69.

[5] 陈劲,王方瑞.突破全面创新:技术和市场协同创新管理研究 [J].科学学研究,2005 (S1):249-254.

[6] 陈劲.协同创新 [M].杭州:浙江大学出版社,2012.

[7] 陈玲,薛澜.中国高技术产业在国际分工中的地位及产业升级:以集成电路产业为例 [J].中国软科学,2010 (6):36-46.

[8] 陈盛祥.制度创新驱动与战略性新兴产业发展研究 [J].改革与战略,2012,28 (10):93-96.

[9] 陈秀山,徐瑛.中国制造业空间结构变动及其对区域分工的影响 [J].经济研究,2008,43 (10):104-116.

[10] 陈衍泰,程鹏,梁正.影响战略性新兴产业演化的四维度因素分析——以中国风机制造业为例的研究 [J].科学学研究,2012,30 (8):1187-1197.

[11] 陈尊厚,杨伟静.河北省战略性新兴产业与科技创新协同发展研究——基于京津冀协同发展视角 [J].经济研究参考,2016 (21):56-61.

[12] 程极明.大国经济发展比较研究 [M].北京:人民出版社,1997.

[13] 程金龙.协同创新背景下信息产业与旅游产业的融合发展——中原经济区智慧旅游河南省协同创新中心理事会暨洛阳论坛会议综述 [J].洛阳师范学院学报,2015,34 (9):23-25.

［14］程蓉．基于产品设计链的企业协同创新研究［D］．武汉理工大学，2008.

［15］大卫·李嘉图．政治经济学及赋税原理［M］．郭大力，王亚南，译．北京：商务印书馆，2013.

［16］丁纯．德国"工业4.0"：内容、动因与前景及其启示［J］．德国研究，2014（4）：2-9.

［17］董树功．协同与融合：战略性新兴产业与传统产业互动发展的有效路径［J］．现代经济探讨，2013（2）：71-75.

［18］范晓莉，黄凌翔，卢静，等．战略性新兴产业集聚发展及影响因素分析［J］．统计与决策，2017（14）：139-143.

［19］费钟琳，魏巍．扶持战略性新兴产业的政府政策——基于产业生命周期的考量［J］．科技进步与对策，2013，3（3）：104-107.

［20］弗里曼，佩雷斯．结构调整危机：经济周期与投资行为［M］．北京：经济科学出版社，1992.

［21］符想花．基于多元统计分析的区域高技术产业发展水平比较研究［J］．经济经纬，2010（1）：64-67.

［22］高丽娜，卫平．中国高端制造业空间结构变动的实证研究：2003-2009［J］．工业技术经济，2012（1）：84-91.

［23］高强．产品生命周期与产业生命周期［J］．国际贸易问题，1987（6）：51-53.

［24］高旭．美国"再工业化"对我国战略性新兴产业国际竞争力的影响研究［D］．上海师范大学，2017.

［25］顾海峰．战略性新兴产业演进的金融支持体系及政策研究——基于政策性金融的支持视角［J］．科学学与科学技术管理，2011，32（7）：98-103.

［26］郭淑娟，常京萍．战略性新兴产业知识产权质押融资模式运作及其政策配置［J］．中国科技论坛，2012（1）：120-125.

［27］国胜铁．技术引进对我国产业结构升级的影响研究［J］．经济纵横，2016（12）：91-95.

［28］H.哈肯．协同学引论——物理学、化学和生物学中的非平衡相变和自组织［M］．北京：原子能出版社，1984.

［29］H.哈肯．协同学——自然成功的奥秘［M］．上海：上海科学普及出版社，1988.

［30］何声贵，陈洪转．政府扶持新兴产业发展政策的国际借鉴［J］．科技进步与对策，2012（11）：96－99．

［31］贺正楚，吴艳，蒋佳林，等．生产服务业与战略性新兴产业互动与融合关系的推演、评价及测度［J］．中国软科学，2013（5）：129－143．

［32］贺正楚，张训，陈文俊，等．战略性新兴产业的产业选择问题研究［J］．湖南大学学报（社会科学版），2013，27（1）：63－68．

［33］亨利·埃茨科威兹．国家创新模式：大学、产业、政府三螺旋创新战略［M］．周春彦，译．北京：东方出版社，2005．

［34］胡剑波，倪瑛，魏涛，等．促进我国战略性新兴产业发展的财税政策研究［J］．工业技术经济，2013，33（2）：96－103．

［35］胡晓娣，胡君辰．基于生命周期的企业集群技术创新过程模式研究［J］．科学管理研究，2009，27（2）：17－20．

［36］黄惠萍，尹慧．我国战略性新兴产业全球价值链升级影响因素分析［J］．科技管理研究，2016（10）：19－24．

［37］黄鲁成，王亢抗，吴菲菲，等．战略性新兴产业技术特性评价指标与标准［J］．科学学与科学技术管理，2012，33（7）：103－108．

［38］黄鲁成．新兴技术与新兴产业协同演化规律探析［J］．科技进步与对策，2014（3）：72－78．

［39］黄先海，张胜利．中国战略性新兴产业的发展路径选择：大国市场诱致［J］．中国工业经济，2019（11）：60－78．

［40］霍国庆，李捷，王少永．我国战略性新兴产业战略效应的实证研究［J］．中国软科学，2017（1）：127－138．

［41］霍国庆．战略性新兴产业的生命周期及其演化规律研究——基于英美主导产业回溯的案例研究［J］．科学学研究，2014（1）：1630－1638．

［42］霍利斯·钱纳里，莫伊思·赛尔昆．发展的形式（1950－1970）［M］．北京：经济科学出版社，1988．

［43］吉利斯，波金斯，罗默．发展经济学［M］．北京：人民大学出版社，1998．

［44］姜永玲，史占中，赵子健．基于投入产出分析的高技术产业关联作用研究［J］．产业经济，2014（5）：16－18．

［45］金林．科技中小企业与科技中介协同创新研究［D］．大连理工大学，2007．

[46] 康志勇，张杰．制度缺失、行为扭曲与我国出口贸易的扩张——来自我国省际面板数据的实证分析 [J]．国际贸易问题，2009 (10)：18 – 25.

[47] 孔宪丽，米美玲，高铁梅．技术进步适宜性与创新驱动工业结构调整——基于技术进步偏向性视角的实证研究 [J]．中国工业经济，2015 (11)：62 – 77.

[48] 赖俊平，张涛，罗长远．动态干中学、产业升级与产业结构演进 [J]．产业经济研究，2011 (3)：1 – 9.

[49] 黎志成，左相国．产业成长周期与产业成长速度特征分析 [J]．科技进步与对策，2003，20 (11)：75 – 77.

[50] 李红锦，曾敏杰．新兴产业发展空间溢出效应研究——创新要素与集聚效应双重视角 [J]．科技进步与对策，2019，36 (1)：67 – 73.

[51] 李煌华，武晓锋，胡瑶琪．共生视角下战略性新兴产业创新生态系统协同创新策略分析 [J]．科技进步与对策，2014 (2)：47 – 50.

[52] 李捷，霍国庆，孙蜡．我国战略性新兴产业集群效应决定因素分析 [J]．科技进步与对策，2015，31 (17)：55 – 60.

[53] 李金华．中国战略性新兴产业空间布局雏形分析 [J]．中国地质大学学报 (社会科学版)，2014 (3)：14 – 21.

[54] 李婧，谭清美，白俊红．中国区域创新生产的空间计量分析——基于静态与动态空间面板模型的实证研究 [J]．管理世界，2010 (7)：43 – 65.

[55] 李俊强．基于分位数回归的战略性新兴产业影响因素分析——河北省为例 [J]．中国科技论坛，2016 (4)：49 – 55.

[56] 李邃，江可申．高技术产业科技能力与产业结构优化升级 [J]．科研管理，2011 (2)：44 – 50.

[57] 李小芬，王胜光．我国风能产业多维度演进机制 [J]．中国科技论坛，2012 (3)：56 – 62.

[58] 李小芬．新兴产业创新发展的政策驱动机制 [D]．中国科学技术大学，2012.

[59] 李晓东．经济新常态下战略性新兴产业市场培育机制探索 [J]．改革与战略，2015 (2)：133 – 137.

[60] 李晓伟，臧树伟．我国高技术产业区域发展对策研究 [J]．科技进步与对策，2012 (24)：67 – 71.

[61] 李由．大国经济论 [M]．北京：北京师范大学出版社，2000.

［62］林学军．战略性新兴产业的发展与形成模式研究［J］．中国软科学，2012（2）：26 – 34.

［63］刘秉镰，武鹏，刘玉海．交通基础设施与中国全要素生产率增长——基于省域数据的空间面板计量分析［J］．中国工业经济，2010（3）：54 – 64.

［64］刘澄，顾强，董瑞青．产业政策在战略性新兴产业发展中的作用［J］．经济社会体制比较，2011（1）：196 – 203.

［65］刘凤朝，朱姗姗，马荣康．创新领导者和追随者研发投入决策差异——基于产业生命周期的视角［J］．科学学研究，2017，35（11）：1707 – 1715.

［66］刘红．日本民主党"新增长战略"评析［J］．日本研究，2010（4）：1 – 5.

［67］刘红玉，彭福扬，吴传胜．战略性新兴产业的形成机理与成长路径［J］．科技进步与对策，2012，29（11）：46 – 49.

［68］刘洪昌．中国战略性新兴产业的选择原则及培育政策取向研究［J］．科学学与科学技术管理，2011，32（3）：87 – 92.

［69］刘佳刚，汤玮．战略性新兴产业发展演化规律及空间布局分析［J］．中国科技论坛，2015（4）：57 – 62.

［70］刘家庆．促进战略性新兴产业发展的财政政策研究——以甘肃省为例［J］．财政研究，2011（4）：31 – 34.

［71］刘建民，胡小梅，王蓓．空间效应与战略性新兴产业发展的财税政策运用——基于省域1997～2010年高技术产业数据［J］．财政研究，2013（1）：62 – 66.

［72］刘戒姣．产业生命周期与企业竞争力［J］．经济管理，2003（8）：19 – 23.

［73］刘戒骄．美国再工业化及其思考［J］．中共中央党校学报，2011（2）：1 – 10.

［74］刘艳．中国战略性新兴产业集聚度变动的实证研究［J］．上海经济研究，2013（2）：40 – 51.

［75］刘玉忠．后危机时代中国战略性新兴产业发展战略的选择［J］．中国科技论坛，2011（2）：45 – 49.

［76］刘志彪．经济发展新常态下产业政策功能的转型［J］．南京社会科学，2015（3）：33 – 41.

［77］刘志彪．以城市化推动产业转型升级——兼论"土地财政"在转型时

期的历史作用 [J]. 学术月刊, 2010 (10): 65-70.

[78] 刘志彪. 战略性新兴产业的高端化: 基于"链"的经济分析 [J]. 产业经济研究, 2012 (3): 9-17.

[79] 柳卸林. 从光伏产业看中国战略性新兴产业的发展模式 [J]. 科学学与科学技术管理, 2012 (1): 116-125.

[80] 柳卸林, 马雪梅, 高雨辰, 等. 企业创新生态战略与创新绩效关系的研究 [J]. 科学学与科学技术管理, 2016, 37 (8): 102-115.

[81] 陆丽娜, 胡峰, 刘媛. 战略性新兴产业集群梯度差异与协同发展——基于江苏的数据分析 [J]. 科技管理研究, 2019, 39 (20): 59-63.

[82] 路风. 自主创新需要勇气 [J]. 决策与信息, 2006 (6): 15-19.

[83] 路江涌, 陶志刚. 中国制造业区域聚集及国际比较 [J]. 经济研究, 2006 (3): 103-114.

[84] 吕铁, 余剑. 金融支持战略性新兴产业发展的实践创新、存在问题及政策建议 [J]. 宏观经济研究, 2012 (5): 18-26.

[85] 罗新阳. 基于战略性新兴产业发展的技能人才培育机制研究——来自浙江绍兴131家重点培育企业的样本分析 [J]. 未来与发展, 2012, 35 (11): 79-85

[86] 罗勇, 曹丽莉. 中国制造业集聚程度变动趋势的实证研究 [J]. 经济研究, 2005 (8): 22-29.

[87] 马春文. 所谓教科书当如是——评现代经济学入门 [J]. 社会科学战线, 1999 (6): 280-281.

[88] 马军伟. 我国七大战略性新兴产业的金融支持效率差异及其影响因素研究——基于上市公司的经验证据 [J]. 经济体制改革, 2013 (3): 133-137.

[89] 马丽, 李林, 黄冕. 发达国家产业协同创新对中部区域产业创新的启示 [J]. 科技进步与对策, 2014, 31 (23): 33-37.

[90] 马尚平, 张世龙. 论产业生命周期 [J]. 江汉论坛, 2004 (6): 17-19.

[91] 马威. 高技术产业内协同创新程度研究分析 [D]. 中国科学技术大学, 2014.

[92] [美] 阿瑟·刘易斯. 二元经济论 [M]. 施伟, 谢兵, 等译. 北京: 北京经济学院出版社, 1989.

[93] [美] 库兹涅茨. 各国的经济增长 [M]. 北京: 商务印书馆, 1971.

[94]［美］钱纳里．发展的型式：1950 – 1970 年［M］．北京：经济科学出版社，1988.

[95]［美］沃尔特·罗斯托．经济成长的阶段［M］．北京：中国社会科学出版社，2010.

[96]［美］西蒙·库兹涅茨．各国的经济增长：总产值和生产结构［M］．北京：商务印书馆，2015.

[97]牟绍波．战略性新兴产业集群式创新网络及其治理机制研究［J］．科技进步与对策，2014（2）：55 – 75.

[98]欧阳峣，刘智勇，罗会华．大国的经济特征及其评价指标体系［J］．求索，2009（9）：1 – 4.

[99]欧阳峣，罗会华．大国的概念：涵义、层次及类型［J］．经济学动态2010（8）：1 – 7.

[100]欧阳峣．张培刚先生对发展经济学的贡献——为纪念张培刚先生诞辰100 周年而作［J］．经济学家，2014（1）：5 – 13.

[101]逄晓霞，方晓琳．我国战略性新兴产业税收政策的完善研究［J］．现代经济探讨，2012（3）：58 – 88.

[102]彭刚．发展中国家的定义、构成与分类［J］．教学与研究，2004（9）：2 – 9.

[103]阮航．企业产出、研发投入对政府补贴的动态响应［D］．深圳大学，2017.

[104]邵一华，吴敏．高技术产业对传统产业的影响研究［J］．中国软科学，2000（3）：102 – 105.

[105]邵云飞，穆荣平，李刚磊．我国战略性新兴产业创新能力评价及政策研究［J］．科技进步与对策：2019（12）：1 – 8.

[106]单俊辉，张玉凯．外商直接投资对我国产业结构的影响及对策［J］．现代管理科学，2016（3）：52 – 54.

[107]施卫东，高雅．金融服务业集聚发展对产业结构升级的影响——基于长三角16 个中心城市面板数据的实证检验［J］．经济与管理研究，2013（3）：73 – 81.

[108]施卓宏，朱海玲．基于钻石模型的战略性新兴产业评价体系构建［J］．统计与决策，2014（10）：51 – 53.

[109]孙长青．长江三角洲制药产业集群协同创新研究［D］．华东师范大

学，2009.

[110] 孙国民. 战略性新兴产业概念界定：一个文献综述 [J]. 科学管理研究，2014, 32 (2): 43 - 60.

[111] 孙喜. 传统产业高技术化过程的替代性逻辑——以车用柴油机技术进步为例 [J]. 科学研究，2013 (7): 998 - 1005.

[112] 孙志洁. 浙江省战略性新兴产业发展评价和发展驱动因素分析 [D]. 浙江工商大学，2017.

[113] 唐根年，徐维祥. 中国高技术产业成长的时空演变特征及其空间布局研究 [J]. 经济地理，2004 (5): 604 - 608.

[114] 陶长琪，周璇. 要素集聚下技术创新与产业结构优化升级的非线性和溢出效应研究 [J]. 当代财经，2016 (1): 83 - 94.

[115] 陶文达. 经济发展与发展经济学的几个问题 [J]. 教学与研究，1992 (1): 65 - 69.

[116] 佟家栋. 发展中大国的贸易自由化与中国 [M]，天津：天津教育出版社，2005.

[117] 童有好. 大国经济浅论 [D]. 中共中央党校硕士学位论文，2000.

[118] 万钢. 把握全球产业调整机遇培育和发展战略性新兴产业 [J]. 中国科技产业，2010 (1): 18 - 20.

[119] 万幼清，张妮. 我国产业集群协同创新能力评价综述 [J]. 当代经济管理，2014, 36 (8): 73 - 78.

[120] 汪伟，刘于飞，彭冬冬. 人口老龄化的产业结构升级效应研究 [J]. 中国工业经济，2015 (11): 47 - 61.

[121] 王斌，骆祖春. 美国发展战略性新兴产业的最新举措、特点及启示 [J]. 现代经济探讨，2011 (6): 84 - 87.

[122] 王海龙，刘佳. 我国省区高技术产业发展水平评价与模式分析 [J]. 科技进步与对策，2011 (22): 113 - 117.

[123] 王宏起，苏红岩. 战略性新兴产业空间布局方法及其应用研究 [J]. 中国科技论坛，2013 (4): 28 - 34.

[124] 王敏，辜胜阻. 我国高技术产业的关联效应研究 [J]. 软科学，2015 (10): 1 - 5.

[125] 王明，吴幸泽. 战略新兴产业的发展路径创新——基于创新生态系统的分析视角 [J]. 科技管理研究，2015 (9): 41 - 46.

[126] 王文翌，安同良．基于演化视角的行业生命周期与创新——以中国制造业上市公司为例 [J]．研究与发展管理，2015，27（6）：87-96．

[127] 王叶军，李建伟．中国典型高技术产业创新驱动模式——以北京市为例 [J]．科技进步与对策，2016，33（12）：52-58．

[128] 韦福雷，胡彩梅．中国战略性新兴产业空间布局研究 [J]．经济问题探索，2012（9）：112-115．

[129] 魏燕，龚新蜀．技术进步、产业结构升级与区域就业差异——基于我国四大经济区 31 个省级面板数据的实证研究 [J]．产业经济研究，2012（4）：19-27．

[130] 文骐，童舒静．战略性新兴产业：政策演进与理论创新 [J]．重庆社会科学，2011（1）：46-51．

[131] 巫强，刘志彪．进口国质量管制条件下出口国企业创新与产业升级 [J]．管理世界，2007（2）：53-60．

[132] 吴福象，沈浩平．新型城镇化、基础设施空间溢出与地区产业结构升级——基于长三角城市群 16 个核心城市的实证分析 [J]．财经科学，2013（7）：89-98．

[133] 吴利华，闫焱．高技术产业对传统工业的波及影响分析 [J]．华东经济管理，2011（6）：49-52．

[134] 吴晓波，裴珍珍．高技术产业与传统产业协同发展的战略模型及其实现途径 [J]．科技进步与对策，2006（1）：50-52．

[135] 吴宇晖，付淳宇．中国战略性新兴产业发展研究 [J]．学术交流，2014（6）：93-97．

[136] [美] 西蒙·库兹涅茨．现代经济增长 [M]．北京：北京经济学院出版社，1999．

[137] 筱原三代平．产业结构论 [M]．北京：中国人民大学出版社，1990．

[138] 肖兴志，谢理．中国战略性新兴产业创新效率的实证分析 [J]．经济管理，2011，33（11）：26-35．

[139] 肖兴志．政府激励、产权性质与企业创新——基于战略性新兴产业260 家上市公司数据 [J]．财经问题研究，2013（12）：26-33．

[140] 谢清河．我国金融支持战略性新兴产业发展研究 [J]．新金融，2013（2）：54-57．

[141] 谢婷婷，郭艳芳．环境规制、技术创新与产业结构升级 [J]．工业技

术经济，2016（9）：135－145.

［142］谢婷婷，赵莺. 科技创新、金融发展与产业结构升级——基于贝叶斯分位数回归的分析［J］. 科技管理研究，2017，37（5）：1－8.

［143］辛娜. 技术创新对产业升级的作用机理分析［J］. 企业经济，2014（2）：41－44.

［144］徐康宁，冯伟. 基于本土市场规模的内生化产业升级：技术创新的第三条道路［J］. 中国工业经济，2010（11）：58－67.

［145］徐顽强，李华君. 高技术产业对传统产业的技术外溢运行过程研究［J］. 科技管理研究，2008（7）：511－514.

［146］徐秀军. 发展中国家地区主义的政治经济学——以南太平洋地区为例［J］. 世界经济与政治，2011（3）：138－160.

［147］［英］亚当·斯密. 国民财富的性质和原因的研究（上卷）［M］. 郭大力，王亚南，译. 北京：商务印书馆，1972.

［148］［英］亚当·斯密. 国民财富的性质和原因研究（下卷）［M］. 郭大力，王亚南，译. 北京：商务印书馆，1974.

［149］杨洪焦，孙林岩，高杰. 中国制造业集聚程度的演进态势及其特征分析——基于1988～2005年的实证研究［J］. 数量经济技术经济研究，2008（5）：55－66.

［150］杨连盛，朱英明. 企业创新网络对产业创新效率的门槛效应研究［J］. 科技进步与对策，2015（21）：60－66.

［151］杨英，张浩良. 广东战略性新兴产业空间布局研究——基于因子分析法和聚类分析［J］. 中国发展，2012，12（2）：60－66.

［152］杨育，郭波，尹胜，等. 客户协同创新的内涵与概念框架及其应用研究［J］. 计算机集成制造系统，2008（5）：944－950.

［153］杨治. 筱原三代平的产业结构理论［J］. 现代日本经济，1982（4）：35－42.

［154］杨智峰，陈霜华，汪伟. 中国产业结构变化的动因分析——基于投入产出模型的实证研究［J］. 财经研究，2014（9）：38－49.

［155］姚瑶. 山西煤炭产业集群内企业协同创新影响因素研究［D］. 山西财经大学，2015.

［156］尹小平，苏扬. 战略性新兴产业税收政策的国际借鉴与路径选择［J］. 求索，2012（1）：5－7.

［157］尹艳冰.基于 ANP 的战略性新兴产业遴选研究［J］.统计与决策，2014（12）：63－65.

［158］余泳，陈龙，王筱.中国区域高技术产业创新绩效测度与评价——基于因子分析和空间计量模型的实证研究［J］.西安财经学院学报，2015，28（2）：39－46.

［159］张澄.以技术创新推进产业结构升级［J］.科技进步与对策，2001（7）：123－124.

［160］张翠菊，张宗益.中国省域产业结构升级影响因素的空间计量分析［J］.统计研究，2015（10）：32－37.

［161］张国强，温军，汤向俊.中国人力资本、人力资本结构与产业结构升级［J］.中国人口资源与环境，2011（10）：138－146.

［162］张和平.对于大力发展战略性新兴产业的思考与建议［J］.经济界，2010（3）：55－60.

［163］张健，张威，吴均.战略性新兴产业共性技术协同创新的演化博弈——三重螺旋视阈下的研究［J］.企业经济，2017，36（1）：41－48.

［164］张敬文，李一卿，陈建.战略性新兴产业集群创新网络协同创新绩效实证研究［J］.宏观经济研究，2018（9）：109－122.

［165］张凯.江苏省战略性新兴产业的选择研究［D］.江苏师范大学，2017.

［166］张李节.大国优势与我国经济增长的潜力［J］.现代经济，2007，6（2）：182－184.

［167］张丽华，陈伟忠，林善浪.我国制造业集聚经济动态性研究：基于产业生命周期的视角［J］.产业经济研究，2013（3）：23－34.

［168］张琳彦.基于空间自相关的中国战略性新兴产业布局分析［J］.统计与决策，2015（13）：139－142.

［169］张培刚.新发展经济学［M］.郑州：河南人民出版社，1992.

［170］张晓兰.2014 年日本经济形势及 2015 年展望［J］.宏观经济管理，2015（1）：13－19.

［171］张亚峰.基于多层次灰色评价的河南省战略性新兴产业发展战略研究［J］.科技管理研究，2013，33（4）：47－50.

［172］张宇.东北地区战略性新兴产业集聚发展的影响因素研究［D］.东北师范大学，2016.

[173] 张宇. 中国制造业过度集聚及其生产要素拥挤实证研究 [D]. 西北师范大学, 2016.

[174] 张桢. 我国高技术产业发展、金融结构优化与产业升级——基于最优金融结构理论的实证分析 [J]. 工业技术经济, 2016 (2): 97-104.

[175] 张子余, 袁澍蕾. 生命周期视角、公司治理与企业技术创新 [J]. 统计与决策, 2017 (19): 176-180.

[176] 赵玉林, 汪芳. 基于高技术产业与传统产业关联的湖北产业结构升级研究 [J]. 中国科技论坛, 2007 (4): 80-84.

[177] 赵玉林, 王春珠. 战略性新兴产业发展中创新与需求协同驱动异质性分析 [J] 中国科技论坛, 2017 (5): 41-48.

[178] 郑江淮. 理解战略性新兴产业的发展——概念、可能的市场失灵与发展定位 [J]. 上海金融学院学报, 2010 (4): 5-10.

[179] 郑江淮, 杨以文, 黄永春. 生产性服务业与战略性新兴产业协调发展——基于生产性服务业市场的一般均衡分析 [J]. 当代经济科学, 2012, 34 (6): 15-122.

[180] 郑江淮. 战略性新兴产业与我国技术进步方式 [J]. 上海经济研究, 2015 (11): 3-11.

[181] 郑捷. 如何定义大国 [J]. 统计研究, 2007 (10): 1-6.

[182] 郑声安. 产业生命周期特征与企业战略的关联分析 [J]. 经济论坛, 2006 (9): 70-70.

[183] 钟鸣长, 沈能. 高技术产业对传统产业的技术外溢效应分析——基于菲德模型的检验 [J]. 生产力研究, 2006 (7): 212-214.

[184] 周晶. 战略性新兴产业发展现状及地区分布 [J]. 统计研究, 2012, 29 (9): 24-30.

[185] 周少甫, 王伟, 董登新. 人力资本与产业结构转化对经济增长的效应分析——来自中国省级面板数据的经验证据 [J]. 数量经济技术经济研究, 2013 (8): 65-77.

[186] 周晓辉. 基于协同创新视角的创新型科技人才开发中的政府责任研究 [J]. 中国人力资源开发与管理. 2013 (10): 23-86.

[187] 周泽炯, 陆苗苗. 战略性新兴产业自主创新能力的驱动因素研究 [J]. 吉首大学学报 (社会科学版), 2019, 40 (1): 30-38.

[188] 朱迎春. 政府在发展战略性新兴产业中的作用 [J]. 中国科技论坛,

2011 (1): 20 - 24.

[189] 庄涛, 吴洪, 胡春. 高技术产业产学研合作创新效率及其影响因素研究——基于 H 螺旋视角 [J]. 财贸研究, 2015 (1): 55 - 60.

[190] ABEND C J. Innovation Management: The Missing Link Productivity [J]. Management Review, 1979 (7): 25 - 30.

[191] ADELY S. Reindustrialization: Politics and Economies [J]. Challenge, 1981 (1): 39 - 43.

[192] AGAIWAL R, BAYUS B L. The Role of Pre-entry Experience, Entry Timing, and Product Technology Strategies Firm Survival [J]. Management Science, 2007: 53 - 120.

[193] AIGINGER K, PFAFFER M. The Single Market and Geographic Concentration in Europe [J]. Review of International Economics, 2004, 12 (1): 1 - 5.

[194] AMITAI E. The Origin of the Reindustrialization [J]. The New York Times, 1980 (29): 3 - 5.

[195] ARASH A. Industrial Upgrading, Exploitative Innovations and Explorative Innovations [J]. International Journal of Production Economics, 2011, 130 (1): 54 - 65.

[196] BANK S C. Insiders' Views on Business Models Used by Small Agricultural Biotechnology Firms: Economic Implications for the Emerging Global Industry [J]. AgBio Forum, 2008, 11 (2): 71 - 81.

[197] BARRIOS S, BERTINELLI L, STROBL E, TEIXERRA A C. The Dynamics of Agglomeration: Evidence from Ireland and Portugal [J]. Journal of Urban Economics, 2005, 57 (1): 5 - 6.

[198] BASSANINI A, SCARPETTA S. Growth, Technological Change, and ICT Diffusion: Recent Evidence from OECD Countries [J]. Oxford Review of Economic Policy, 2002, 18 (3): 324 - 344.

[199] BONARDI J P, DURAND R. Managing Network Effects in High-tech Markets [J]. The Academy of Management Executive, 2003, 17 (4): 40 - 42.

[200] CAPALDO A. Network Structure and Innovation: The Leveraging of a Dual Network as a Distinctive Relational Capability [J]. Strategic Management Journal, 2007, 28 (6): 585 - 608.

[201] CHENG T S, WU Y R. The Impacts of Structural Transformation and In-

dustrial Upgrading on Regional Inequality in China ［J］. China Economic Review, 2014 (31): 339 – 350.

［202］ CHEN H Z, ZHAO Q J, ZHEN X. Study on Crey Evolutionary Game of "Industry – University – institute" Cooperative Innovation ［C］. Proceedings of 2009 IEEE International Conference on Grey and Intelligent Services, 2009: 1120 – 1125.

［203］ CHIKAN A, KOVACS E, TATRAI T. Macroeconomic Characteristics and Inventory Invesments a Multi-country study ［J］. Production Economics, 2005 (1): 61 – 73.

［204］ CHOI B R. High-technology Development in Regional Economic Growth ［M］. Burlington, USA: Ashgate Publishing Company, 2003.

［205］ DESMET K, FACHAMPS M. Changes in the Spatial Concentration of Employment across U. S. Countries: A Sectoral Analysis 1972 – 2000 ［J］. Journal of Economic Geography, 2005, 5 (3): 2 – 4.

［206］ DOSI G. Technology Paradigm and Technology Trajectories ［J］. Research Policy, 1982 (1): 152 – 153.

［207］ DUMAIS G, ELLISON G, GLSESER E L. Geo-graphic Concentration as a Dynamic Process ［J］. Review of Economics and Statistics, 2002, 84 (2): 1 – 5.

［208］ ELLISON G, GAESER E J. Geographic Concentration in U. S. Manufacturing Industries: A Dartboard Approach ［J］. Journal of Political Economy, 1997, 105 (5): 889 – 927.

［209］ EVA K. Sectoral Linkages of Foreign Direct Investment Firms to the Czech Economy ［J］. Research in International Business and Finance, 2005, 19 (2): 251 – 265.

［210］ FAN X, WANG W. Spatial Patterns and Influencing Factors of China's Wind Turbine Manufacturing Industry: A Review ［J］. Renewable and Sustainable Energy Reviews, 2016, 54 (2): 482 – 496.

［211］ FORBES P D, KIRSCH A D. The Study of Emerging Industries: Recognizing and Responding to Some Central Problems ［J］. Journal of Business Venturing, 2001, 26 (3): 589 – 602.

［212］ GORT M, KLEPPER S. Time Paths in the Diffusion of Product Innovations ［J］. The Economic Journal, 1982 (92): 630 – 653.

［213］ HABAKKUK H J. American and British Technology in the Nineteenth Century, Cambridge [M]. Cambridge University Press, 1962.

[214] HAGEDOOM J, D UYSTERS C. External Sources of Innovative Capabilities: The Preferences for Strategic Alliances or Mergers and Acquisitions [J]. Journal of Management Studies, 2002, 39 (2): 167 – 188.

[215] HANSEN E. Structural Panel Industry Evolution: Implications for Innovation and New Product Development [J]. Forest Policy and Economics, 2006 (8): 774 – 783.

[216] HAN W P, LOET L. Longitudinal Trends in Networks of University-industry-government Relations in South Korea: The Role of Programmatic Incentives [J]. Research Policy, 2010, 39 (5): 640 – 649.

[217] HE Q L. Link Education to Industrial Upgrading: A Comparison Between South Korea and China [J]. Asia Education and Development Studies, 2015, 5 (2): 163 – 179.

[218] HIIL C W, JOEN G R. Strategic Management Theory [M]. Houghton Mifflin, 1998.

[219] HIRiCHMAN A O. The Strategy of Economic Development [J]. Yale University Press, 1959 (11): 8 – 11.

[220] HITAJ C. Wind Power Development in the United States [J]. Journal of Environmental Economics and Management, 2013, 65 (3): 394 – 410.

[221] HUNYA G. Restructuring Through FDI in Romanian Manufacturing [J]. Economics Systems. 2002 (26): 387 – 394.

[222] JING J, ZOU H F. Fiscal Decentralization, Revenue and Ecpenditure Assignments, and Growth in China [J]. Journal of Asian Economics, 2005 (16): 1047 – 1064.

[223] JOHAN H, MARK K. Embodied Knowledge and Sectoral Linkages: An Input-output Approach to the Interaction of High-and Low-tech Industries [J]. Research POLICY, 2009, 38 (3): 459 – 461.

[224] KASK C, SIEBER E. Productivity Growth in 'High-tech' Manufacturing Industries [J]. Monthly Labor Review, 2002 (3): 16 – 31.

[225] KESTING S, HELLSTEM J, PRINGLE J K. Identifying Emerging Industries [M]. Gender and Diversity Research Group, AUT University, 2010.

[226] KIM L. Managing Korea's System of Technological Innovation [J]. Inter-

faces, 1993, 23 (6): 13 - 24.

[227] KINTNER M, ELIZONDO M, BALDUCCI P, et al. Energy Storage for Power Systems Applications: A Regional Assessment for the Northwest Power Pool [R]. Washington: Pacific Northwest National Laboratory, 2010.

[228] KLEPPER S, GRADDY E. The Evolution of New Industries and the Determinants of Market Structure [J]. RAND Journal of Economics, 1990, 21 (1): 27 - 44.

[229] KOJIMA K. Direct Foreign Investment [J]. Croom Helm Ltd. 1978.

[230] KOLKO J. Agglomeration and Co-agglomeration of Services Industries [R]. MPRA Paper, 2007: 33 - 75.

[231] KOTABE M, SCOTT S K. The Role of Strategic Alliances in High-technology New Product Development [J]. Strategic Management Journal, 2007 (16): 621 - 636.

[232] KUZENTS S. Quantitative Aspects of the Economic Growth of Nations: IV. Long Term Trends in Capital Formation Proportions [J]. Economic Development and Cultural Change, 1961, 19 (2): 1 - 80.

[233] KUZNETS S. Economic Growth of Nations: Total Output and Production Structure. Cambridge, MA: Harvard University Press, 1971.

[234] LV T. Expansion of Technical Innovation and Demand Determines Production Organization Pattern in Strategic Emerging Industries: Taking Example of TFT - LCD Industry, China Economist, 2014 (1): 86 - 92.

[235] MATHIEU J E, SCHULZE W. The Influence of Team Knowledge and Formal Plans on Episodic Team Process-performance Relationship [J]. Academy of Management Journal, 2006, 49 (3): 605 - 619.

[236] MCGAHAN A M. Context, Technology and Strategy: Forging New Perspective on the Industry Life Cycle [J]. Advance in Strategic Mangement, 2004 (21): 1 - 21.

[237] MORRIS B. High Technology Development: Applying a Social Network Paradigm [J]. Journal of New Business Ideas &Trends, 2006, 4 (1): 45 - 59.

[238] NEFFKE F, HENNING M, BOSCHMA R, et al. The Dynamics of Agglomeration Externalities along the Life Cycle of Industries [J]. Regional Studies, 2011, 45 (1): 49 - 65.

[239] PERKINS D H, SYRQUIN M. Large Countries: The Influence of Size [J]. Handbook of Development Economics, 1989 (2): 1 – 10.

[240] PETER B J, CLEGG J, WANG C Q. The Impact of Inward FDI on the Performance of Chinese Manufacturing Firms [J]. Journal of International Business Studies, 2002, 33 (4): 637 – 656.

[241] PHAAL R, OSULLIVAN E, ROUTLEY M, et al. A Framework for Mapping Industrial Emergence [J]. Technological Forecasting and Social Change, 2011, 78 (2): 217 – 230.

[242] PORTER M E. The Competitive Advantage of Nations [M]. New York: Free Press, 1998.

[243] POTER M E. The Competitive Advantage of Nations [M]. New York: Free Press, 1998.

[244] ROTHWELL R, ZEGVELD W. Reindustrialization and Technology [J]. Michigan: Long Man, 1985: 22 – 23.

[245] ROWLEY T, BEHRENS D, KRACKHARDT D. Redundant Governance Structural: An Analysis of Structural and Relational Embeddedness in the Steel and Semiconductor Industries [J]. Strategic Management Journal, 2000, 21 (3): 369 – 386.

[246] SIMONS K L. Information Technology and the Dynamics of Firm and Industrial Structure: The British IT Consulting Industry as a Contemporary Specimen. working paper, 2001, 83: 1 – 25.

[247] SMITH A. An Inquiry Into the Nature and Causes of the Wealth of Nations [J]. World Wealth, 1876, 24 (2): 51 – 57.

[248] TAVASSOLI S. Innovation Determinants over Industry Life Cycle [J]. Technological Forecasting and Scoial Change, 2015 (91): 11 – 32.

[249] TEECE D J. Support Policies for Strategic Industries: Impact on Home Economic [J]. Strategic Industrices in a Global Economic: Policy Issues for 1990s, 1991 (6): 122 – 126.

[250] TOBY H. Competition and Cooperation in an Emerging Industry [J]. Strategic Change, 2007 (10): 227 – 234.

[251] TREGENNA F. Manufacturing Productivity and Reindustrialization [J]. South Africa: United Nations University, 2011.

［252］TSAI K H, Wang J C. R&D Productivity and the Spillover Effects of High-tech Industry on the Traditional Manufacturing Sector: The Case of Taiwan ［J］. The World Economy, 2004, 27 (10): 1555 – 1570.

［253］VALK T D, MOORS H M, MEEUS T H. Conceptualizing Patterns in the Dynamics of Emerging Technologies: The Case of Biotechnology Development in the Netherlands ［J］. Technovation, 2009, 29 (4): 247 – 264.

［254］VERONO R. International Investment and International Trade in the Product Cycle ［J］. The Quarterly Journal of Economics, 1966, 80 (2): 2 – 5.

［255］VIROJ J, USSAHAWANITCHAKIT P. The Impacts of Organizational Synergy and Autonomy on New Product Performance: Moderating Effects of Corporate Mindset and Innovation ［J］. Journal of International Business Strategy, 2008, 8 (3): 118 – 128.

［256］WILLIAM J A, JAMES M. Patterns in Industrial Innovation ［J］. Technology Review, 1978, 80 (7): 36 – 37.

［257］XIAO X Z, PENG Y Z. China's Optimal Industrial Structure: Theoretical Model and Econometric Estimation, China Economist, 2014 (1): 16 – 27.

［258］YANG D S, ZHANG Y A. Simulation Study on University-industry Cooperative Innovation Based on Multiagent Method ［C］. Proceedings of the 2008 International Conference on Computer Science and Software Engineering, 2008: 528 – 531.

［259］YUSAF H, AKBA J, BRIDE B. Multinational Enterprise Strategy, Foreign Direct Investment and Economics Development: The Case of the Hungarian Banking Industry ［J］. Journal of World Business, 2004 (39): 89 – 105.

［260］ZHAO W. From Industrial Policy to Upgrading Strategy: Dilemma of Local Developmental State in China's Pearl River Delta ［J］. China Economic Policy Review, 2014, 3 (1): 1 – 32.

后　　记

本书是在我主持完成的国家社会科学基金项目"后发大国战略性新兴产业协同创新的政策驱动机制研究"基础上修改完善而成的。

我非常珍惜主持国家社会科学基金项目的机会，期望在后发大国产业发展理论的学科研究方面取得新的进展。为此，迅速成立了具有发展经济学、空间经济学、产业经济学、区域经济学学科背景的教授和博士参加课题组。先后在《光明日报》《经济地理》《系统工程理论与实践》《系统工程》《湖南师范大学社会科学学报》等公开发表论文11篇，形成了10余万字的研究报告，并于2019年3月结题，鉴定等级为"良好"。2019年7月进入撰写学术专著阶段，12月写出初稿，2020年6月修改完善，8月修改定稿。由汤长安负责总体构思、张丽家修改通稿、吕殿青协助进行了数据和文字的处理工作。

为提高研究的质量，我们先后多次参加了大国经济发展理论学术研讨会和产业经济发展论坛，并咨询了国内外一些知名专家。武汉大学简新华教授、中南大学曹兴教授、湖南大学侯俊军教授、湖南师范大学欧阳峣教授、湖南工商大学柳思维教授、北京工商大学王国顺教授、广西财经学院夏飞教授、江苏理工学院陆玉梅教授对项目的研究和书稿修改提出了建设性的意见。本书的出版得到了经济科学出版社的大力支持，出版社凌健老师勤勉务实、精益求精、一丝不苟的工作态度更是感染和激励着我，在此一并致谢。

大国产业经济发展理论的研究是一个创新的过程，其意义在于构建符合发展中大国现实特征的产业经济学话语体系，因此，需要进行长期的探索和持续的研究。本项目研究和学术著作的完成仅仅是在学术研究道路上迈出的一小步，我们将沿着这条道路砥砺前行，为经济社会高质量发展作出更大贡献。

汤长安
2020年秋于常州